U0737156

Anhui Shitai Dingxiang
Fangyan Yanjiu

安徽石台丁香方言研究

陈淑萍　刘光明　著

合肥工业大学出版社

图书在版编目(CIP)数据

安徽石台丁香方言研究/陈淑萍,刘光明著.—合肥:合肥工业大学出版社,2019.12

ISBN 978-7-5650-4857-9

Ⅰ.①安… Ⅱ.①陈…②刘… Ⅲ.①江淮方言—方言研究—石台县 Ⅳ.①H172.4

中国版本图书馆 CIP 数据核字(2019)第 301570 号

安徽石台丁香方言研究

陈淑萍　刘光明　著　　　　责任编辑　朱移山

出　版	合肥工业大学出版社	版　次	2019 年 12 月第 1 版
地　址	合肥市屯溪路 193 号	印　次	2020 年 10 月第 1 次印刷
邮　编	230009	开　本	710 毫米×1010 毫米　1/16
电　话	人文编辑部:0551-62903310	印　张	16.25
	市场营销部:0551-62903198	字　数	233 千字
网　址	www.hfutpress.com.cn	印　刷	安徽联众印刷有限公司
E-mail	hfutpress@163.com	发　行	全国新华书店

ISBN 978-7-5650-4857-9　　　　定价: 68.00 元

目　　录

第一章　绪　论

第一节　石台概况

一、自然地理

石台县原名石埭县，始建于梁大同二年（536），位于皖南山区腹部，“两山一湖”（黄山、九华山、太平湖）西南侧，地理坐标为北纬29°59″～30°24″，东经117°12″～117°59″；东临黄山区，南临黟县、祁门县，西接东至县，北连贵池区、青阳县；县境东西长70.7公里，南北宽46公里，总面积1413平方公里，约占全省面积的1%。

石台在地质构造上属江南古陆和南京拗陷的过渡地带，地貌以低山、高丘分布最广。千米以上山峰为18座，分属黄山、九华山山脉；牯牛降主峰1727.6米，为皖南第三高峰。主要水系有秋浦河、清溪河、黄湓河三大河流，分别注入长江和太平湖。

全县土地总面积212万亩，其中山场面积占87.2%，故称“九山半水半分田”。森林覆盖率为84.5%，是九个“中国天然氧吧”之一。98%的国土面积富含硒元素，是全国不多的富硒地之一。

二、历史沿革

春秋战国时期（前770—前221），石台县一带先后属吴、越、楚地；秦始皇统一中国后地属鄣郡。西汉初，承秦制。元封二年（前109），划出泾县西境地建陵阳县，石台县一带为陵阳、石城等县地，属丹阳郡。三国

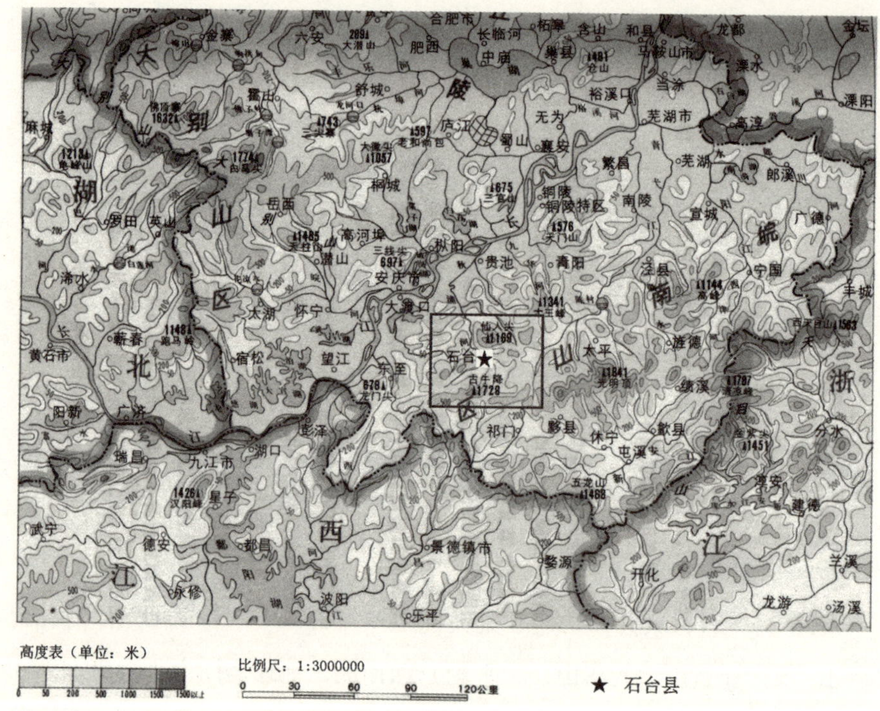

图 1　石台周边县市的地形

吴赤乌中（245 年前后）东吴在该地区置石埭场，因秋浦河上游钓鱼台溪流中有三巨石壅塞，犹如埭堰，锁琏溪、管溪、鸿陵溪三水，舟楫不通，故名。西晋太康二年（281），改隶宣城郡。东晋咸康四年（338），晋成帝因避杜皇后讳，改陵阳县为广阳县，南朝因之。梁大同二年（536）升石埭场为石埭县，治广阳，隶宣城郡。隋开皇九年（589），废宣城郡设宣州，石埭并入南陵、秋浦县。唐永泰二年（766），洪府都督李勉奏割秋浦、青阳、泾县地复置石埭县，属江南西道池州。五代十国时期，县地隶属吴、南唐。后升池州为康化军，石埭属之。宋开宝七年（974），康化军复为池州。南宋宝庆二年（1226）县治迁于七里，因四面环山未设城郭；宝庆六年后复迁回广阳，曾属江南东路池州池阳郡。元代，至元十四年（1277）改隶池州路。元至正二十一年（1361）十月，改池州路为池州府，石埭县属之。直至明、清沿袭不变。民国元年（1912）元月，裁府留县，石埭县直属安徽省。1914 年 6 月，设芜湖道，石埭属之。1928 年废道存县，石埭县复属安徽省；1932 年 10 月，改隶安徽省第八行政督察区，1938 年 4 月第八行政督察区属皖南行署。

1949 年 4 月 24 日后石埭改属皖南行署池州专区；1952 年 2 月隶属皖南行署徽州专区，同年 4 月 12 日改属安徽省徽州专区；1956 年元月改属芜湖专区。1959 年 3 月 22 日石埭县撤销。1965 年 7 月 19 日，经国务院批准，分太平、贵池县地置石台县，属池州专区（1971 年 3 月 29 日改专区为地区）；1980 年 1 月改属徽州行署；1988 年 1 月划属安庆行署，9 月改由池州地区领辖。2000 年 6 月设立池州市，石台县属之。

三、行政区划

石台县现辖 6 个镇、2 个乡，具体为：仁里镇、七都镇、仙寓镇、丁香镇、小河镇、横渡镇、大演乡、矶滩乡。

丁香镇位于县境西部 20 公里处，曾是安庆、池州通往徽州（今黄山市）的商旅要道；东与仁里接壤，南与仙寓为邻，西与东至县交界，北与小河毗连；东西宽 11.5 公里，南北长 16 公里，镇域面积 112.8 平方公里；境内地势东南高，西北低，中间凹，南部多高山峻岭，中部是十里田畈，西部海拔最低；长江支流黄湓河的源头自东南向西北流出镇域；辖管 9 个行政村，人口 1.04 万人。

四、民族人口

截至 2017 年末，全县总人口 10.8 万人。居民多为汉族，少数民族有回、苗、壮、布依、满族等 22 个 400 多人，其中苗族占 24%；使用的语言均属汉语方言。

第二节 石台方言概况

一、石台境内多方言共存

石台境内吴语、徽语、赣语、江淮官话四种方言交汇，一乡一镇甚至同一个村，可能同时分布了好几种方言。这种多方言共存局面的形成，与周边方言影响及移民接触有着较为密切的关系。

（一）移民与方言

根据石台县志记载，石台土著居民，即所谓的“本地佬”，是清咸丰元年（1851）以前的早期移民，他们大多来自江西、徽州各县，也有来自江浙等地，所持的方言主要是吴语和徽语。其中吴语区移民后代现在主要分布于石台东部丘陵地带和中部山区，徽语区移民后代现在主要分布于石台西南部和中部的山区。

清咸丰后有两次较大的移民浪潮。第一次是太平天国运动时期，第二次是20世纪三四十年代。太平天国运动时期，由于石台是清军与太平军的战场之一，很多乡镇的土著居民几乎被杀光（现在的小河镇所在区域最为严重），加上瘟疫流行，人口迅速凋零，后有大批移民从江北的无为、怀宁、枞阳、桐城、潜山、舒城、庐江等地迁来，到抗日战争前期，全县客籍人口占到一半以上。到20世纪三四十年代，安庆地区的桐城、枞阳、怀宁、潜山以及池州市贵池区（池州市市辖区）等地，有大量人口通过投亲靠友、婚嫁、帮工等方式迁移到石台，这些人被石台本地人称为“江北”人。

清咸丰后的两批移民浪潮迁来的人口数量几乎占石台本地人口的一半，主要分布在北部和西部，所持的方言主要是赣语，也有部分说江淮官话。

新移民的大量涌入，对石台原著居民形成了很大冲击，江北方言（包括江淮官话和皖西赣语）随着移民的扩散，对县城方言、各乡镇中心方言都产生了较大的影响，不仅吴语、徽语区面积急剧缩小，吴语、徽语的特征也逐步减弱，吴语、徽语、赣语和江淮官话多方言共存。

（二）石台周边县市方言系属

依据石台周边县市地形图，与石台相邻、搭界的主要有黄山区、黟县、祁门县、东至县，贵池区和青阳县。依据赵日新（2008）对安徽汉语方言的划分，这些县市方言大致归属江淮官话、吴语、徽语、赣语等方言区。各县市方言分布情况大致如下：

黄山区（旧太平县）：境内方言有吴语和徽语。吴语属皖南宣州片，其中西部杨家岭一带及北部龙门以北，属铜泾小片；东部南部，属太高小片；西北三丰地区部分乡村，属石陵小片。徽语分布于西南郭村等乡。

黟县：境内方言为徽语。美溪、柯村、宏潭三乡属旌占片，其他属休黟片。

祁门县：境内方言为徽语。其中东南凫峰一带，属休黟片；安凌镇（芦里行政村说“军话”，除外）、雷湖乡（星星行政村说“军话”，除外）、赤岭乡（赤岭、联合两个行政村说“军话”，除外），属旌占片；其他属祁婺片。

东至县：境内方言有赣语、徽语、江淮官话三种，赣语和徽语为地道的本地话，江淮官话为清末民初流入的移民话。赣语是东至县主体方言，主要分布于中部及西部的尧渡镇、东流镇、香隅镇、胜利镇、张溪镇、洋湖镇、葛公镇、官港镇、昭潭镇、龙泉镇、青山乡、花园乡等地，属怀岳片。徽语主要分布于东南木塔一带，属徽语祁婺片。江淮官话主要分布于北部大渡口、姜坝等地，属洪巢片。另外，香隅镇、东流镇、胜利镇沿江圩区也有部分江淮官话移民点。

贵池区：境内方言有江淮官话、赣语和吴语。江淮官话主要分布于西北部，属洪巢片。吴语属皖南宣州片，其中贵池东部属铜泾小片，南部灌口一带属石陵小片；赣语主要分布于西部及东南角。

青阳县：境内方言有吴语、赣语和江淮官话。吴语属皖南宣州片，其中童埠、杜村二乡及酉华乡杨柳地，属铜泾小片；东南陵阳等乡，含城关旧派，属石陵小片。其他，属江淮官话洪巢片和赣语怀岳片。

周边方言的接触，对石台多方言共存局面的形成也产生了一定影响。

二、石台境内方言分区

随着移民和周边县市人员的接触，各方言呈现出越来越多的共性，自身特征逐渐减弱；而普通话的推广和普及，使得石台的语言面貌变得更为复杂，很多地方的居民说的是混杂的方言。孟庆惠（1962）的《安徽方言概况》、储满贯（1991）的《石台县志》、孟庆惠（1997）的《安徽方言志》、蒋冰冰（2003）的《吴语宣州片方言音韵研究》等著作中都有关于石台方言分区的讨论，郑张尚芳（1986）的“皖南方言的分区”和赵日新（2008）的“安徽的汉语方言”中也讨论了石台方言的分布情况。

孟庆惠（1962）的《安徽方言概况》一书中把石台方言归为铜太方言。

郑张尚芳（1986）认为，宣州话与徽语是石台方言主体。其中占大属徽语旌占片，东部属吴语宣州片铜径小片，中部属吴语宣州片石陵小片。分布情况见图2。

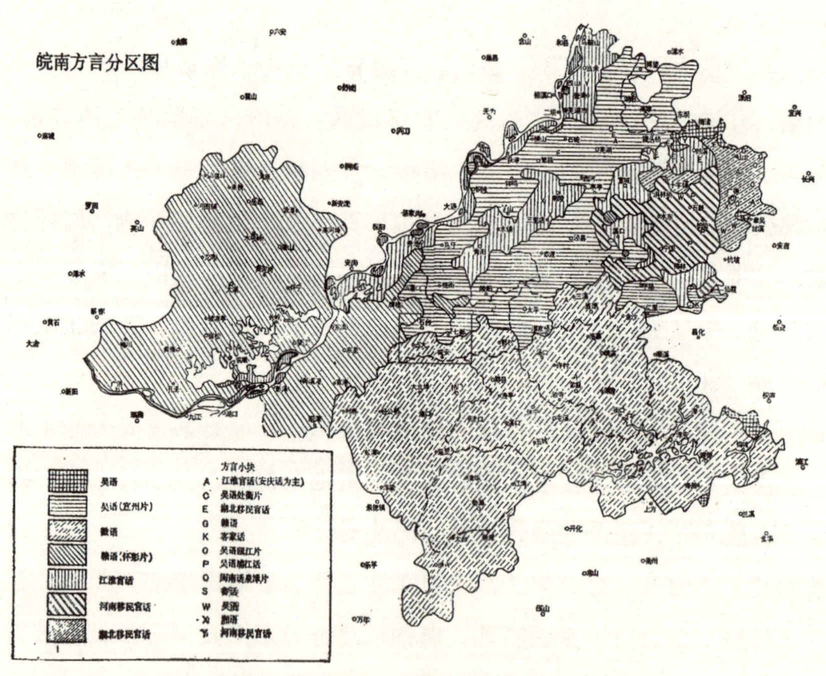

图2　皖南方言分区图

摘自郑张尚芳（1986）的《皖南方言的分区》

储满贯（1991）的《石台县志》把境内方言分为四大方言五种话，即：吴语宣州片的两种话及徽语、赣语各一种，另有一种江淮官话。分布情况大致是：

七里、贡溪、横渡、兰关的土著居民说石台话，属吴语宣州片石（台）陵（阳）小片，是宣州话的特殊一支，跟贵池灌口、太平三丰、青阳陵阳、泾县厚岸的方言比较接近，但城关（七里一带）说赣语及江淮话的居民占多数。

六都、七都、七井、河口的土著居民说广阳、六都话，属吴语宣州片铜陵、泾县小片。这种话跟泾县、贵池东部、铜陵等地话同属一类，是比较典型的宣州话。占大、大演、珂田的土著居民说徽语，属徽语旌（德）占（大）片，跟祁门安凌、黟县美溪、旌德话同属一类。

矶滩、丁香、小河、莘田及七里城关居民说赣语怀岳话，是赣语最靠北而具有许多江淮官话特点的一支，跟怀宁、东至、贵池西部、东南角等地话接近。此处多数居民为赣语区移民。

此外，城关及县西部一些乡镇尚有部分居民说江淮官话。

上述方言中，宣州话与徽语为本县土著方言，赣语及江淮方言为移民方言。现移民方言的势力扩展，逐渐取代土著方言的地位，如七里一带土著居民仅掘珠左右较多，且多数操两重口音，驳杂不纯。

《石台县志》中对石台方言的种类概括得比较全面，还绘制了石台方言分区示意图，见图3。

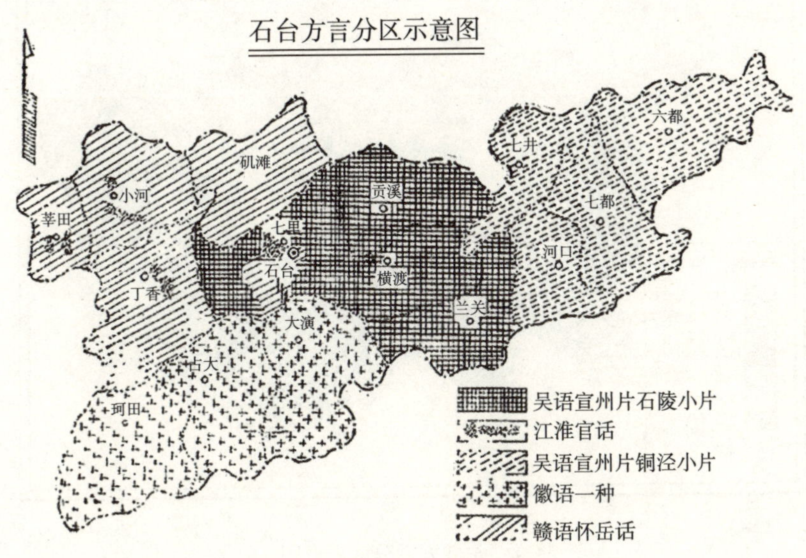

图3 石台方言分区示意图

摘自《石台县志》（1991）

孟庆惠（1997）认为石台以通行吴语为主，也有徽语、赣语和江淮官话分布。其中：东部属吴语宣州片铜泾小片，中部属吴语宣州片石陵小片，占大区属徽语。具体分布情况见图4。

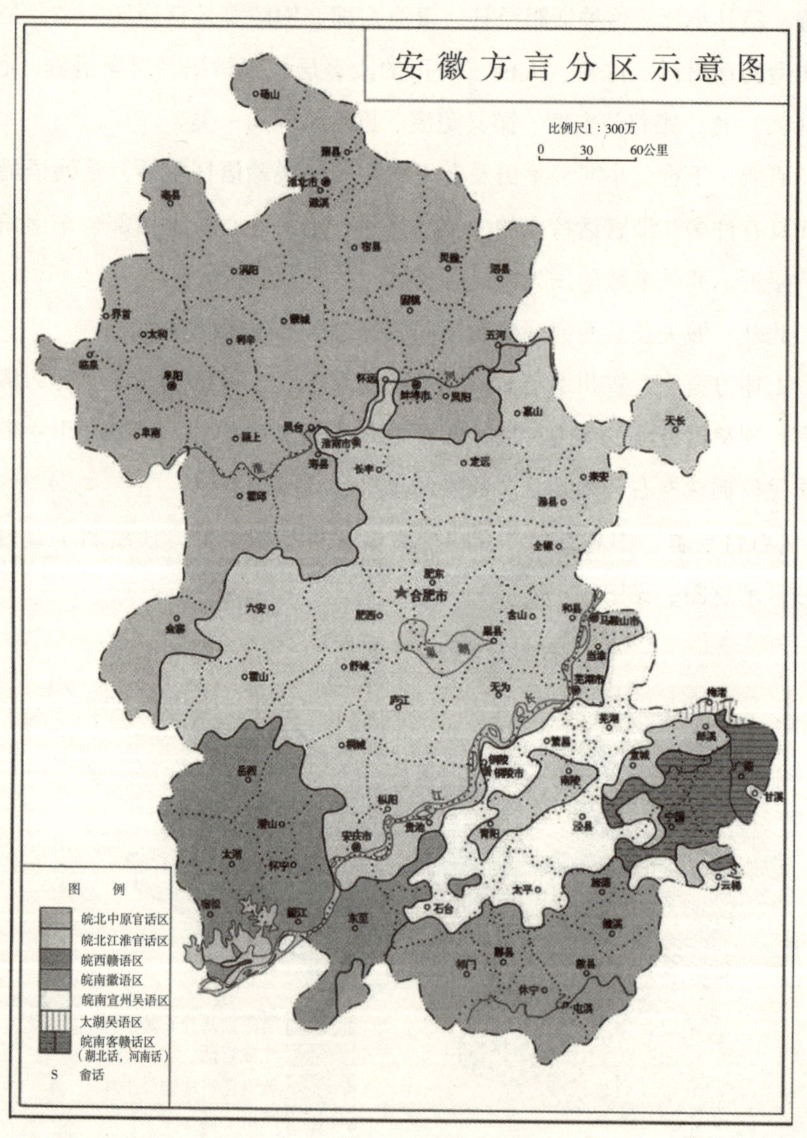

图4 安徽方言分区示意图

摘自孟庆惠（1997）的《安徽方言志》

赵日新（2008）介绍安徽境内几种方言的分布情况时，也指出：石台县部分乡镇方言属江淮官话洪巢片，东部六都、七都（含河口）、七井等地方言属吴语皖南宣州片铜泾小片，中部七里、贡溪、横渡（含兰关）等地方言属吴语皖南宣州片石陵小片，西北部矶滩、丁香、小河、莘田及县城新派方言属赣语怀岳片，占大镇、大演乡、珂田乡等地方言属徽语旌占片。

本书系统描写的石台丁香方言属于赣语怀岳片。

第三节　音标符号及发音合作人

一、音标符号

本书采用国际音标记音，用到的音标符号如下。

（一）辅音

本书所用辅音见辅音表。

表1　辅音表

发音方法			发音部位						
			双唇	唇齿	舌尖前	舌尖中	舌尖后	舌面	舌根
塞音	清	不送气	P			t			k
		送气	pʰ			tʰ			kʰ
塞擦音	清	不送气			ts		tʂ	tɕ	
		送气			tsʰ		tʂʰ	tɕʰ	
鼻音			m			n		ȵ	ŋ
边音						l			
擦音	清			f	s		ʂ	ɕ	x
	浊						ʐ		

（二）元音

本书所用元音见元音表。

表2　元音表

舌位高低	舌尖元音			舌面元音		
	前	后		前	央	后
	不圆唇	不圆唇	圆唇	不圆唇	不圆唇	圆唇
高	ɿ	ʅ	ʮ	i		u
半高				e		o
中					ə	
半低				ɛ		
低				a		

（三）声调符号

调值符号采用五度标记法。画一条竖线，分作四格，分别表示“高、半高、中、半低、低”五度，依次用“5、4、3、2、1”来表示声调的相对音高，并在竖线的左侧画一条线，表示音高升降变化的形式。根据这条线的形式，制成五度标调符号。石台方言调值符号为：阴平 31，阳平 24，上声 213，去声 53，入声 55。

二、其他符号

□，方框表示没有合适的字可写的声韵调组合，“□”后一定有音标，同音字表“□”后一定有注释。

⁼，右上角等号，同音字在字的右上角用“⁼”表示。

=，等号表示相比较的两项读音相同或词义相等，如：书$_{书}$ = 虚$_{晓}$［ʂʮ^{31}］。

≠，不等号表示相比较的两项读音不同或词义不等，如：难$_{泥}$［nan^{24}］≠蓝$_{来}$［lan^{24}］。

＿，字下加单下划线，表示白读音；为排印方便，有时也用其他方法表示文白层次。

‗，字下加双下划线，表示文读音。

［］，括号里面是汉字，表示里面的字合音，如：［没有］miəu^{213}；有时也表示里面是国际音标，如：［tʂ］。

~，省字符号，表示举例时用于替代本字，如：给$_{供\sim}$。

/，单斜线表示并列两项或可供选择的两项隔开，如：家$_{见}$［ka^{31}］/［tɕia^{31}］，“/”前后分别表示白读音和文读音并列；围嘴 uei2tsei213/围兜 uei2təu31，“/”前后表示一词多说。

三、发音合作人

主要发音合作人有：

程度珍，男，丁香人，生于1948年7月，初中毕业。

程文栋，男，丁香人，生于1934年3月，高小毕业。

黄根元，男，丁香人，生于1948年11月，初中毕业。

程度远，男，丁香人，生于1970年3月，高中毕业。

吴自华，女，丁香人，生于1976年11月，高中毕业。

程淑萍，女，丁香人，生于1971年12月。1993年9月离开丁香到芜湖安徽师范大学读本科，1997年进入池州学院（原池州师专）任教至今。

第二章　石台丁香方言语音

第一节　丁香方言音系

一、单字音系

（一）声母

丁香话的声母共24个，包括零声母在内。

p 巴布边八玻	pʰ别爬骗败白	m 卖米门忙麦
f 夫飞饭分冯	t 爹都带答大	tʰ土天道夺毒
n 怒奶脑难农	l 路雷梨老兰	ʦ 做资糟邹争
ʦʰ粗草坐字愁拆	s 丝算梳师士	ʈʂ知照居庄闸侄
ʈʂʰ丑差柱匙镯杈	ʂ沙虚玄神十	ʐ 儿人日瓤肉
ʨ 酒挤九精结	ʨʰ起秋齐徐期	ȵ 鸟泥女揉业
ɕ 戏笑谢现血	k 哥家街讲角	kʰ会~计科开客共
ŋ 爱安咬牙硬	x 红黑河鞋好	

Ø 软热月元五瓦乌碗衣要冤雨为右余叶药

说明：（1）舌尖后音（［ʈʂ］组）拼［ʮ］类韵母时实际舌位略靠前。

（2）零声母发音时前面带有轻微摩擦。

（二）韵母

丁香话韵母共46个，包括自成音节的m、n。

ɿ资师丝四士　　i 蛆鸡戏急笔米逼滴　u 布亩骨胡苦五屋　ʮ猪居雨出疫竹

ʅ 世知十日直石			
a 大茶答辣	ia 加雅衙霞恰	ua 瓦花挂	ʮa 抓爪刷要
ɛ 蛇褶折北白	iɛ 姐接叶雪捏刻隔	uɛ 活骨物国袜滑	ʮɛ 靴惹月倔
o 多摸慕耳母盒喝桌缩	io 约略脚学	uo 窝屙恶	
ai 财埋街	iai 懈皆	uai 快乖怪坏外	ʮai 拽揣衰帅率
ei 妹嘴飞雷类		uei 灰鬼跪位柜	ʮei 税追水吹睡
au 宝刀咬赵少			
əu 都走头六土	iau 笑鸟桥苗料跃		
an 胆站范单山	iəu 口酒牛丢育域	uan 关惯晚万还	
			ʮɛn 染穿权元
ən 针村灯门争	iɛn 尖盐边免年	uən 捆昏问横	ʮən 春军群菌云
on 南安短官肝	iən 心根新病星硬肯	uon 完宛碗	
aŋ 糖当胖豇盲		uaŋ 狂枉矿光忘广	ʮaŋ 庄壮床撞双
oŋ 朋猛送通梦	iaŋ 响央抢良腔	uoŋ 翁瓮	
m 姆~妈	ioŋ 兄穷用荣绒		
	n 尔你		

说明：（1）［ɛ］、［iɛ］和［ʮɛ］中主元音“ɛ”实际音值近似［E］。

（2）［o］、［io］和［uo］中主元音“o”实际发音舌位略低。

（3）［a］、［ia］和［ua］中“a”实际音值为［a］。

（4）［au］、［iau］和［aŋ］中“a”实际音值近似［ɑ］。

（5）［iaŋ］、［uaŋ］、［ʮaŋ］中“ŋ”实际发音舌位略靠前。

（6）［iən］、［uən］、［ʮən］中过渡音“ə”发音模糊。

（7）［ʮ］类韵母中［ʮ］实际发音舌位略前。

（三）声调

丁香话的声调共 5 个，不含轻声。

阴平	31	东通动卖洞毒	阳平	24	门龙牛人铜皮
上声	213	懂古讨草老五	去声	53	冻怪半痛寸去
入声	55	百急哭切六月			

说明：(1) 阴平“31”发音时实际音值靠近“331”，处理为“31”。

(2) 阳平“24”发音时略降再升，以升为主。

(3) 全浊上声、浊去、全浊入声口语常用字与阴平字相混，归入阴平“31”。

二、连读音变

(一) 两字组连读变调

丁香方言两字组连读变调规律见表3。

表3　两字组连读变调表

前字 后字	阴平 31	阳平 24	上声 213	去声 53	入声 55
阴平 31	31　31 24　31	31　24	31　213	31　53	31　55
阳平 24	24　31	24　24	24　213	24　53	24　55
上声 213	24　31 21　0	24　24	24　213	24　53	24　55
去声 53	24　31	24　24	24　213	24　53 53　0	24　55
入声 55	31　31	31　24	31　213 55　0	55　53 55　0	55　55

如上表所示，丁香方言两字组连读变调一般是前字变调，后字不变调。前字变调规律如下：

1. 前字为阴平，当后字为阳平、上声、去声、入声时，前字不变调；当后字为阴平时，少数前字变阳平。例如：

清明 tɕʰiən^{31}miən^{24}　　坐船 tsʰo^{31}tʂʰɥan^{24}　　身体 ʂən^{31}tʰi^{213}

石板 ʂʅ^{31}pan^{213}　　车票 tʂʰɛ^{31}pʰiau^{53}　　受气 ʂəu^{31}tɕʰi^{53}

钢笔 kaŋ^{31}pi^{55}　　中国 tʂoŋ^{31}kuɛ^{55}　　飞机 fei^{31}tɕi^{31}

公社 koŋ^{31}ʂɛ^{31}　　读书 tʰəu^{31}ʂɥ^{31}　　卫生 uei^{31}sən^{31}

坐车 tsʰo$^{31-24}$tʂʰɛ^{31}　　动工 tʰoŋ$^{31-24}$koŋ^{31}　　犯罪 fan$^{31-24}$tsʰei^{31}

2. 前字为上声，当后字为阴平、阳平、上声、去声、入声时，前字变阳平；当后字读轻声时，前字变211，统一记21。

火车 $xo^{213-24}ʈʂ^{h}ɛ^{31}$　　检查 $tɕiɛn^{213-24}ʈʂ^{h}a^{24}$　　手表 $ʂəu^{213-24}piau^{213}$

考试 $k^{h}au^{213-24}ʂʅ^{53}$　　粉笔 $fən^{213-24}pi^{55}$　　点心 $tiɛn^{213-21}ɕiən^{0}$

3. 前字为去声，当后字为阴平、阳平、上声、去声、入声时，前字变阳平；当后字读轻声时，前字不变，仍读53。

唱歌 $ʈʂ^{h}aŋ^{53-24}$ko31　　中毒 $ʈʂoŋ^{53-24}t^{h}əu^{31}$　　算盘 $son^{53-24}p^{h}on^{24}$

倒水 $tau^{53-24}ʂuei^{213}$　　算账 $son^{53-24}ʈʂaŋ^{53}$　　配角 $p^{h}ei^{53-24}ko^{55}$

意见 $i^{53}tɕiɛn^{0}$　　四月 $sɿ^{53}ɥɛ^{0}$

4. 前字为入声，当后字为阴平、阳平、上声时，前字变阴平；当后字为去声、入声、轻声时，前字不变调。

立冬 $li^{55-31}toŋ^{31}$　　发财 $fa^{55-31}ts^{h}ai^{24}$　　黑板 $xɛ^{55-31}pan^{213}$

发票 $fa^{55}p^{h}iau^{53}$　　节约 $tɕiɛ^{55}io^{55}$　　日子 $ʐʅ^{55}tsɿ^{0}$

力气 $li^{55}tɕ^{h}i^{0}$

（二）轻声、儿化

轻声

丁香方言除有5个单字调外，还有一个轻声。例如，小气 $ɕiau^{213}tɕ^{h}i^{0}$、运气 $Øən^{31}tɕ^{h}i^{0}$、俗气 $səu^{55}tɕ^{h}i^{0}$、大气 $ta^{31}tɕ^{h}i^{0}$等，这些词中的“气”字都读轻声。轻声字读音的高低受其前字声调的制约。一般说，丁香方言中阳平字后的轻声稍高，约为4度，如：明朝 $mən^{24}ʈʂo^{4}$、明年 $mən^{24}ȵiɛn^{4}$；阴平字后的轻声字稍低，约为1度，如：今朝 $kiən^{31}ʈʂo^{1}$、今年 $kiən^{31}ȵiɛn^{1}$。其他声调后面的轻声字，大都为2或3度。

丁香方言的轻声字，明显表现在读音轻短的调子上，声韵方面的变化并不明显。

丁香方言读成轻声的字主要如下：

1. 名词后置字“家”“头”“子”“里”“上”“下”读轻声。例如：

~家［ka^{0}］程家 $ʈʂ^{h}ən^{24}ka^{0}$　婆家 $p^{h}o^{24}ka^{0}$

~头［$t^{h}əu^{0}$］下头 $xa^{33}t^{h}əu^{0}$

~子［tsɿ^{0}］刀子 tau^{31} tsɿ^{0}　炉子 ləu^{24} tsɿ^{0}　料子 liau^{31} tsɿ^{0}　院子 ɥɛn^{31}tsɿ^{0}

~里［li^{0}］家里 ka^{31}li^{0}　怀里 xuai^{24}li^{0}

~上［ʂaŋ^{0}］天上 t^{h}iɛn^{31} ʂaŋ^{0}　门上 mən^{24} ʂaŋ^{0}　书上 ʂɥ^{31} ʂaŋ^{0}

2. 谓词后置字“的”“着”读轻声。例如：

~的［ti^{0}］穿的tʂ^{h}ɥɛn^{31} ti^{0}　红的 xoŋ^{24}ti^{0}　冷的 nən^{21} ti^{0}

~着［tʂo^{0}］开着 k^{h}ai^{31} tʂo^{0}　来着 lai^{24} tʂo^{0}　看着 k^{h}an^{31} tʂo^{0}

3. 一些双音节的生活常用词，其中的第二个音节大多读轻声。例如：

厚道 xəu^{31} t^{h}au^{0}　停当 t^{h}iən^{24} taŋ^{0}　晓得 ɕiau^{21} tɛ^{0}　爹爹 tiɛ^{31} tiɛ^{0}　奶奶 nai^{31} nai^{0}　朋友 p^{h}oŋ^{24} iəu^{0}

丁香方言中没有“儿化”现象。

三、声韵调的拼合关系

（一）声母和韵母的拼合关系

丁香方言的声韵之间的拼合关系具有很强的规律性。为便于分析，这里把丁香方言的声母分成八组（主要按发音部位）。把韵母分成开齐合撮四类，其中［i］和以［i］起头的韵母为齐齿呼，［u］和以［u］起头的韵母为合口呼，［ɥ］和以［ɥ］起头的韵母为撮口呼，其余为开口呼。丁香方言的声韵拼合关系可以用下列简表表示（表中“+”表示声韵相拼，“-”表示声韵不能拼合，“+/-”表示该组中只有部分声母与对应的韵母相拼）。

表 4　丁香方言声母和韵母拼合关系简表

韵母 / 声母	开口呼	齐齿呼	合口呼	撮口呼
p p^{h} m f	+	+/-	+	-
t t^{h} n l	+	+/-	-	-
ʦ ʦ^{h} s	+	-	-	-
ʈʂ ʈʂ^{h} ʂ ʐ	+	-	-	+
ʨ ʨ^{h} ȵ ɕ	-	+	-	+/-
k k^{h} ŋ x	+	+/-	+/-	-
Ø	+	+	+	+

具体来看，丁香方言在声韵拼合上有如下特点：

1. 从声母角度看，丁香方言声韵拼合可以分为七种情况

（1）［p pʰ m］只拼开（［ɿ ʅ］除外）、齐、合（仅限于［u］）三呼，不拼撮口呼；［f］仅拼开（［ɿ ʅ］除外）、合（仅限于［u］）两呼，不拼齐、撮两呼。

（2）［t tʰ l］只拼开（ɿ、ʅ 除外）、齐两呼，不拼合、撮口呼；［n］仅拼开口呼（ɿ、ʅ 除外），不拼齐、合、撮三呼。

（3）［ts tsʰ s］仅拼开口呼，不拼齐、合、撮三呼。

（4）［tʂ tʂʰ ʂ ʐ］仅拼开口呼、撮口呼，不拼齐、合两呼。

（5）［tɕ tɕʰ ɕ］仅拼齐齿呼，不拼开、合、撮三呼；［ȵ］只拼齐、撮两呼，不拼开、合两呼。

（6）［k kʰ］能拼开、齐（限于［iɛ iəu iən］）、合三呼，不拼撮口呼；［ŋ］只拼开、齐（限于［iɛ iəu iən］）两呼，不拼合、撮两呼；［x］只拼开、合（限于［iɛ iəu iən］）两呼，不拼齐、撮两呼。

（7）零声母四呼都有。开口呼零声母仅限于“阿”［a］和［ɛo ai］等表叹词的音节。

2. 从韵母角度看，丁香方言声韵拼合也有几种情况

（1）开口呼能拼除［tʂ tʂʰ ʂ ʐ］［tɕ tɕʰ ȵ ɕ］两组声母之外的其余六组声母，拼零声母时限于“阿”［a］和［ɛ o ai］等表叹词的少数几个音节。在六组声母中，开口呼中的［ɿ ʅ］两个韵母只拼舌尖前音［ts tsʰ s］和舌尖后音［tʂ tʂʰ ʂ ʐ］；［o au］两个韵母拼除［f］之外的所有声母；［ɛ］能拼除［f n l ʐ k kʰ］外的其余声母；［əu］能拼除［p pʰ m f k kʰ ŋ］外的其余声母；［ei］不拼舌尖后音［tʂ tʂʰ ʂ ʐ］和舌面后音［k kʰ ŋ x］两组声母，能拼其余四组声母。

（2）齐齿呼能拼除［f］［n］［ts tsʰ s］［tʂ tʂʰ ʂ ʐ］和［x］之外的其余各组声母，其中除［iai］外的所有齐齿呼韵母均能拼零声母。除此之外，只有［iɜn］韵母能拼［k kʰ ŋ］三个声母，［ioŋ］只拼［tɕ tɕʰ ɕ］三个声母，［iaŋ］只拼［tɕ tɕʰ ɕ ȵ］和［l］五个声母，［iai］只拼［tɕ ɕ］两个声母，［iəu］不拼［p pʰm tʰ］四个声母。

(3) 合口呼韵母只拼［p pʰ m f k kʰ］和零声母七个声母，其中所有合口呼韵母均能成为零声母音节，拼［p pʰ m f］时仅限于［u］韵母。

(4) 撮口呼韵母只拼［tʂ tʂʰ ʂ ʐ］、［ȵ］和零声母五个声母，其中所有撮口呼韵母均能拼零声母和［tʂ tʂʰ ʂ ʐ］声母，拼［ȵ］声母的仅限于［ʮ］韵母。

3. 从声调与声韵母的配合关系看，也有以下规律

(1) 来自古全浊声母的塞音、塞擦音清化后，不分平仄，一般读相应的送气塞音、塞擦音，如：婆［pʰo²⁴］，镯［tʂʰo³¹］；少数仄声字读不送气的塞音、塞擦音，如：侄［tʂʅ⁵⁵］等。

(2) 来自古入声韵的［io uɛ］一般只拼入声，少数古次浊入声字拼阴平，如“嚼”［tɕʰio³¹］；而来自非入声的［ai iai uai yai ei uei yei au iau］等韵母和带［n ŋ］鼻音韵尾的韵母则不与入声相拼。

(二) 单音字表

本表中音节例字尽量选用丁香方言口语和日常生活用字，其中圆圈码表示写不出字的音节，黑体字为方言字、生僻字、文白异读或多音字。圆圈码与黑体字均在表下加注，辅音音节［m n］因其各自只有一个阴平调、上声调，在字表中放在一组。

表5 单音字表（1）

韵母	ɿ					ʅ					i					u					ʮ				
声调 / 声母	阴平	阳平	上声	去声	入声	阴平	阳平	上声	去声	入声	阴平	阳平	上声	去声	入声	阴平	阳平	上声	去声	入声	阴平	阳平	上声	去声	入声
p													比	毙	笔			补	布						
pʰ											鼻	皮	**秕**	屁	劈	步	菩	普	**铺**	扑					
m											咪	迷	米	①	蜜		谋	亩		木					
f																父	扶	斧	富	福					
t											低		底	帝	的										
tʰ											梯	题	体	剃	踢										
n																									
l											粒	犁	李	立	历										

（续表）

韵母 声调 声母	ɿ	ʅ	i	u	ʮ
	阴阳上去入 平平声声声	阴阳上去入 平平声声声	阴阳上去入 平平声声声	阴阳上去入 平平声声声	阴阳上去入 平平声声声
ts tsʰ s	资　子 字词此次 师　史四				
tʂ tʂʰ ʂ ʐ		知　纸制只 　池齿　尺 是时屎市室 日			猪著煮锯粥 住除鼠气出 书徐许竖属
tɕ tɕʰ ȵ ɕ			鸡　挤记急 溪齐起气七 议泥蚁腻溺 西奚洗细吸		 　　女　入
k kʰ ŋ x				姑　古顾骨 枯瓠苦　哭 户壶虎　忽	
Ø			衣移椅意一	乌吴五误屋	玉鱼雨遇

秕［p^hi^{213}］：~谷　　　①［mi^{53}］：小口喝酒

铺［p^hu^{53}］：店~　　　**瓠**［k^hu^{24}］：葫芦

徐［$ʂʮ^{24}$］：姓~，文读音

表5　单音字表（2）

韵母 声调 声母	ɛ	iɛ	uɛ	ʮɛ	a
	阴阳上去入 平平声声声	阴阳上去入 平平声声声	阴阳上去入 平平声声声	阴阳上去入 平平声声声	阴阳上去入 平平声声声
p pʰ m f	北 白　　帕拍 　　　　麦	别　　　鳖 别　③　撇 　　　　篾			巴　把霸八 拔爬　怕 妈麻马　抹 罚　　　发

（续表）

声母＼韵母	ε					iε					uε					ɥε					a				
声调	阴平	阳平	上声	去声	入声	阴平	阳平	上声	去声	入声	阴平	阳平	上声	去声	入声	阴平	阳平	上声	去声	入声	阴平	阳平	上声	去声	入声
t				②	德	爹															大		打	大	答
t^h					特	碟				铁															塔
n																						拿	哪	那	捺
l						④	⑤			裂											拉	⑩	哪	腊	
ts					窄																				杂
ts^h	贼				拆																⑪				擦
s					塞																		洒		萨
tʂ	遮		者		摘															倔	渣		⑫	榨	铡
$tʂ^h$	车		扯		彻												瘸			缺	叉	茶	⑬	岔	插
ʂ	舌	蛇	舍	麝	设											靴				说	沙		傻		杀
ʐ																									
tɕ								姐	借	接															
$tɕ^h$							茄	且		切															
ȵ										业															
ɕ						谢	斜	写	卸	雪															
k						搞				国											家		嘎	尬	夹
k^h						⑥	渠			客	⑦										⑭	⑮	⑯		掐
ŋ										额											轧	牙	哑	砑	鸭
x	核				黑										活						虾	还	⑰		瞎
Ø						夜	爷	也		叶					物	⑧	⑨	惹		月	阿				

② ［tε^{53}］：这　　车［$tʂ^h$ε^{31}］：马～

核［xε^{31}］：～心　　别（piε^{31}）：～针

别（p^hiε^{31}）：～人　　③［p^hiε^{213}］：折，掰。

爹［tiε^{31}］：祖父　　④［liε^{31}］：拧

⑤［liε^{24}］：硬撑　　搞［kiε^{31}］：拿

⑥［k^hiε^{31}］：摩擦　　渠［k^hiε^{24}］：他

⑦［k^huε^{31}］：在液体中搅动，也指鸡等为觅食而扒拉，或指人生气时抓住对方推来推去。

⑧［ɥε^{31}］：敞开上衣　　⑨［ɥε^{24}］：叫得厉害；骂人的声音

很大

大［ta^{31}］：～小　　　　**大**［ta^{53}］：～夫

哪［na^{213}］/［la^{213}］：疑问代词，～里

⑩［la24］：力图多占　　　　⑪［ts^{h}a31］：用水冲

⑫［tʂa^{213}］：受惊吓发呆　　　　⑬［tʂ^{h}a^{213}］：像动物那样吃东西

家［ka^{31}］：白读音　　　　⑭［k^{h}a^{31}］：抱

⑮［k^{h}a^{24}］：～蟆　　　　⑯［k^{h}a^{213}］：咳嗽

还［xa^{213}］：白读音，～有　　　　⑰［xa^{213}］：能力或质量差

表5　单音字表（3）

韵母 / 声调 / 声母	ia	ua	ʮa	o	io
	阴阳上去入 平平声声声	阴阳上去入 平平声声声	阴阳上去入 平平声声声	阴阳上去入 平平声声声	阴阳上去入 平平声声声
p				波簸跛 拨	
p^h				颇婆剖破泼	
m				摸魔母木末	
f					
t	⑱			多躲 剁㉔	
t^h				拖驼妥 脱	
n				糯挪 诺	
l	⑲			啰罗虏裸落	略
ts				左做作	
ts^h				昨 错凿	
s				蓑 锁 索	
tʂ			抓 爪	啄 桌	
$tʂ^h$				镯 戳	
ʂ			耍 刷	㉕ 芍	
ʐ				二儿耳 若	
tɕ	加 假价胛				脚
$tɕ^h$	恰				嚼 雀
ȵ	⑳				弱
ɕ	夏霞 狭				学 削

（续表）

韵母 / 声调 / 声母	ia	ua	ɥa	o	io
声调	阴阳上去入 平平声声声	阴阳上去入 平平声声声	阴阳上去入 平平声声声	阴阳上去入 平平声声声	阴阳上去入 平平声声声
k		瓜　寡挂括		哥果　个鸽	
kʰ		夸　垮㉑跨		科　可课磕	
ŋ				饿鹅我　鄂	
x		花华　化滑		合和火货喝	
Ø	鸦芽雅亚押	蛙㉒瓦　袜	㉓		药

⑱［tia^{53}］：垂　　⑲［lia^{31}］：慢慢倾斜

⑳［$ȵia^{31}$］：（漫不经心地慢慢）吃　　括［kua^{55}］：～号

㉑［$k^{h}ua^{53}$］：湖～（活河蚌）　　㉒［ua^{24}］：快速地大口吃饭

爪［$tʂɥa^{213}$］：鸡～子　　㉓［$ɥa^{24}$］：口无遮拦到处说

㉔［to^{55}］：淋　　㉕［$ʂo^{24}$］：唆使别人做坏事

表5　单音字表（4）

韵母 / 声调 / 声母	uo	ei	uei	ɥei	ai
声调	阴阳上去入 平平声声声	阴阳上去入 平平声声声	阴阳上去入 平平声声声	阴阳上去入 平平声声声	阴阳上去入 平平声声声
p		杯　　贝			摆拜
pʰ		坯陪　配			败排　派
m		妹梅每媚			卖埋买
f		飞肥匪费			
t		堆　　㉖对			呆　　带
tʰ		推　腿退			袋抬奋太
n		内			耐　奶
l		泪雷垒虑			赖来
ts		嘴最			灾　宰再
tsʰ		催　　脆			在才彩菜
s		虽随　碎			腮　　赛

（续表）

韵母 / 声调 / 声母	uo	ei	uei	ʮei	ai
声调	阴阳上去入 平平声声声	阴阳上去入 平平声声声	阴阳上去入 平平声声声	阴阳上去入 平平声声声	阴阳上去入 平平声声声
tʂ tʂh ʂ ʐ				追　坠 吹　锤 谁 水税	斋　债 钗柴 筛　晒
tɕ tɕh ȵ ɕ					
k k^h ŋ x			龟 鬼桂 亏葵跪愧 灰回毁慧		该 改盖 开 凯溉 哀埃矮爱 害鞋海
Ø	窝　　恶		威围尾胃	锐	唉

恶［uo^{55}］：~得很；发~

跪［k^huei^{213}］：白读音，下~

呆［tai^{31}］：~头~脑

㉖［tei^{213}］：~是的（正确；对）

坠［tʂʮei^{53}］：~落

唉［ai^{31}］：叹词，~声叹气

表5　单音字表（5）

韵母 / 声调 / 声母	iai	uai	ʮai	au	iau
声调	阴阳上去入 平平声声声	阴阳上去入 平平声声声	阴阳上去入 平平声声声	阴阳上去入 平平声声声	阴阳上去入 平平声声声
p p^h m f				包 饱报 脬跑 炮 帽毛 冒	标 表 飘瓢漂票 庙苗秒
t t^h n l				刀 岛到 道稻讨套 闹 脑 捞劳老	刁　掉 挑条 跳 廖辽了料

（续表）

韵母 / 声调 / 声母	iai	uai	ɥai	au	iau
	阴平 阳平 上声 去声 入声	阴平 阳平 上声 去声 入声	阴平 阳平 上声 去声 入声	阴平 阳平 上声 去声 入声	阴平 阳平 上声 去声 入声
ts				糟 早灶	
tsh				造曹草糙	
s				臊潲嫂扫	
tʂ			㉗ 拽	招笊 照	
tʂʰ			揣	抄潮吵钞	
ʂ			衰 帅	烧㉘少绍	
ʐ				挠扰	
tɕ	阶 解械				交 饺叫
tɕh					悄桥巧俏
ȵ					尿 鸟
ɕ	谐 懈				消 小笑
k		乖 枴怪		高 稿告	
kh		剀块		敲 考靠	
ŋ				㉙熬咬坳	
x		坏怀		蒿豪好耗	
Ø		外			腰摇舀跃

阶［tɕiai³¹］：文读音，～级

械［tɕiai⁵³］：文读音

㉗［tʂɥai³¹］：～子（断手的人）

笊［tʂau²¹³］：～篱

少［ʂau²¹³］：多～

㉙［ŋau³¹］：喊；叫

漂［pʰiau²¹³］：～白粉

解［tɕiai²¹³］：文读音，讲～

剀［kʰuai²¹³］：～子手，白读音

潲［sau²⁴］：猪～水

㉘［ʂau²⁴］：好动；坐不住

敲［kʰau³¹］：白读音

好［xau³¹］：～处

表5　单音字表（6）

韵母 / 声调 / 声母	əu	iəu	an	iɛn	uan
	阴阳上去入 平平声声声	阴阳上去入 平平声声声	阴阳上去入 平平声声声	阴阳上去入 平平声声声	阴阳上去入 平平声声声
p			班　板扮		鞭　扁变
pʰ			办　瓣盼		辨偏　骗
m		［没有］	慢蛮		面棉免
f	否		饭烦反贩		
t	都　肚妒独		耽　胆旦		掂　点电
tʰ	偷头土兔秃		滩谈毯炭		天田舔
n	奴努怒		难难		
l	路楼篓　六	溜留柳	缆蓝懒烂		练连　恋
ts	租　走皱足		攒赞		
tsʰ	粗愁楚醋促		餐残惨灿		
s	梳　叟塑续		三　伞散		
tʂ	周　帚昼		沾　展站		
tʂʰ	抽绸丑臭		搀馋产		
ʂ	收　手兽		山蟾闪扇		
ʐ	柔　肉		然		
tɕ		揪　酒救			肩减　见
tɕʰ		就球　菊			千钱浅欠
ȵ		扭牛纽			验年碾念
ɕ		修　朽锈蓄			先闲选线
k		沟　狗够	间　敢干	关　惯	
kʰ		抠口寇	龛㉚砍嵌	环　焕	
ŋ		欧　藕怄	淹眼　晏		
x	瘊喉吼厚	又油有幼育	苋韩喊憾		
ø				弯顽晚	烟盐演燕

［没有］［miəu^{213}］：“没有”合音　　怄［ŋiəu^{53}］：~气

难［nan^{31}］：患~　　难［nan^{24}］：艰~

缆［lan^{31}］：~线　　　　　　攒［ʦan^{213}］：文读音

散［san^{53}］：~伙　　　　　　间［kan^{31}］：白读音，中~

敢［kan^{213}］：文读音　　　　　干［kan^{53}］：~部

㉚［k^{h}an^{24}］：衔　　　　　　苋［xan^{31}］：~菜

韩［xan^{24}］：文读音　　　　　偏［p^{h}iɛn^{24}］：~宜

表5　单音字表（7）

声母 \ 声调 \ 韵母	ɥɛn	ən	iən	uən	ɥən
	阴阳上去入 平平声声声	阴阳上去入 平平声声声	阴阳上去入 平平声声声	阴阳上去入 平平声声声	阴阳上去入 平平声声声
p		崩　本奔	冰　饼柄		
p^h		笨盆㉛喷	拼瓶品		
m		闷门㉜	命名抿		
f		分坟粉粪			
t		灯　等凳	丁　顶订		
t^h		吞腾饨褪	厅停挺听		
n		嫩能	凝		
l		论轮冷楞	拎林岭令		
ʦ		争　　赠			
$ʦ^h$		村存懵寸			
s		生　笋逊			
ʈʂ	砖　卷眷	针　枕镇			军　准郡
$ʈʂ^h$	穿船喘劝	称程逞秤			春唇蠢
ʂ	闩悬楦	深绳审胜			训纯顺
ʐ		认人忍仍			
ʨ			巾　井进		
$ʨ^h$			清勤请庆		
ȵ					
ɕ			心旬醒信		
k			根　埂更	滚棍	
k^h			坑　肯	昆　捆睏	
ŋ			硬		
x		亨痕很恨		昏魂混$_2$	
Ø	院圆远怨		阴银影印	温文稳	运云永

楦［ʂʮɛn^{53}］：鞋～子　　奔［pən^{53}］：挣

㉛［p^{h}ən^{213}］：大～脸（脸型笨拙）　　喷［p^{h}ən^{53}］：～嚏

㉜［mən^{213}］：植物等长得茂密　　褪［t^{h}ən^{53}］：脱

恨［xən^{53}］：仇～　　睏［k^{h}uən^{53}］：睡觉

表5　单音字表（8）

韵母 / 声调 / 声母	on	uon	aŋ	iaŋ	uaŋ
	阴平 阳平 上声 去声 入声	阴平 阳平 上声 去声 入声	阴平 阳平 上声 去声 入声	阴平 阳平 上声 去声 入声	阴平 阳平 上声 去声 入声
p	搬　　半		帮　榜棒		
p^{h}	伴盘　判		蚌旁　胖		
m	漫瞒满		忙莽		
f			方房纺放		
t	端　短段		当党[illegible]		
t^{h}	贪团　探		汤糖躺烫		
n	男暖		㉝囊攮㉞		
l	乱鸾卵		浪狼朗	亮粮两	
ts	簪　　钻		脏　　葬		
ts^{h}	汆蚕　　窜		仓藏		
s	酸算		桑嗓　丧		
tʂ			章　掌帐		庄　　壮
tʂ^{h}			昌常场唱		窗床撞创
ʂ			商尝赏		双爽
ʐ			让瓤壤		
tɕ				姜　奖酱	
tɕ^{h}				枪墙抢	
ȵ				㊲娘仰	
ɕ				香降想向	
k	甘　感罐		刚　　岗		光　　㊳
k^{h}	看　　看		糠扛㉟抗		筐狂㊴矿
ŋ	安暗		肮昂		
x	汗寒缓汉		巷杭　㊱		慌黄谎晃
Ø		豌完碗		央羊养	望王网妄

钻［tson^{53}］：电～　　氽［tsʰon^{31}］：～汤

看［kʰon^{31}］：～守　　看［kʰon^{53}］：～见

豌［uon^{31}］：文读音，～豆　　当［taŋ^{31}］：～时，应～

挡［taŋ^{53}］：椅子～　　㉝［naŋ^{31}］：把某物推来推去，不肯接受

㉞［naŋ^{53}］：（鼻子）塞住了　　藏［tsʰaŋ^{24}］：收～

丧［saŋ53］：～失　　㉟［kʰaŋ^{213}］：油烟呛鼻等

昂［ŋaŋ^{24}］：文读音，～首　　㊱［xaŋ^{53}］：掀动重物

㊲［ȵiaŋ^{31}］：依据　　降［çiaŋ24］：文读音，～服

㊳［kuaŋ^{53}］：瞪大（眼睛）　　㊴［kʰuaŋ^{213}］：用手碰

表5　单音字表（9）

韵母 / 声调 / 声母	oŋ	ioŋ	uoŋ	m n
	阴阳上去入 平平声声声	阴阳上去入 平平声声声	阴阳上去入 平平声声声	阴　上 平　声
p	绷　　进			
pʰ	嘭棚捧碰			
m	梦蒙猛孟			姆　尔
f	风逢　奉			
t	东　懂冻			
tʰ	动铜桶痛			
n	农　㊵			
l	聋拢弄			
ts	宗　总粽			
tsʰ	聪从			
s	嵩　　送			
tʂ	钟　肿众			
tʂʰ	冲虫宠铳			
ʂ				
ʐ				

（续表）

韵母 声调 声母	oŋ 阴阳上去入 平平声声声	ioŋ 阴阳上去入 平平声声声	uoŋ 阴阳上去入 平平声声声	m　n 阴　上 平　声
tɕ tɕʰ ȵ ɕ	 穷 兄雄			
k kʰ ŋ x	工　拱贡 共　孔控 烘红　哄			
Ø		用荣勇	翁　瓮	

㊵［$noŋ^{53}$］：软　　哄［$xoŋ^{53}$］：起～

姆［m^{31}］：～妈　　尔［n^{213}］：你

第二节　丁香方言音系与普通话音系比较

丁香方言音系与普通话音系相比较，声、韵、调均存在一定差别。声母上的差别突出表现在古全浊声母仄声字的今读上，丁香方言古全浊声母仄声字多读送气清音，而普通话则读不送气清音；韵母的突出差别是丁香方言有一组与鄂东“楚语”相同的 ʮ 类韵母（以 ʮ 为主要元音或韵头的韵母），而普通话则没有这类韵母；声调上的突出区别是丁香方言存在入声，有五个声调，而普通话没有入声，只有四个声调。

为了简明、方便起见，一般只比较丁香方言与普通话的常用字。对于丁香方言中有文白异读的字音，在比较时一般只取口语中常用的白读音。对比时，普通话韵母的国际音标注音采用黄伯荣、廖序东主编的《现代汉语》（2007）的注音。为方便起见，国际音标注音时没有区别 a、A、ɑ，一律标为 a。

一、声母比较

（一）声母的比较

丁香方言含零声母在内，共二十四个声母，普通话二十二个声母，从数量上看，丁香方言比普通话多两个声母。比较的要点如下：

1. 丁香方言与普通话均具有 p^h t^h k^h ts^h tʂ^h tɕ^h 等送气类的塞音、塞擦音，但二者的古音来源差别较大。丁香方言这组送气类塞音、塞擦音的古音来源要比普通话广，除来自古次清声母及古全浊平声字外，还来自古全浊仄声字，而普通话一般只来自古次清声母及古全浊平声字。如：坐、袋、白三个古全浊仄声字在丁香方言中分别读作送气的声母 ts^h t^h p^h，而普通话均读为不送气的声母 ts t p。也就是说丁香方言一部分 p^h t^h k^h ts^h tʂ^h tɕ^h 声母对应普通话中的 p t k ts tʂ tɕ 声母。

2. 丁香方言的 ts ts^h s 声母古音来源与普通话基本相当。但丁香方言这组声母中来自古庄组的字比普通话多。

3. 丁香方言中 tɕ tɕ^h ɕ 声母只拼齐齿呼，普通话中 tɕ tɕ^h ɕ 拼撮口呼韵母的字丁香方言多为tʂ ts^h ʂ声母与 ɥ 类韵母相拼。

4. 丁香方言比普通话多出 ȵ ŋ 两个声母。

下面我们具体看丁香方言与普通话的声母对应关系，列表如下：

表6　丁香方言声母与普通话声母比较表

丁香话	普通话	例字
p	p	巴布边八玻
	p^h	坡
	f	缚
p^h	p^h	怕爬骗
	p	步捕病别败白
	f	甫脯果~
m	m	磨埋卖米门忙麦
f	f	夫飞饭分冯
t	t	爹都带答大

（续表）

丁香话	普通话	例字
t^h	t^h	拖土天
	t	道夺毒
n	n	怒奶脑难农
	l	冷
l	l	路雷梨老兰
ʦ	ʦ	做资糟
	ʈʂ	皱争
$ʦ^h$	$ʦ^h$	粗草
	ʦ	坐在罪字造
	s	饲巳
	$ʈʂ^h$	初楚衬撑锄愁
	ʈʂ	助
	ʂ	柿
s	s	丝算
	ʂ	事梳师士
ʈʂ	ʈʂ	知照庄闸侄
	$ʈʂ^h$	触
	ʨ	举捐决军距局
$ʈʂ^h$	$ʈʂ^h$	丑差
	ʈʂ	柱住治赵赚直郑重状植
	ʂ	鼠殊匙
	$ʨ^h$	区劝缺渠权群
	ʨ	具倦
ʂ	ʂ	沙虚神十
	ɕ	虚靴玄
ʐ	ʐ	日人肉
	Ø	儿耳二
ʨ	ʨ	酒挤九精结
$ʨ^h$	$ʨ^h$	起秋齐期
	ʨ	就静匠嚼技旧件近
	ɕ	徐溪寻像

（续表）

丁香话	普通话	例字
ȵ	n	鸟泥女业
	ʐ	箬绕揉
	ø	义业
ɕ	ɕ	戏笑谢现血
k	k	哥瓜古改挂高狗敢棍钢广工跪
	tɕ	家街讲角
	ɕ	械
k^{h}	k^{h}	可夸苦开考
	k	箍柜共
	tɕ^{h}	敲掐铅
	ɕ	衔
	x	葫
ŋ	Ø	我牙咬眼岸硬爱袄暗安恩哑鸭
x	x	火花红好
	ɕ	虾瞎鞋咸项
Ø	Ø	月元五瓦乌碗衣要冤雨为右余叶药
	ʐ	软热
	l	吕旅虑

（二）韵母的比较

丁香方言有四十六个韵母，普通话有三十九个韵母。从数量上看，丁香方言比普通话多七个韵母；从具体韵母的对应来看，丁香方言与普通话有一定差异。二者韵母的差异主要有：

1. 丁香方言存在 ɥ 类韵母，普通话没有。古知章泥日组及见系等合口细音韵在丁香方言中读为 ɥ 类韵母，而在普通话中一般读为合口呼和撮口呼。

2. 丁香方言曾梗摄后鼻音韵尾并入咸山摄读前鼻音韵尾，ən 与 əŋ 不分，in 与 iŋ 不分，而普通话曾梗摄保留后鼻音韵尾。

3. 咸山摄洪音在丁香方言中有两类韵母，一类是咸山摄开口一等见系字及山摄合口一等字，一般为 on 类韵母，另一类是咸山摄开口一二等字（开口一等见系字除外），一般为 an 类韵母。而普通话只有 an 一类韵母。

4. 丁香方言没有 ɚ 韵母，普通话的 ɚ 韵母，丁香方言读为 o 韵母。

5. 丁香方言 m n 可自成音节做韵母。

丁香方言韵母与普通话韵母的对应关系具体可见表 7。

表 7　丁香方言韵母与普通话韵母比较表

丁香话	普通话	例字
ɿ	ɿ	资丝四
	ʅ	师狮事士
ʅ	ʅ	世知十日直石
i	i	蛆鸡戏急笔米逼滴
	ʅ	吃
	y	蛆絮徐取
u	u	布亩骨胡苦五屋
	au	茂
	əu	否谋
	uo	握
ʮ	u	猪出竹
	y	居雨
	i	疫
a	a	大茶答辣
	ia	家伢虾哑掐鸭瞎
	ua	胯
	ai	稗
ia	ia	加霞佳亚峡甲
ua	ua	瓜夸瓦华蛙挂画话滑挖刮袜
ʮa	ua	要抓爪刷
o	o	波破磨拨剥摸耳桌缩
	uo	多拖我坐锁做错脱桌
	u	慕母缚
	ɤ	歌哥盒喝
	ɚ	儿耳二

（续表）

丁香话	普通话	例字
io	iau	嚼脚药钥
	yɛ	雀削略却虐约学
	uo	弱箬
uo	uo	窝
	ɤ	恶
ɛ	ɤ	蛇褶折北白
	ei	北贼黑
	ai	百白窄麦
	o	默魄陌
iɛ	iɛ	爹姐接叶业捏
	ɤ	刻客隔
	yɛ	绝雪
uɛ	uo	活国
	u	物
ʮɛ	yɛ	月越缺靴
	ɤ	热惹
	uo	说
ai	ai	戴抬袋耐来灾才在该开海爱奈蔡盖害拜排埋斋豺派买奶败
	ie	街戒蟹
iai	ie	解懈
uai	uai	乖怪快淮拐歪快筷外
		揣衰帅拽
ei	ei	杯怀瞎梅内雷肺贝沛累垒类碑被悲备
	uei	堆腿队崔兑最脆岁嘴随醉翠虽
	i	闭谜
uei	uei	灰回煨绘卫桂惠规亏跪委龟位鬼挥威尾味桧
ʮei	uei	税锐吹垂睡追锤水谁
au	au	保袍毛刀逃劳早造嫂靠号包茅闹吵稍超赵烧
	iau	窖敲咬吆

（续表）

丁香话	普通话	例字
iau	iau	交巧孝效标苗焦锹小疗骄乔要摇钓条尿料叫窍晓
	ye	跃
əu	əu	斗偷豆漏走凑叟吼昼抽稠愁瘦周手受柔
	u	土徒怒路祖粗苏阻初梳数突卒秃独鹿族速毒陆宿
	iou	六
iəu	iou	纽柳酒秋就修袖救丘舅牛休优油丢纠幽
	ou	狗口藕欧
	y	菊蓄育狱
	u	畜牲~
an	an	砍谈胆蓝三站衫凡蛋难兰赞伞盼办山班反闪展扇善
	ian	咸陷拣眼晏铅
uan	uan	关惯弯晚万
iɛn	ian	尖潜渐检钳险炎焰见点天念奸颜变棉连钱仙言边面田年先
ɥɛn	uan	转专穿船软
	yan	卷拳圆劝元冤远犬悬渊
on	an	贪男蚕感庵甘敢肝杆看岸安搬潘满
	uan	短断暖乱钻酸
	uan	官款欢环
	an	汉汗寒含函
ən	ən	沉森针深任很珍陈真身人奔盆门粉坟
	əŋ	等能曾僧征橙蒸升生衡烹争程正声成
	uən	吞顿论尊寸孙轮遵笋
iən	in	林侵心今琴音贫民邻津亲新巾银因引斤勤近殷
	ən	跟垦肯
	iŋ	冰陵兴鹰蝇行杏幸樱丙平明京庆迎影饼名精请姓瓶定青营
	əŋ	庚坑硬耕
	yn	迅旬荀
uən	uən	昆困昏魂文问
	əŋ	横

（续表）

丁香话	普通话	例字
ʮən	uən	准春顺纯椿闰
	yn	均匀军君训云
aŋ	aŋ	帮旁忙当汤唐郎葬桑张丈章上方房绑胖棒港
	iaŋ	讲项
iaŋ	iaŋ	娘良蒋想姜强仰香央羊腔
uaŋ	uaŋ	光荒黄汪逛匡狂王网
ʮaŋ	uaŋ	庄床霜撞窗双
oŋ	əŋ	朋猛孟棚蓬蒙风丰冯封逢
	oŋ	轰宏东通动总丛送公空烘红冬统农宋中虫终充弓龙重种
uoŋ	uəŋ	翁瓮
ioŋ	ioŋ	兄穷熊雄凶勇
	ioŋ	永泳
	oŋ	荣绒融浓容

（三）声调的比较

丁香方言有五个声调，分别为阴平、阳平、上声、去声、入声，普通话有阴平、阳平、上声、去声四个声调，普通话比丁香方言少一个声调。丁香方言有入声调类，而普通话中没有，两者对应关系可以列表如下。

表8　丁香方言声调与普通话声调比较表

普通话 例字 丁香音	阴平	阳平	上声	去声
阴平	高猪专尊边安开抽初粗天偏婚伤三飞包东	毒		动卖近洞父坐树
阳平		穷陈床才唐平寒神徐迟鹅娘人龙难麻文云		

（续表）

普通话 例字 丁香音	阴平	阳平	上声	去声
上声			古展纸走短比 碗口丑楚草体 好五女染老暖	
去声				盖帐正醉对炭 变爱抗唱菜怕 汉屁世送放冻
入声	湿七黑锡割接 拍说削发八突	福吉答峡博国 局杂急竹得德	笔曲窄百尺铁 法脚角郝北谷	月入六纳麦袜 药室力鹿腊木

从上表可看出，丁香方言阴平分别对应普通话的阴平、阳平、去声，丁香方言的阳平、上声、去声与普通话的阳平、上声、去声对应整齐，丁香方言的入声分别对应普通话的阴平、阳平、上声、去声。

第三节　丁香方言音系与中古音系比较

中古音系是指以《广韵》为代表的切韵音系。为方便比较，声母韵摄的分类以《方言调查字表》（修订本，商务印书馆 1981 年版）为依据。比较时，从古音出发，研究古音到今音的演变情况。对于有文白异读的例字，一般选择口语中常用的白读音为例；需要分别列出文白音的例字，文读音下加双线“=”，白读音下加单线“-”。

（一）声母的比较

与中古音声母相比，丁香方言声母在以下几个方面的变化比较明显：

1. 中古浊擦音、浊塞音、浊塞擦音声母消失。中古浊擦音一般和发音部位、发音方法相同的清音合并；浊塞音、浊塞擦音不分平仄，多和相应的送气清音合并。

2. 从总体上看，古精庄知章组今读两分，即精与知庄章两分。

3. 疑、影母古开口洪音字今多读舌根鼻音声母。

4. 见系开口二等部分口语常用字今仍读舌根声母。

5. 鱼、虞、仙、先、谆、文等合口细菌韵前，见晓组与知章组今后流读为舌尖后塞擦音、擦音声母。

下面，按中古声母分组列表进行具体比较。

表9　丁香方言声母与中古音声母比较表（1）

	帮	滂	并	明
p	跛把补布摆闭杯辈碑比保包爆标彪班板变搬拨宾笔奔帮剥北	坡玻	罢作弊毙陛弼勃帛棒并	
p^h	谱蓖遍卜	破怕铺普批配披屁抛炮飘剖品盼攀篇骗片撇判匹喷胖拍魄拼	婆薄菩部步排败陪倍皮鼻袍抱办拔便辩盘拌叛盆笨雹彭白平病	
m				磨马募埋买梅眉美毛苗庙母矛抹慢棉灭满末民蜜门忙墨猛麦命木
Ø				戊

表9　丁香方言声母与中古音声母比较表（2）

	非	敷	奉	微
p			缚	
p^h	甫	赴讣捧	伏~小鸡	

（续表）

	非	敷	奉	微
m				蔓芒
f	夫府付废非匪富法藩反贩发分粉粪方仿放风讽福封	抚肺妃费副泛翻芬芳纺访丰蜂	符父附肥浮妇凡犯乏烦饭罚坟愤份佛房冯凤服缝奉	
Ø				无武雾微尾味挽万袜文吻问物亡网渔网望忘

表9 丁香方言声母与中古音声母比较表（3）

	端	透	定	泥	来
t	多躲剁都赌戴底堆对刀倒钓斗答胆店单典短掇顿当挡凳德打钉滴东督		大队冲掉调调子电奠段盾敌		
t^h	堤	拖椭土兔胎太梯推退套挑偷透贪毯贴炭天铁脱吞褪汤烫托听踢痛统	驮惰图杜度台怠代题弟第地桃道盗条头豆谈谈甜坛蛋达团夺亭定笛		
n				挪哪糯拿努耐奶内脑闹男纳难暖嫩囊诺能农浓	冷弄

（续表）

	端	透	定	泥	来
l					箩螺鲁驴来例礼雷累梨利李类老了楼刘拉蓝蜡猎林立烂论轮辣连列乱郎龙吕旅虑
ȵ	鸟			女泥尼尿纽黏聂念年捏娘酿	

表9　丁香方言声母与中古音声母比较表（4）

	精	清	从	心	邪
ts	左租祖做灾再最紫资咨姊滋子梓嘴醉遭早灶走奏簪赞钻尊葬增则总宗	撮	杂赠		
ts^h		搓锉粗猜彩菜催脆此刺次翠操草凑参惨餐擦窜村寸皴仓葱	坐座才在罪瓷自慈字曹造蚕惭暂残存藏昨层贼从族	赐伺粹	辞词祠巳寺饲松~树
s				蓑锁苏素腮赛碎岁斯私死四丝虽臊嫂叟宿三伞散撒酸算孙笋桑索塞送	续随颂讼诵俗

（续表）

	精	清	从	心	邪
tɕ	姐借祭际挤济焦揪酒尖接浸煎剪箭节津进将蒋酱精井迹绩		剂截		
tɕʰ	雀	且蛆娶趣妻锹俏秋签妾侵寝迁浅千切亲七枪抢鹊清请青戚	聚齐瞧就潜渐集前全绝秦尽疾墙匠嚼情静净籍	膝	徐囚袖寻详祥像
ɕ				写泄絮需须西洗婿宵消小笑萧修绣锈秀心仙癣线薛先宣选雪新信削醒	邪谢序习袭羡巡象席旋

表9　丁香方言声母与中古音声母比较表（5）

	知	彻	澄
t	爹		
tsʰ		撑	泽择$_{选\sim}$
tʂ	猪著诛蛛株驻缀知智致置追朝$_{今朝}$昼站粘展哲转镇张账着$_{\sim衣}$桌摘贞中忠竹		逐
tʂʰ	着$_{\sim急}$	痴超抽丑撤趁椿畅戳侦逞宠	茶除储厨柱住滞池迟稚持痔治锤槌潮赵绸筹宙赚沉缠传篆陈阵侄肠丈着$_{睡\sim}$撞浊橙直程郑掷虫仲逐轴重

表9　丁香方言声母与中古音声母比较表（6）

	庄	初	崇	生	日
ts	阻皱簪窄争筝睁责				
ts^h	侧	初楚搊篡衬厕	锄助柿愁崇		
s			士仕事	洒梳蔬所数师狮使史驶搜森涩虱色生笙甥省	
ʈʂ	渣榨斋债抓找斩盏装庄壮捉		闸炸油炸铡骤		
$ʈʂ^h$		杈岔钗抄炒吵插铲察疮闯创宠	查调~豺柴寨巢床状镯	产	
ʂ				沙纱傻耍筛晒衰摔帅稍潲杉衫渗山杀删闩栓刷霜双	
ʐ					儿二耳扰任人仁认日瓤壤嚷让弱肉辱入柔忍
ȵ					绕~线揉
Ø					惹如儒乳染然热软闰绒

表9　丁香方言声母与中古音声母比较表（7）

	章	昌	船	书	禅
tʂ	遮者蔗诸煮珠主注制赘支只纸指至之址志锥招照周咒瞻针汁战砖真质准章掌蒸职正终粥钟肿	触			
tʂʰ		车扯处齿吹丑臭穿串春出菖厂唱称尺充铳冲	船唇乘	鼠	殊匙仇禅辰晨常承成城诚盛
ʂ			蛇射示舌神实顺术绳剩食	赊舍书暑输世势税施尸屎诗始水烧少收手兽陕深审湿扇设说身申伸室商伤升胜识声圣适叔	社树誓是视时市睡谁邵寿授涉甚十善慎纯裳尝上石熟

表9　丁香方言声母与中古音声母比较表（8）

	见	溪	群	疑
tʂ	举拘句卷眷绢决均橘君军	券	巨距拒券剧掘菌郡局	
tʂʰ		区圈劝犬缺屈	渠具拳权颧倦群裙	
ʂ		墟		

（续表）

	见	溪	群	疑
tɕ	假佳鸡计寄几基记既季交骄叫九甲检劫兼今金急简奸建肩紧斤脚		及键仪极鲸竞	
$tɕ^h$	讫	溪器欺汽窍丘欠谦钦谴牵却腔庆轻吃倾曲	茄骑技旗桥轿求旧钳琴擒禽虔件杰健勤近强琼穷	
ȵ				艺倪仪蚁义议疑拟毅尧牛验严业孽虐逆研砚仰
ɕ	酵			
k	哥果家瓜鼓改盖秸芥乖挂闺规轨归鬼高窖钩甘夹干割官关跟棍虹		跪下~	
k^h	概会会计愧昆	可课夸苦开楷块筷亏考靠敲扣砍磕掐渴宽阔恳捆固扩筐确刻客哭	跪~在地上　逵　柜狂共	
ŋ				鹅我牙碍艾挨敖咬藕偶岸雁昂鄂硬额
x	虹	恢		
l	脸			
Ø·	蜗			雅瓦吴五鱼语娱外危魏吟眼颜言玩元原源愿月银岳迎玉狱

表9　丁香方言声母与中古音声母比较表（9）

	晓	匣	影	云	以
ʈʂ					捐
$ʈʂ^h$	畜				
ʂ	靴虚许熏训	玄悬			
ʐ					锐
$tɕ^h$					铅~锌矿
ɕ				熊雄	
k		汞			
k^h	况	葫衔			
ŋ			哑哀爱挨矮袄奥怄庵暗鸭淹安案晏豌恩		
x	火货虾花化呼虎海灰晦毁挥辉徽好吼喝汉欢豁婚忽荤郝荒谎黑烘	河贺禾下华胡户孩害鞋回怀话慧豪号后候含合咸陷寒旱汗苋换活滑环痕魂黄项红		汇	
Ø	歪	完丸皖	窝亚蛙乌煨椅医意衣委威妖优幼音燕挖弯冤渊因隐温熨秧约汪握影屋	雨羽芋卫为位围伟胃邮有友右又炎圆院袁远越粤云运王永	爷夜余裕移姨以惟摇由釉页淫延演阅引允羊养药孕盈易用

（二）韵母的比较

与中古音韵母相比，丁香方言韵母的明显变化有：

1. 古双唇鼻音韵尾、古入声塞音韵尾均消失。
2. 曾梗摄阳声韵尾今读舌尖鼻音韵尾。
3. 端系古合口字今读洪音时失去合口成分。
4. 存在 ɥ 类韵母（以 ɥ 为主要元音或韵头的韵母）

下面，我们列表从中古音出发分摄具体看中古音到丁香音的变化。

表 10　丁香方言韵母与中古音韵母比较表（1）

广韵				丁香音	
摄	呼	等	部	音值	例字
果	开	一	歌	o	多拖驼挪罗锣箩搓左哥歌饿鹅蛾可我个
				o	河贺
				a	大哪他
		三	戈	iɛ	茄
	合	一	戈	o	波菠婆魔磨馍跛破薄躲朵椭惰垛剁骡裸糯摞蓑坐锁锉座戈讹
				o	锅科棵窠果裹颗过课和火祸货
		三	戈	ɥɛ	靴

表 10　丁香方言韵母与中古音韵母比较表（2）

广韵				丁香音	
摄	呼	等	部	音值	例字
假	开	二	麻	a	巴疤钯爬琶杷麻妈把马码霸坝爸怕耙骂拿茶查杈叉差沙纱洒诈岔叁架嫁迂伢虾下桠哑
				ia	衙假贾雅价霞厦夏亚
		三	麻	iɛ	些斜邪姐且写借泄卸谢爹爷也野夜
				ɛ	遮车蛇赊奢佘者扯舍社蔗射赦
				ɥɛ	惹
	合	二	麻	ua	瓜夸花华蛙寡跨瓦跨化
				ɥa	耍
				a	傻
				uo	蜗

表10　丁香方言韵母与中古音韵母比较表（3）

广韵				丁香音	
摄	呼	等	部	音值	例字
遇	合	一	模	u	铺菩模补谱普浦部簿布步捕暮慕墓募姑孤箍枯吴古估牯股鼓苦伍五午故固顾库裤误呼胡湖狐壶葫虎户戽互乌污恶
				əu	都徒屠图赌堵土吐杜肚兔度渡奴炉卢努鲁卤怒路露鹭租粗苏祖组醋诉素
				o	虏做错塑恶
		三	鱼	əu	庐初锄梳蔬阻楚助
				ʮ	女吕虑猪除储著书舒煮处暑鼠薯如居渠鱼举巨距拒语锯~条去虚许余预豫
				i	蛆徐序絮
				o	所
			虞	u	夫肤俘孵麸符扶无巫诬府腑俯斧抚父武舞侮赴赋附务雾
				ʮ	诛蛛厨柱驻住朱珠输殊主竖注蛀铸树儒乳拘区愚娱虞矩句具遇寓迂于愉雨羽芋裕
				i	趋须需取娶趣
				əu	续数

表10　丁香方言韵母与中古音韵母比较表（4）

广韵				丁香音	
摄	呼	等	部	音值	例字
蟹	开	一	咍	ai	呆胎台抬呔待怠戴态贷袋代来乃耐灾栽猜才材财裁腮宰彩在再菜载赛该开改凯概碍孩海亥哀爱
			泰	ai	带太泰奈癞蔡盖艾害
				ei	贝沛

（续表）

广韵				丁香音	
摄	呼	等	部	音值	例字
蟹	开	二	皆	ai	排理拜斋豺阶秸楷介界芥疥届戒挨
				iai	阶介界芥疥届戒
				iɛ	谐
				a	尬
			佳	a	罢牌摆买派卖奶钗柴筛债晒街崖挨鞋蟹螃～短
				iai	懈
				ai	罢稗
				ia	佳
				iɛ	蟹大闸～
			夬	ai	败迈寨
		三	祭	i	蔽敝弊毙例厉励祭艺
				ʅ	滞制世势誓逝
		四	齐	i	蓖批迷陛米低堤梯题提蹄底抵体弟帝替剃屉第递泥黎犁礼丽妻齐脐西挤荠洗济砌剂细婿鸡溪倪启计继系契
				ei	币闭谜
	合	一	灰	ei	杯胚坯陪培赔梅枚媒煤倍每辈佩背妹堆推腿对碓退队雷内累催罪碎
				uei	盔恢桅灰回茴贿悔汇晦煨
				uai	块
			泰	ei	蜕兑晨
				uei	会开会
				uai	会会计外
		二	皆	uai	乖怀槐淮怪块坏
			佳	uai	歪拐
				ua	蛙挂褂画
			夬	uai	快筷
				ua	话
		三	祭	ei	脆岁
				uei	卫
				ɥei	缀赘税锐
			废	ei	废肺
		四	齐	uei	闺桂慧惠

表10　丁香方言韵母与中古音韵母比较表（5）

广韵				丁香音	
摄	呼	等	部	音值	例字
止	开	三	支	i	披皮疲脾弥彼婢臂被避离篱璃荔奇骑一仪企技妓寄议义谊牺戏移椅易
				ɿ	斯撕紫此刺赐
				ʅ	知蜘池驰智支枝肢栀施纸只是氏翅
				o	儿
				ei	碑卑
				ai	筛
			脂	i	琵枇眉鄙比秘庇备鼻尼梨腻利痢肌饥鳍几器弃伊姨
				ɿ	资咨姿瓷糍姊死次自四肆师狮
				ʅ	迟致脂尸旨指屎至示视
				ei	悲美霉
				o	二
			之	i	厘李里理鲤吏基欺其棋期旗疑己纪起拟记忌嬉熙喜医已意异
				ɿ	兹滋慈磁司丝思辞词祠子巳字寺饲士柿使史驶厕事
				ʅ	痴持耻痔置治之芝嗤诗时止趾址齿始市志痣试
				o	耳饵
			微	i	几机讥饥岂既气毅希稀衣依
止	合	三	支	ei	随嘴
				ʯei	吹垂睡瑞
				uei	规亏窥危诡跪伪毁为委喂
			脂	ei	类泪虽醉翠隧
				ʯei	追锤槌坠锥谁水
				ʯai	衰摔
				uei	龟逵葵轨癸愧柜维惟唯位
				i	季遗
			微	ei	非飞肥匪费翡
				uei	微尾未味归鬼贵魏挥辉威围违伟苇畏慰纬谓胃汇

表 10 丁香方言韵母与中古音韵母比较表（6）

<table>
<tr><th colspan="4">广韵</th><th colspan="2">丁香音</th></tr>
<tr><th>摄</th><th>呼</th><th>等</th><th>部</th><th>音值</th><th>例字</th></tr>
<tr><td rowspan="8">效</td><td rowspan="8">开</td><td>一</td><td>豪</td><td>au</td><td>褒袍毛保堡宝抱报暴冒帽刀滔掏逃淘陶萄涛祷岛倒讨道稻到套盗导劳捞牢唠脑恼老遭操曹臊骚早枣澡草骅皂造嫂扫灶躁糙高膏篙羔糕稿考烤告靠熬蒿豪壕毫号好浩耗袄奥懊</td></tr>
<tr><td rowspan="3">二</td><td rowspan="3">肴</td><td>ao</td><td>包胞泡抛跑茅猫饱鲍卯豹爆炮貌挠闹罩抄钞巢爪找吵炒稍潲敲搅咬窖觉</td></tr>
<tr><td>iao</td><td>交郊教绞狡巧校较肴淆孝效</td></tr>
<tr><td>ʮa</td><td>抓</td></tr>
<tr><td rowspan="2">三</td><td rowspan="2">宵</td><td>iau</td><td>膘标飘瓢嫖苗描表漂藐渺秒票漂庙妙燎疗焦蕉椒锹樵瞧消宵霄销硝剿悄小俏笑绕骄矫侨桥荞乔狡轿嚣妖邀腰要摇谣窑姚舀耀鹞</td></tr>
<tr><td>au</td><td>朝超潮赵兆召昭招烧韶沼绍照诏邵饶扰</td></tr>
<tr><td rowspan="2">四</td><td rowspan="2">萧</td><td>iau</td><td>刁貂雕挑条调眺鸟钓吊掉聊辽了尿料浇尧缴叫窍晓</td></tr>
<tr><td>iau</td><td>吆</td></tr>
</table>

表 10 丁香方言韵母与中古音韵母比较表（7）

<table>
<tr><th colspan="4">广韵</th><th colspan="2">丁香音</th></tr>
<tr><th>摄</th><th>呼</th><th>等</th><th>部</th><th>音值</th><th>例字</th></tr>
<tr><td rowspan="9">流</td><td rowspan="9">开</td><td rowspan="3">一</td><td rowspan="3">侯</td><td>u</td><td>亩牡母拇茂戊贸</td></tr>
<tr><td>əu</td><td>兜偷头投斗抖陡透豆逗楼篓搂漏陋走叟奏凑侯喉猴吼后厚候</td></tr>
<tr><td>iəu</td><td>勾钩沟抠狗苟口叩藕偶够构购勾扣寇偶欧瓯殴呕怄</td></tr>
<tr><td rowspan="6">三</td><td rowspan="4">尤</td><td>u</td><td>浮谋否妇负富副复</td></tr>
<tr><td>iəu</td><td>流刘留榴硫琉纽扭柳溜揪鬏秋修羞囚泅酒就秀绣锈袖鸠阄纠丘求球牛九久韭灸舅救究旧柩休朽忧优尤邮由油游犹悠有友酉诱又右佑柚釉</td></tr>
<tr><td>əu</td><td>抽绸稠筹肘丑纣昼宙攒愁搜飕馊皱骤虚周舟州洲收仇酬帚丑手首守受咒臭兽寿授售柔揉</td></tr>
<tr><td>au</td><td>矛</td></tr>
<tr><td rowspan="2">幽</td><td>iəu</td><td>丢幽纠幼</td></tr>
<tr><td>iau</td><td>彪</td></tr>
</table>

表10　丁香方言韵母与中古音韵母比较表（8）

广韵				丁香音	
摄	呼	等	部	音值	例字
咸	开	一	覃	on	贪潭探男南簪参蚕惨堪感含函庵暗
				an	谭砍撼憾
			合（入）	a	答搭踏沓纳拉杂
				o	合十~一升鸽喝合~理盒
			谈	an	担坍谈痰胆毯淡蓝篮揽览榄滥缆惭三暂錾敢橄酣喊
				on	甘柑
			盍（入）	a	塔榻塌腊蜡
				o	磕
		二	咸	an	站馋斩咸陷
				iɛn	减碱
				on	赚
				a	杉
			洽（入）	a	扎眨插闸炸夹掐
				ia	夹恰狭峡洽
			衔	an	搀衫衔
				iɛn	监
			狎（入）	a	鸭压
				ia	甲押
		三	盐	an	粘瞻沾陕闪淹
				iɛn	黏廉镰帘敛殓尖歼签潜渐钳检俭验险炎盐阎檐掩厌艳焰
				ʮɛn	染
			叶（入）	ɛ	折摄涉
				iɛ	聂镊蹑猎接妾捷叶页
			严	iɛn	严俨格剑欠
			业（入）	iɛ	劫怯业胁
		四	添	iɛn	掂添甜点舔簟店掭鲇拈念兼谦嫌歉
			帖（入）	iɛ	跌帖贴叠碟牒蝶谍协
				a	挟
	合	三	凡	an	凡帆范犯泛
			乏（入）	a	法乏

表 10　丁香方言韵母与中古音韵母比较表（9）

广韵				丁香音	
摄	呼	等	部	音值	例字
深	开	三	侵	iən	林淋临侵心寻寝浸今金禁襟钦琴禽擒吟锦音阴淫饮
				ən	沉参岑森参针斟深枕沈审婶甚任纫
			缉（入）	i	立笠粒缉集辑习急级及吸揖
				ɛ	蛰涩
				ʅ	执汁湿十拾

表 10　丁香方言韵母与中古音韵母比较表（10）

广韵				丁香音	
摄	呼	等	部	音值	例字
山	开	一	寒	an	单丹摊滩檀坛弹坦诞旦炭叹但蛋难兰栏拦懒烂餐残珊散伞赞灿
					干肝竿看刊杆擀赶岸安鞍按案寒韩旱汉汗焊瀚
				on	
			曷（入）	a	獭达捺辣癞擦撒
				o	割葛渴喝
		二	山	an	扮盼瓣办山盏铲产间眼苋
				iɛn	艰间简柬拣眼闲限
			黠（入）	a	八拔抹扎札察杀轧
			删	an	班斑颁扳攀蛮板版襻慢删雁晏
				iɛn	奸颜谏涧
			鎋（入）	a	铡瞎
				ia	辖
		三	仙	iɛn	鞭编篇偏便棉绵辨辩免勉娩缅渑变骗面连联碾煎迁钱仙鲜涎剪浅践癣箭贱线羡乾虔谴件谚焉延演
				an	缠展膻蝉禅善战颤扇膳
				ɥɛn	然燃
			薛（入）	iɛ	别鳖灭列烈裂薛泄杰孽
				ɛ	哲撤撒辙折浙舌设
				ɥɛ	热
				uai	拽
			元	iɛn	键建健言掀轩宪献堰
			月（入）	iɛ	揭歇

（续表）

广韵				丁香音	
摄	呼	等	部	音值	例字
山	开	四	先	iɛn	边眠扁匾辫遍片颠天田填典电殿奠佃垫年怜莲练炼笺千前先肩坚牵研茧笕见砚贤弦显现烟燕宴
			屑（入）	iɛ	憋撇篾铁捏节切截屑楔结洁
	合	一	桓	on	搬般潘盘瞒伴拌满半绊叛漫端团短断锻段鸾暖卵乱钻汆酸纂窜算蒜豌
				on	官棺观箭宵管馆款贯灌罐欢完缓换碗
				iən	拼
				an	馒攒
				uan	玩
			末（入）	o	钵拨泼钹末沫掇脱夺捋撮括阔豁
				uɛ	活
		二	山	uan	顽
				on	幻
			黠（入）	ua	滑猾挖
			删	ʮɛn	闩栓撰
				uan	关惯湾弯
				on	还环宦患纂
			鎋（入）	ua	刮
				ʮa	刷
		三	仙	iɛn	恋全泉宣旋选沿铅~锌矿
				ʮɛn	传拷纂专砖川穿船喘串软圈拳权颧卷眷绢倦圆员缘捐院
				an	铅~笔
			薛（入）	iɛ	劣绝雪
				ʮɛ	说悦阅
				o	拙
			元	an	藩翻番烦繁矾反贩饭
				uan	晚挽万
				ʮɛn	元原源劝券愿阮喧冤猿辕援远
			月（入）	a	发伐筏罚
				ua	袜
				ʮɛ	掘月哕越
		四	先	ʮɛn	犬悬渊
				iɛn	玄县
			屑（入）	ʮɛ	决诀缺
				iɛ	血穴

表10 丁香方言韵母与中古音韵母比较表（11）

广韵				丁香音	
摄	呼	等	部	音值	例字
臻	开	一	痕	ən	吞痕很恨
				iən	跟根恳垦啃恩
		三	真（臻）	iən	彬宾槟贫频闽民悯敏抿殡鬓邻鳞磷吝津亲秦辛新薪尽进晋信讯巾银紧仅因姻寅引印
				ən	珍陈尘镇趁阵榛臻衬真神身申伸娠晨臣辰诊疹肾震振慎人仁刃认
				ən	忍
			质（栉）（入）	i	笔毕必匹弼密蜜栗七漆疾悉膝吉一乙逸
				ɛ	虱
				ʅ	侄秩质实失室日
			殷	iən	斤勤芹谨近劲欣殷隐
			迄（入）	i	讫乞
	合	一	魂	ən	奔喷盆门本笨闷敦墩土屯豚臀囤沌盾顿钝遁论仑嫩尊村存孙损寸
				uən	昆坤滚捆棍困婚昏魂馄浑混温瘟稳
				ei	褪
			没（入）	o	勃
				u	不骨窟忽核
				əu	突卒猝
		三	谆	ən	伦沦轮遵皴笋榫
				ʯən	椿肫春唇纯醇准蠢顺舜润闰循旬荀巡均钧菌匀允
				iən	俊讯尹
			术（入）	i	律
				ʯ	出术述橘
			文	ən	分芬纷焚坟粉愤粪奋份
				uən	文纹蚊闻吻刎问荤
				ʯən	君军群裙郡熏勋训云熨韵运晕
			物（入）	o	佛
				uɛ	物
				ʯɛ	倔
				ʯ	屈

表 10　丁香方言韵母与中古音韵母比较表（12）

广韵				丁香音	
摄	呼	等	部	音值	例字
宕	开	一	唐	aŋ	帮滂旁螃忙芒茫榜莽蟒谤傍当汤堂棠螳唐糖塘党倘躺烫宕囊狼郎廊螂朗浪仓苍桑丧嗓搡葬藏脏刚纲钢岗缸冈康糠昂慷杠抗炕行航杭肮
			铎（入）	o	博薄泊莫膜幕寞摸托诺落烙骆酪洛络乐错凿昨索各阁搁胳鄂郝鹤恶
		三	阳	iaŋ	娘良凉量粮粱梁两酿亮谅辆将浆抢强相箱厢湘襄镶蒋奖桨枪想象像橡酱匠疆姜僵缰羌强仰香相享响向央秧殃羊洋杨阳扬疡养样
				aŋ	张长肠场涨丈仗杖账胀畅樟章昌菖商伤常尝偿掌厂赏晌上障瘴唱倡尚瓤壤攘嚷让装
				ɥaŋ	庄疮床霜孀闯爽壮创状
			药（入）	io	略掠爵雀鹊嚼削脚却虐约药钥
				o	着若弱
				iau	跃
	合	一	唐	aŋ	光广矿荒慌黄簧皇蝗谎晃汪
			铎（入）	o	郭廓扩藿霍
		三	阳	aŋ	方肪芳妨房防仿纺放访
				uaŋ	亡网忘妄望匡筐眶狂逛况王枉往旺
			药（入）	u	缚

表 10　丁香方言韵母与中古音韵母比较表（13）

广韵				丁香音	
摄	呼	等	部	音值	例字
江	开	二	江	aŋ	邦胖庞绑棒蚌胖江扛豇讲港项巷虹
				ɥaŋ	撞窗双
				iaŋ	腔降
				oŋ	虹

（续表）

<table>
<tr><th colspan="4">广韵</th><th colspan="2">丁香音</th></tr>
<tr><th>摄</th><th>呼</th><th>等</th><th>部</th><th>音值</th><th>例字</th></tr>
<tr><td rowspan="3">江</td><td rowspan="3">开</td><td rowspan="3">二</td><td rowspan="3">觉（入）</td><td>o</td><td>剥驳雹桌卓戳浊捉镯觉角确</td></tr>
<tr><td>io</td><td>岳乐狱学</td></tr>
<tr><td>u</td><td>朴握</td></tr>
</table>

表10　丁香方言韵母与中古音韵母比较表（14）

<table>
<tr><th colspan="4">广韵</th><th colspan="2">丁香音</th></tr>
<tr><th>摄</th><th>呼</th><th>等</th><th>部</th><th>音值</th><th>例字</th></tr>
<tr><td rowspan="14">曾</td><td rowspan="11">开</td><td rowspan="5">一</td><td rowspan="3">登</td><td>oŋ</td><td>崩朋</td></tr>
<tr><td>ən</td><td>登灯腾疼等凳邓能楞增憎曾层僧蹭赠</td></tr>
<tr><td>ən</td><td>肯</td></tr>
<tr><td rowspan="2">德（入）</td><td>ɛ</td><td>北墨默得德特勒肋贼塞黑</td></tr>
<tr><td>iɛ</td><td>刻克</td></tr>
<tr><td rowspan="6">三</td><td rowspan="3">蒸</td><td>iən</td><td>冰凭陵凌菱凝兴应鹰蝇</td></tr>
<tr><td>ən</td><td>征橙瞪蒸称乘绳升胜承丞拯证症称剩扔仍</td></tr>
<tr><td>ɥən</td><td>孕</td></tr>
<tr><td rowspan="3">职（入）</td><td>i</td><td>逼匿力即鲫息熄媳极忆亿抑</td></tr>
<tr><td>ʅ</td><td>直值织职食识式植</td></tr>
<tr><td>ɛ</td><td>测侧色</td></tr>
<tr><td rowspan="3">合</td><td rowspan="2">一</td><td>登</td><td>oŋ</td><td>宏</td></tr>
<tr><td>德（入）</td><td>uɛ</td><td>国或惑</td></tr>
<tr><td>三</td><td>职（入）</td><td>ɥ</td><td>域</td></tr>
</table>

表10　丁香方言韵母与中古音韵母比较表（15）

<table>
<tr><th colspan="4">广韵</th><th colspan="2">丁香音</th></tr>
<tr><th>摄</th><th>呼</th><th>等</th><th>部</th><th>音值</th><th>例字</th></tr>
<tr><td rowspan="5">梗</td><td rowspan="5">开</td><td rowspan="5">二</td><td rowspan="5">庚</td><td>aŋ</td><td>盲</td></tr>
<tr><td>ən</td><td>烹彭膨冷撑生牲笙甥省亨衡</td></tr>
<tr><td>oŋ</td><td>猛孟</td></tr>
<tr><td>a</td><td>打</td></tr>
<tr><td>iən</td><td>更庚羹哽硬杏行</td></tr>
</table>

（续表）

广韵				丁香音	
摄	呼	等	部	音值	例字
梗	开	二	陌（入）	ɛ	百柏伯迫魄白陌拆泽窄赫吓
				iɛ	格客额
				ai	宅
			耕	oŋ	棚萌
				aŋ	蚌
				iən	进幸莺鹦樱耕耿
				ən	争筝睁
			麦（入）	ɛ	麦脉摘责策册核~对
				iɛ	革隔扼轭
				a	栅
				u	核果子~
		三	庚	oŋ	盟
				iən	兵平坪萍鸣明丙秉皿柄病命京荆惊卿擎鲸迎境景警敬竟庆兢英影映
			陌（入）	i	碧逆
				ʮ	剧
			清	ən	贞侦呈程逞郑正征声成城盛整政圣
				iən	名饼并聘领岭令精晶睛清情睛井请净性姓轻颈婴缨盈赢
			昔（入）	i	璧僻积迹脊籍益亦译易液腋
				ʅ	掷只赤斥尺适释石
		四	青	iən	拼瓶屏萍亚丁钉听厅亭停廷庭蜓顶鼎艇挺订定宁灵零铃伶拎翎另青型腥醒经径磬馨形刑
			锡（入）	i	壁劈的滴嫡踢剔敌狄溺历绩戚寂析锡击激吃
	合	二	庚	uən	横
				uaŋ	矿
			耕	oŋ	轰宏
			麦（入）	uɛ	获
				ua	划

（续表）

广韵				丁香音	
摄	呼	等	部	音值	例字
梗	合	三	庚	ioŋ	永泳咏兄荣
			清	iən	倾营顷倾
			昔（入）	i	疫役
		四	青	iən	萤荥

表 10　丁香方言韵母与中古音韵母比较表（16）

广韵				丁香音	
摄	呼	等	部	音值	例字
通	合	一	东	oŋ	篷蓬蒙东通同铜桐筒童瞳懂董桶动冻痛洞笼聋拢弄鬃综聪葱匆囱丛粽送公蚣工功攻空孔贡控烘红鸿洪贡哄翁瓮
			屋（入）	u	卜扑瀑木谷哭斛屋
				əu	秃独读鹿禄族速
			冬	oŋ	冬统农脓宗松宋
			沃（入）	əu	笃督毒
				u	酷
		三	东	oŋ	风枫疯丰冯讽凤梦隆嵩中忠虫仲崇终充众铳弓躬宫
				ioŋ	绒戎穷熊雄融
			屋（入）	u	福幅蝠腹复服伏目穆牧
				əu	六陆肃宿轴肉
				ʮ	竹筑畜逐祝粥叔熟淑
				iəu	菊曲蓄育
				o	缩
			钟	oŋ	封峰蜂锋缝捧奉俸龙陇垅踪纵松怂颂诵讼重宠钟盅冲种肿恭供拱恐共浓
				ioŋ	胸凶雍容蓉熔庸拥勇涌用
			烛（入）	əu	绿足促粟俗续辱
				ʮ	烛嘱触束蜀属曲局玉欲浴
				iəu	狱

（三）声调的比较

表 11 丁香方言声调与中古音声调比较表

中古音声调		丁香方言声调				
		阴平	阳平	上声	去声	入声
平	清	东该灯风 通开天春	堤			
	浊	妈	门龙牛油 铜皮糖红			
上	清		悔	懂古鬼老 统苦讨草		
	次浊			买老五有		
	全浊	动罪近后		跪~在地上	跪下~	
去	清				冻怪半四 痛快寸四	
	浊	卖路硬乱 洞地饭树		捕	盖账醉对变 爱抗唱菜怕汉 世送放正见	塑
入	清		匹	朴	式~样	谷百搭节急 哭拍塔切刻
	次浊					六麦叶月
	全浊	读白盒罚				

丁香方言声母和中古声母的对应关系如上表。从上表可以看出，丁香方言声母与中古声母对应比较整齐，但也有少数例外，表中小字表对应例外。从上表可以看出丁香方言古今声调的关系：

1. 古平声按声母清、浊分别读为阴平、阳平。

2. 古清及次浊上声今仍读上声，全浊上声口语常用字今读阴平。

3. 古清声母去声今仍读去声，浊声母去声口语常用字今读阴平。

4. 保留入声调类。古清及次浊入声今读入声调，古全浊入声口语常用字今读阴平。

第四节　丁香方言音韵特点

一、声韵调特点

（一）声母特点

1. 古全浊声母字缝今塞音、塞擦音时，不分平仄一般读送气清音。如：

并　婆［p^{h}o^{24}］　跑［p^{h}au^{24}］　败［p^{h}ai^{31}］　白［p^{h}ɛ^{31}］　病［p^{h}iən^{31}］

定　徒［t^{h}əu^{24}］　台［t^{h}ai^{24}］　道［t^{h}au^{31}］　毒［t^{h}əu^{31}］　夺［t^{h}o^{31}］

从　存［ts^{h}ən^{24}］　全［tɕ^{h}iɛn^{24}］　造［ts^{h}au^{31}］　坐［ts^{h}o^{31}］　匠［tɕ^{h}iaŋ^{31}］

澄　茶［tʂ^{h}a^{24}］　除［tʂ^{h}ʯ^{24}］　赵［tʂ^{h}au^{31}］　柱［tʂ^{h}ʯ^{31}］　直［tʂ^{h}ʅ^{31}］

崇　愁［ts^{h}əu^{24}］　柴［tʂ^{h}ai^{24}］　状［tʂ^{h}ʯaŋ^{31}］　助［ts^{h}əu^{31}］　镯［tʂ^{h}o^{31}］

群　狂［k^{h}uaŋ^{24}］　穷［tɕ^{h}ioŋ^{24}］　共［k^{h}oŋ^{31}］　近［tɕ^{h}iən^{31}］　旧［tɕ^{h}iəu^{31}］

少数古全浊声母仄声字今读不送气清音。如：并$_{\sim 且,并上}$［piən^{53}］、大$_{定去}$［ta^{31}］、肚$_{腹\sim,定上}$［təu^{213}］、侄$_{澄入}$［tʂʅ^{55}］、闸$_{崇入}$［tʂa^{55}］等。

2. 古泥来母今读不混。难泥［nan^{24}］≠蓝来［lan^{24}］，年泥［ȵiɛn^{24}］≠连来［liɛn^{24}］。

3. 知、庄、章三组声母分化为［ts］组和［tʂ］组，其分化条件为：

（1）知组（除梗摄开口二等陌韵）、章组字与假摄、蟹摄、效摄、咸摄、山摄、江摄开口二等、宕摄开口三等、止摄合口三等、山摄合口二等庄组字声母合并，今读［tʂ］、［tʂ^{h}］、［ʂ］声母，如：茶$_{澄}$［tʂ^{h}a^{24}］、蛇$_{船}$［ʂɛ^{24}］、知$_{知}$支$_{章}$［tʂʅ^{31}］、赵$_{澄}$［tʂ^{h}au^{31}］、山$_{生}$［ʂan^{31}］、桩$_{知}$［tʂʯaŋ^{31}］、窗$_{初}$状$_{崇}$［tʂ^{h}ʯaŋ^{31}］、椿$_{彻}$春$_{昌}$［tʂ^{h}ʯən^{31}］、壮$_{庄}$［tʂʯaŋ^{53}］、书$_{书}$树$_{禅}$［ʂʯ^{31}］。

（2）梗摄开口二等陌韵知组字和遇摄合口三等、流深摄开口三等、梗摄开口二等、止摄开口韵庄组字与精组今洪音韵母字声母合并，今读

[ʦ]、[ʦʰ]、[s] 声母。如：拆泽$_{知}$ [ʦʰɛ^{55}]、初$_{初}$ [ʦʰəu^{31}]、愁$_{崇}$ [ʦʰəu^{24}]、森生$_{生}$ [sən^{31}]、争$_{庄}$ [ʦən^{31}]、资$_{精}$辎$_{庄}$ [ʦɿ^{31}]、思$_{心}$师$_{生}$ [sɿ^{31}]、走$_{精}$ [ʦəu^{213}]、村$_{清}$ [ʦʰən^{31}]。

4. 见晓组在遇、山、臻三摄合口三等韵前与知章组合流，读 [tʂ]、[tʂʰ]、[ʂ] 声母。如：猪株$_{知}$ = 诸朱$_{章}$ = 居拘$_{见}$ [tʂʮ^{31}]，书$_{书}$ = 虚$_{晓}$ [ʂʮ^{31}]，传$_{～达,澄}$ = 船$_{船}$ = 权$_{群}$ [tʂʰʮɛn^{24}]，肫$_{章}$ = 均$_{见}$ [tʂʮən^{31}]。

5. 见系开口二等字多有文白异读，白读音多不腭化，仍读舌根声母；文读声母腭化（“/”为前白读，“/”后为文读，下同）。如：家$_{见}$ [ka^{31}] / [tɕia^{31}]，牙$_{疑}$ [ŋa^{24}] / [ia^{24}]，咬$_{疑}$ [ŋau^{213}] / [iau^{213}]，下$_{匣}$ [xa^{31}] / [ɕia^{31}]，鞋$_{匣}$ [xai^{24}] / [ɕiai^{24}]，解$_{见}$ [kai^{213}] / [tɕiai^{213}]，间$_{见}$ [kan^{31}] / [tɕiɛn^{31}]。

6. 流摄一三等见组、影组字与梗摄开口二等见组字韵母有 [i] 介音但声母不腭化。如：狗$_{流一}$ [kiəu^{213}]、欧$_{流一}$ [ŋiəu^{31}]、更$_{梗开二}$ [kiən^{53}]、客$_{梗开二}$ [kʰiɛ^{55}]、硬$_{梗开二}$ [ŋiən^{31}]。

7. 古日母字在今开口呼前多读 [ʐ] 声母，如：儿 [ʐo^{24}]、日 [ʐʅ^{55}]；齐齿呼前多读 [ȵ] 声母，如：绕$_{～线}$ [ȵiau^{213}]、弱 [ȵio^{55}]；撮口呼前多读 [ø] 声母，如：如 [ʮ^{24}]、惹 [ʮɛ^{213}]；少数读 [ȵ] 声母，如：女 [ȵʮ^{213}]。

8. 古疑母、影母字在今开口呼前一般读 [ŋ] 声母，如：我$_{疑}$ [ŋo^{213}]、晏$_{影}$ [ŋan^{53}]；在今齐齿呼前疑母字一般读 [ȵ] 声母、影母字读 [ø] 声母，如：疑$_{疑}$ [ȵi^{24}]、音$_{影}$ [iən^{31}]；在今撮口呼、合口呼前一般读 [ø] 声母，如：五$_{疑}$ [u^{213}]、蛙$_{影}$ [ua^{31}]、于$_{影}$ [ʮ^{24}]。

（二）韵母特点

1. 古遇、蟹、止、山、臻摄合口韵拼端系声母时读开口韵。如：都$_{端}$ [təu^{31}]、奴$_{泥}$ [nəu^{24}]、卢$_{来}$ [ləu^{24}]、苏$_{心}$ [səu^{31}]、推$_{透}$ [tʰei^{31}]、罪$_{从}$ [ʦʰei^{31}]、随$_{邪}$ [sei^{24}]、短$_{端}$ [ton^{213}]、酸$_{心}$ [son^{31}]、村$_{清}$ [ʦʰən^{31}]。

2. 古知系二三等合口字和见系三四等合口字合流，读 [ʮ] 类韵母。如：船$_{船}$ = 权$_{群}$ [tʂʰʮɛn^{24}]，顺$_{船}$ = 训$_{晓}$ [ʂʮən^{31}]，如$_{日}$ = 鱼$_{疑}$ [ʮ^{24}]。

3. 蟹、效、流三摄元音韵尾稳定，蟹摄韵尾［i］，效流两摄韵尾［u］。如：在$_{\text{蟹}}$［tsʰai^{31}］、回$_{\text{蟹}}$［xuei^{24}］、小$_{\text{效}}$［ɕiau^{213}］、毛$_{\text{效}}$［mau^{24}］、周$_{\text{流}}$［tʂəu^{31}］、狗$_{\text{流}}$［kiəu^{213}］。

4. 有两个阳声韵尾［n］［ŋ］。

古咸深山臻曾梗六摄今读［n］尾。如：灯$_{\text{曾}}$＝墩$_{\text{臻}}$［tən^{31}］、兴$_{\text{曾}}$＝星$_{\text{梗}}$＝心$_{\text{深}}$＝新$_{\text{臻}}$［ɕiən^{31}］，真$_{\text{臻}}$＝蒸$_{\text{曾}}$［tʂən^{31}］、谈$_{\text{咸}}$＝檀$_{\text{山}}$［tʰan^{24}］、尖$_{\text{咸}}$＝煎$_{\text{山}}$［tɕiɛn^{31}］、林$_{\text{深}}$＝邻$_{\text{臻}}$［liən^{24}］、金$_{\text{深}}$＝巾$_{\text{臻}}$［tɕiən^{31}］、音$_{\text{深}}$＝因$_{\text{臻}}$［iən^{31}］。

古宕江通三摄阳声韵今读［ŋ］尾，且宕江二摄韵母合流。如：旁$_{\text{宕}}$庞$_{\text{江}}$［pʰaŋ^{24}］、装$_{\text{宕}}$桩$_{\text{江}}$［tʂɥaŋ^{31}］、广$_{\text{宕}}$［kuaŋ^{213}］、胖$_{\text{江}}$［pʰaŋ^{53}］、巷$_{\text{江}}$［xaŋ^{31}］、懂$_{\text{通}}$［toŋ^{213}］、冬$_{\text{通}}$［toŋ^{31}］。

5. 古入声塞音韵尾消失。如：鸭$_{\text{狎}}$［ŋa^{55}］、节$_{\text{屑}}$［tɕiɛ^{55}］、恰$_{\text{洽}}$［tɕʰiɥa^{55}］、七$_{\text{质}}$［tɕʰi^{55}］、叶$_{\text{叶}}$［iɛ^{55}］、六$_{\text{屋}}$［ləu^{55}］、夺$_{\text{末}}$［tʰo^{31}］、白$_{\text{陌}}$［pʰɛ^{31}］。

6. 遇摄鱼虞韵有分立的痕迹，鱼韵见组个别字韵母为［iɛ］、［i］，不同于虞韵。如：渠$_{\text{他}}$，群$_{\text{鱼}}$［kʰiɛ^{24}］、去$_{\text{溪鱼}}$［tɕʰi^{53}］。大部分鱼虞韵字韵母已合流，其中精组主元音一般为［i］，如：蛆$_{\text{清鱼}}$［tɕʰi^{31}］、须$_{\text{心虞}}$［ɕi^{31}］；知章组和见系主元音多为［ɥ］，如：猪知鱼诸章鱼居见鱼株知虞朱章虞拘$_{\text{见虞}}$［tʂɥ^{31}］、虚$_{\text{晓鱼}}$吁$_{\text{晓虞}}$［ʂɥ^{31}］；庄组主元音多为［əu］，如：初$_{\text{庄鱼}}$［tsʰəu^{31}］、数$_{\text{庄虞}}$［səu^{213}］。

7. 流摄一三等见组、影组今读韵母合并，读［iəu］。如：狗$_{\text{见流一}}$［kiəu^{213}］、欧$_{\text{影流一}}$［ŋiəu^{31}］、九$_{\text{见流三}}$［tɕiəu^{213}］、油$_{\text{以流三}}$［iəu^{24}］。

8. 山摄一二等字多分韵，搬$_{\text{山合一}}$［pon^{31}］≠班$_{\text{山开二}}$［pan^{31}］、官$_{\text{山合一}}$［kon^{31}］≠关$_{\text{山合二}}$［kuan^{31}］、完$_{\text{山合一}}$［uon^{24}］≠顽$_{\text{山合二}}$［uan^{24}］、桓$_{\text{山合一}}$［xon^{24}］≠还$_{\text{\~{}原,山合二}}$［xuan^{24}］。

9. 咸摄开口一等端系字分韵，蚕$_{\text{覃}}$［tsʰon^{24}］≠惭$_{\text{谈}}$［tsʰan^{24}］，潭$_{\text{覃}}$［tʰon^{24}］≠谈$_{\text{谈}}$［tʰan^{24}］；入声韵合流。如：踏$_{\text{覃}}$［tʰa^{55}］、杂$_{\text{覃}}$［tsa^{55}］、塔$_{\text{谈}}$［tʰa^{55}］、蜡$_{\text{谈}}$［la^{55}］。

（三）声调特点

1. 古平声字根据声母清浊分为阴平和阳平。如：东全清［toŋ^{31}］、通次清［t^{h}oŋ^{31}］、门全浊［mən^{24}］、皮次浊［p^{h}i^{24}］。

2. 古全浊上声、浊去、全浊入声口语常用字多归入阴平。如：动全浊上［t^{h}oŋ^{31}］、近全浊上［tɕ^{h}iən^{31}］、路次浊去［ləu^{31}］、硬次浊去［ŋiən^{31}］、洞全浊去［t^{h}oŋ^{31}］、树全浊去［ʂʮ^{31}］、白全浊入［p^{h}ɛ^{31}］、毒全浊入［t^{h}əu^{31}］。

3. 有入声调类，无入声韵。古清入和次浊入声今读仍为入声。如：百全清入［pɛ^{55}］、节全清入［tɕiɛ^{55}］、哭次清入［k^{h}u^{55}］、塔次清入［t^{h}a^{55}］、月次浊入［ʮɛ^{55}］、麦次浊入［mɛ^{55}］。

二、文白异读

丁香方言来自古见晓组声母开口二等韵的字，今音大都分文白两读。白读音多用于方言口语，字音仍保留古读牙喉音声母，韵母仍为洪音；文读音多用于书面语，字音接近普通话读法，声母为 tɕ、tɕ^{h}、ɕ 和零声母，韵母也读成齐齿韵。将方言中常用的文白两读字与普通话的读音对照如下（方言用国际音标记音，普通话用汉语拼音注音。以下同此）：

例字	方言音		普通话音
	白读	文读	
家	ka^{31}	tɕia^{31}	jiā
架嫁	ka^{53}	tɕia^{53}	jià
夹~子	ka^{55}	tɕia^{55}	jiā
掐	ka^{55}	tɕ^{h}ia^{55}	qiā
丫	ŋa^{31}	ø ia^{31}	yā
牙	ŋa^{24}	ø ia^{24}	yá
哑	ŋa^{213}	ø ia^{213}	yǎ
鸭	ŋa^{55}	ø ia^{55}	yā

例字	方言音		普通话音
	白读	文读	
虾	xa^{31}	ɕia^{31}	xiā
阶街	kai^{31}	ʨiai^{31}	jiē
蟹	xai^{213}	ɕiai^{213}	xiè
觉困~	kau^{53}	ʨiau^{53}	jiào
敲~门	k^{h}au^{31}	k^{h}au^{31}	qiāo
间房~	kan^{31}	ʨiɛn^{31}	jiān
拣~一个	kan^{213}	ʨiɛn^{213}	jiǎn
铅	k^{h}an^{31}	ʨ^{h}iɛn^{31}	qiān
衔	k^{h}an^{24}	ɕiɛn^{24}	xián
嵌	k^{h}an^{53}	ʨ^{h}iɛn^{53}	qiàn
淹	ŋan^{31}	ø iɛn^{31}	yān
眼	ŋan^{213}	ø iɛn^{213}	yǎn
下	xa^{53}	ɕia^{53}	xià
解~开	kai^{213}	ʨiai^{213}	jiě
介界芥戒届	kai^{53}	ʨiai^{53}	jiè
鞋	xai^{24}	ɕiai^{24}	xié
咬	ŋau^{213}	ø iau^{213}	yǎo
讲	kaŋ^{213}	ʨiaŋ^{213}	jiǎng
虹	kaŋ^{53}天上出~了	xoŋ^{24}彩~	hóng

第五节　丁香方言同音字汇

本“同音字表”在《方言调查字表》的基础上，以丁香方言中常用为原则，尽量搜集日常用字，对于其中一部分因各种原因尚无法写出的字，采用方框加注（前为方框，后加释例）的方式表示。本表按韵母排序，同韵字按声母排序，声母相同的按声调排序。“文”指文读，“白”指白读，1、2 指多音字，“老”指老派发音，“新”指新派发音，数字（如“31”等）表示调值，“0”表示轻声。

ɿ

ts［31］疵资姿咨兹滋辎□头发僵直：～毛伢□～开：裂开

［213］紫姊子梓滓□—～头发

［0］子

tsʰ［31］士老雌字伺巳寺柿差3，参～□～下子：看下子自字

［24］瓷糍慈磁辞词祠嗣饲

［213］此

［53］刺赐次

s［31］斯厮撕私师狮蛳司丝思似祀仕事士新

［213］死使史驶

［53］四肆

ʅ

tʂ［31］知蜘支枝肢栀豖之芝

［213］纸脂旨指止趾址

［53］滞制製智致至置痔志誌痣

［55］只蛰執汁质织职隻炙侄

tʂʰ［31］豉雉稚矢痴治嗤直值饰殖植

［24］池驰翅匙迟持恃治把东西～开来：剖开侍

［213］侈耻齿

［55］秩赤斥尺

ʂ［31］施是氏示尸视食蚀石十什拾释1，解～

［24］时

［213］屎始

［53］世势誓逝嗜市试式

［55］湿实失室识适释2，～放

ʐ［55］日

i

p［31］屄

［213］比

［53］敝弊毙蓖陛臂譬秘泌闭$_{\text{文}}$

［55］笔毕必弼逼碧璧僻壁

pʰ［31］批鎞披鼻篦币$_{\text{文,纸～}}$

［24］皮疲脾庇痹琵枇匹

［213］彼鄙秕□$_{\text{占小便宜}}$

［53］屁

［55］闢劈

m［31］咪□$_{\text{1～一口酒：小口喝酒}}$□$_{\text{～ma0：啰嗦}}$

［24］迷縻弥靡谜$_{\text{1,～语}}$眉$_{\text{白,～毛}}$

［213］米

［53］□$_{\text{1,～一口酒：小口喝酒}}$

［55］密蜜

t［31］低

［213］底抵

［53］帝蒂

［55］笛敌狄籴的滴嫡

tʰ［31］梯弟第递地

［24］堤题提蹄啼

［213］体

［53］替涕剃屉□$_{\text{把绳子～起来：系}}$

［55］踢剔

l［31］例厉励粒离$_{\text{～开}}$

［24］驴犁黎离篱璃离梨厘狸

［213］礼李里裹理鲤履$_{\text{1,少}}$旅$_{\text{白}}$

［53］丽隶荔利痢吏立笠栗律率

［55］力历曆

ʨ［31］鸡饥肌基几$_{2,～乎}$机讥饑唧畸

［213］挤己给$_{1,供～}$几$_{1,茶～;～个}$纪$_{1,姓;～律}$

［53］聚祭际济剂计继繫髻寄技妓记既季

［55］稽集辑急级及即鲫极戟积迹脊籍藉绩击激□$_{碗有～～}$给$_{供～}$

ʨʰ［31］蛆妻栖溪欺期忌疾

［24］齐脐荠奇骑岐祁鳍其棋旗麒祈徐$_{白}$

［213］取娶启企起杞

［53］趣砌契器弃岂气汽讫去$_{1,来～}$

［55］缉七漆乞戚寂吃

ȵ［31］义议逆觅毅

［24］尼泥倪疑

［213］宜仪蚁谊

［53］腻

［55］溺

ɕ［31］须鬚需西犀牺嬉熙希稀兮席$_{1,酒～}$□$_{大叫}$

［24］奚

［213］洗玺喜髓

［53］戍系$_{～统;联～}$係携徙戏遂隧细絮婿

［55］悉膝习袭泣吸戌息熄媳惜昔夕锡析席$_{2,主～}$

ø［31］倚医衣依

［24］畦移夷姨沂遗

［213］椅矣已以

［53］艺缢瞖易冀肆意异逸忆亿抑翼伊

［55］乙一益亦译易液腋揖

u

p［213］补

［53］布$_{～匹;散～}$怖

pʰ［31］部簿步伏$_{～在桌上:趴}$孵铺$_{1,～设}$□$_{气体或液体受压往外冒}$

［24］蒲菩

[213] 捕谱普浦脯甫脯朴

[53] 埠铺$_{2,店\sim}$赴讣

[55] 扑仆僕卜$_{1,占\sim}$瀑$_{1,\sim布}$

m [31] 茂$_1$贸

[24] 谋模$_{1,\sim子}$

[213] 亩

[55] 木目

f [31] 夫肤敷麸父釜妇服伏腐$_{1,豆\sim}$

[24] 俘符扶芙浮阜抚负$_1$附

[213] 府腑俯斧辅腐$_{2,\sim败}$

[53] 付赋傅附富副复$_{1,重\sim}$负$_{2,正\sim}$

[55] 佛福幅蝠複腹覆复$_{1,恢\sim}$

k [31] 姑孤

[213] 古估牯股鼓臌

[53] 故固雇顾

[55] 骨穀谷

k^h [31] 箍枯□$_{\sim牌凳:方凳}$□$_{被伢\sim住了,走不开}$

[24] 瓠$_{1,\sim瓜:葫芦}$□$_{\sim日子:将就}$

[213] 苦

[53] 库裤阔窟哭酷

x [31] 呼乎户沪互护瓠$_{2,\sim子}$斛获核$_{2,桃\sim}$

[24] 胡湖狐壶鬍

[213] 虎浒戽

[55] 忽

ø [31] 乌污巫诬务雾戊沃杌幠$_{被\sim:被子}$

[24] 吴蜈吾梧无

[213] 五伍午坞武舞鹉

[53] 误悟侮恶$_{1,可\sim}$兀$^{=}_{\sim里:那里}$

[55] 握屋

ɥ

ʈʂ［31］著猪诸居车诛蛛株朱硃珠拘驹

［24］著

［213］褚煮举主矩

［53］据锯巨拒距驻註注蛀铸俱句具

［55］橘竹筑逐祝粥烛嘱触局轴

ʈʂʰ［31］拄柱住枢区驱瞿惧

［24］除储苎渠厨

［213］杵鼠处$_{1}$,~理;~所

［53］处$_{2}$,到~;某~ 去$_{2}$,~皮

［55］出屈畜

ʂ［31］书舒墟虚嘘输树熟输绪$_{1}$,情~

［24］徐文

［213］暑黍署薯许

［53］庶恕术竖殊序叙绪$_{2}$,光~

［55］述叔淑赎束属絮~~叨叨;~多子:话多的人

ȵ［213］女

［55］入疫役

ø［31］喻裕玉浴迂这个人~得很:呆

［24］於余馀儒愚虞寓于盂羽娱鱼蜈$_{2}$,~蚣渔如

［213］吕乳雨宇禹榆逾愉屡旅$_{2}$语

［53］滤御禦淤与誉预豫遇愈

p［55］泊北百柏伯魄帛

pʰ［31］白

［53］帕

［55］迫拍泊

t［53］□~里:这里

［55］得德

tʰ［55］特

m［55］墨默陌麦脉

ʦ［55］则窄责

$ʦ^h$［31］贼

［55］侧测拆宅策册泽坼破择$_{1,选～}$厕$_{2,～所}$

s［55］瑟涩虱塞色啬□$_{饭～:饭粒}$

ʈʂ［31］遮

［213］者

［55］摺褶哲浙摘折$_{1,存～;打～;～着本}$蔗

$ʈʂ^h$［31］车$_{1,马～}$

［213］扯

［55］彻撤辙

ʂ［31］舌社赊舍折$_{2,～本}$

［213］捨赦

［24］蛇奢佘

［53］射麝

［55］摄涉设射

x［31］核$_{1,～心;桃～}$

［55］黑吓核$_{3,审～}$辖骇

iɛ

p［31］别$_{～针}$

［55］鳖憋瘪□$_{水壶～了一块:变成扁状或凹进去}$

p^h［31］别$_{～人;离～}$

［213］擘□$_{～断;～开:折断;折开}$

［55］撇

m［55］灭篾

t［31］爹

t^h［31］叠碟

［55］帖贴蝶谍铁

l［31］□$_{字一～着:歪}$□$_{～毛巾:把水拧干,拧毛巾}$

［24］□坚持不住也硬撑着

［55］猎列裂烈劣肋勒

tɕ［213］姐

［53］借藉

［55］接截劫杰揭节截结洁绝吉

tɕʰ［24］茄□有疯作～的：发疯似的

［213］且

［55］切怯妾

ȵ［55］聂镊蹑业孽捏

ɕ［31］薛些谢

［24］邪斜挟1，～持谐1

［213］写

［53］泻卸

［55］泄胁协歇蝎屑楔血穴雪

k［31］搞把书～起来：拿

［55］胳格隔革

kʰ［31］□摩擦

［24］渠他

［55］咳刻克客

ŋ［55］额扼轭□渠太～着：性格拧

ø［31］椰夜

［24］爷

［213］也野

［55］叶页噎

uɛ

k［55］国

kʰ［31］□在液体中搅动，也指鸡鸭等为觅食而扒拉，或指人生气时抓住对方推来推去

x［55］活或惑获

ø［55］物勿

ɥɛ

ʈʂ［55］拙$_{2,笨\sim}$厥蕨掘决倔

ʈʂʰ［24］瘸

［55］缺

ʂ［31］靴

［55］说

ø［31］□$_{\sim人:吃多了有点腻}$□$_{衣服\sim着:敞开上衣}$

［24］□$_{人\sim死着:叫得厉害;骂人的声音很大}$

［213］惹□$_{水\sim:话多}$

［55］热悦月越曰粤阅

a

p［31］巴芭疤爸

［213］把

［53］霸檽壩坝罢

［55］八

pʰ［31］耙稗拔

［24］爬琶杷

［53］怕

m［31］妈骂

［24］麻痳

［213］马码

［55］蟆抹

［0］□$_{mi31\sim:啰嗦}$

f［31］伐筏罚

［55］法乏髮发

t［31］大$_{1,\sim学}$

［213］打

［53］大$_{2,\sim夫}$

［55］答搭达跶$_{跌倒}$

t^h ［55］ 踏搨塔榻塌□鞋~子：拖鞋

n ［24］ 拿

［213］ 哪$_1$

［53］ 那纳

［55］ 捺

l ［31］ 拉

［24］ □~强：力图多占

［213］ 哪$_2$

［55］ 腊蜡镴辣瘌

ts ［55］ 杂□口~：唾液 砸□~几条缝：用缝纫机缝

ts^h ［31］ □用水冲

［55］ 擦

s ［213］ 洒

［55］ 萨撒

tʂ ［31］ 渣查姓□~着腿：叉开

［213］ □受惊吓发呆□~肉：米粉蒸肉

［53］ 诈榨

［55］ 札闸铡楂煠紮扎

$tʂ^h$ ［31］ 叉杈$_1$差~错，~不多

［24］ 茶查检查搽茬

［213］ 镲小~子：一种乐器□~着吃：像动物那样吃东西

［53］ 杈$_2$岔

［55］ 察插獭

ʂ ［31］ 沙杉纱痧鲨

［213］ 傻

［55］ 杀刹煞

k ［31］ 家白

［213］ 嘎

［53］ 尬架白嫁白□~豆腐：切

［55］裌夹眨哈荚胳胛挟

［0］稼白,庄～□山～坞里

k^h［31］□抱

［24］哈～蟆□跨

［213］咯咳嗽卡～住了

［55］掐白压白,～床被子甲指～

ŋ［31］轧丫白,～头桠□～雀:喜鹊

［24］牙伢

［213］哑白

［53］砑□一～西瓜:近似于"瓣"

［55］揠鸭□墙壁～:缝隙

x［31］虾哈下白,底～;～来□～痒,～火

［24］还白,～有;～是

［213］□～东西:能力或质量差

［55］吓蛤瞎

ø［31］阿

ia

t［53］□～下来:垂下来

l［31］□～着:慢慢倾斜

tɕ［31］加痂嘉傢家文

［213］假贾姓

［53］驾价

［55］胛甲文,～乙

$tɕ^h$［55］恰掐文洽

ȵ［31］□一餐饭够～着:吃

ɕ［31］夏厦下文,～降

［24］霞遐瑕匣

［55］狭峡

ø［31］鸦丫文,～环

［24］芽衙涯

［213］雅

［53］亚

［55］押压$_{文,高血\sim}$

ua

k［31］瓜

［213］寡

［53］卦刮

［55］括$_{1,\sim号}$呱$_{\sim白:闲谈}$

k^h［31］夸□$_{衣服在树上\sim坏着:划破}$

［213］垮侉

［53］□$_{湖\sim:活河蚌}$

［55］跨

x［31］花画话划$_{1,\sim分;用刀\sim开}$

［24］华铧划$_{2,\sim船}$桦

［53］化划$_{3,计\sim}$

［55］滑猾

ø［31］剐蛙鸹$_{老\sim:乌鸦}$□$_{\sim出来:痢}$□$_{心里难过;呕吐}$

［24］□$_{一伙子\sim\sim:很快地大口吃饭}$

［213］瓦□$_{用瓢等舀东西出来}$

［55］袜挖□$_{眼睛使劲地瞪着别人}$□$_{用手狠劲地敲别人的头}$

ɥa

tʂ［31］抓□$_{\sim子:铁制的两齿农具}$

［213］爪$_{1,鸡\sim子}$

ʂ［213］耍

［55］涮刷□$_{\sim一耳光}$

ø［24］□$_{一天到晚在外面\sim:口无遮拦到处说}$□$_{水\sim:话多}$

o

p［31］波菠坡玻

［24］簸

［213］跛

［55］钵拨勃饽博剥驳缚束～；手无～鸡之力

p^h［31］颇薄钹大～：一种金属乐器卜2，萝～□膝盖：思＝啰＝～

［24］婆

［213］剖

［53］破

［55］泼

m［31］磨暮慕墓募莫幕摸□动作慢；磨蹭□～过来：转过来

［24］魔磨摩馍膜模1，～范

［213］某母拇

［53］木

［55］末沫没寞牧穆

f［24］佛

t［31］多

［213］躲朵垛

［53］剁跺

［55］沰～雨：淋雨；一～～：一点点

t^h［31］拖舵惰夺□一～纸

［24］驼驮□线～

［213］妥椭

［55］脱託托铎

n［24］挪

［31］糯

［55］诺

l［31］啰捋

［24］罗锣箩萝骡螺脶

［213］虏□把草～起来：把散开的东西收拢并安置好裸

［55］落烙骆酪洛络乐2，快～

ts［213］左佐

［53］做

［55］作

ts^h［31］搓坐座昨

［53］锉措错

［55］凿

s［31］蓑梭唆

［213］锁琐所

［55］索朔缩□落～：垃圾

ʈʂ［31］啄□小～毛：刘海

［55］酌卓桌琢捉着1，附～；～衣拙1，笨～

$ʈʂ^h$［31］绰浊镯着2，睡着了

［55］戳□～起棍子：拄

ʂ［24］□唆使别人做坏事

［55］芍勺

ʐ［31］二贰

［24］儿而

［213］汝尔耳饵

［55］若

k［31］歌哥锅戈过1，～分，～头

［213］果裹餜

［53］个过2，～去

［55］鸽割各阁搁角葛郭廓

k^h［31］科窠棵蝌颗

［213］可

［53］课

［55］磕渴扩搉壳□～一下子：敲括2，包～

x［31］祸合盒鹤□吹捧□皮肤接触毛虫时的感觉

［24］荷河何和禾

［213］火夥伙

［53］贺货

［55］喝郝藿霍

ŋ［31］饿卧

［24］蛾鹅俄讹□算账算～着：相差

［213］我

［55］鄂

io

l［55］略掠

tɕ［55］爵脚觉1，～悟；知～

tɕʰ［31］嚼牛倒～

［55］确雀鹊却

ɕ［31］学

［55］削

ȵ［55］弱虐疟笮箬～子：做鞋用的竹衣

ø［55］约药钥乐2，音～

uo

ø［31］倭蜗窝屙

［55］恶2，～得很；发～□～肥：沤肥□～tʂo0：垃圾□～火：烧火炉

ai

P［213］摆

［53］拜

pʰ［31］败

［24］排牌簰竹～

［53］派

m［31］卖迈

［24］埋

［213］买

t［31］呆1，～头～脑

［53］ 戴带

t^h［31］ 胎态贷待怠殆代袋

［24］ 台臺苔抬

［213］ 奋□～到么会子:慢慢走到什么时候

［53］ 太泰

n［31］ 耐奈奶2,～～:祖母

［213］ 乃奶1,牛～

l［31］ 赖癞□～～:脏

［24］ 来

ts［31］ 灾栽

［213］ 宰载1

［53］ 再载2

ts^h［31］ 猜在□一～雨:一阵雨

［24］ 才材财裁

［213］ 彩采睬

［53］ 菜蔡

s［31］ 腮鳃

［53］ 赛

tʂ［31］ 斋

［53］ 债

$tʂ^h$［31］ 钗差2,出～寨

［24］ 豺柴

ʂ［31］ 筛

［53］ 晒

k［31］ 该皆秸街阶白,台～

［213］ 改解白,～放军;姓～;～开

［53］ 盖丐介界芥疥届戒概文,大～械白

k^h［31］ 开

［24］ 揩

［213］凯慨慨楷

［53］概$_{白,大～}$溉

ŋ［31］艾哀挨$_{1,～着你}$

［24］呆磑埃蔼捱岩挨$_{2,～近}$崖

［213］矮

［53］碍爱隘

x［31］亥害

［24］孩鞋还$_{1,文,～有;～是}$

［213］海蟹

iai

tɕ［31］阶$_{文,～级}$

［213］改解$_{文,～放军;姓～;～开;讲～}$

［53］械$_{文}$

ɕ［24］谐

［53］懈

uai

k［31］乖

［213］枴剑$_{1,～子手}$

［53］怪

kʰ［213］剑$_{2,～子手}$

［53］块会$_{2,～计}$桧块快筷

x［31］坏

［24］怀槐淮

ø［31］外歪

ɥai

tʂ［31］□$_{～子:断手的人}$

［53］拽

tʂʰ［31］揣

ʂ［31］衰

［53］帅

［55］率蟀

ei

p［31］杯碑卑悲

［53］贝蔽闭$_{白}$辈背$_{1,～脊}$婢备箅币$_{白}$

p^h［31］胚坯倍佩焙被背$_{2,～书}$

［24］培陪赔裴

［53］沛配

m［31］谜$_{2,打～子}$妹昧

［24］眉$_{文}$梅枚玫媒煤楣霉

［213］每美

［53］媚寐

f［31］非飞妃

［24］肥

［213］匪榧翡

［53］废肺吠痱费$_{□调皮}$

t［31］堆

［213］□$_{～是的：正确}$

［53］对碓队兑

t^h［31］推

［213］腿

［53］退蜕褪$_{1,～色}$

n［31］内

l［31］累$_{1,劳～；连～}$类泪□$_{～进去：钻到被子里或其他隐蔽物中}$

［24］雷儽

［213］儡垒累$_{2,～积}$蕊$_{白,花～}$

［53］虑

ts［213］嘴

［53］最醉

ts^h［31］催崔罪

［53］脆翠粹

s［31］虽

［24］随绥

［53］碎岁穗

uei

k［31］圭闺规龟归

［213］诡轨鬼

［53］鳜桂癸贵跪$_{文}$

k^h［31］盔亏窥柜

［24］魁奎逵葵

［213］傀跪$_{白,下～}$

［53］溃溃愧

x［31］恢灰汇会$_{1,开～;～不～}$绘挥辉徽麾

［24］回茴

［213］毁

［53］贿悔晦惠慧讳彙

ø［31］煨微魏威伪味$_{白}$为$_{1,～什么}$未$_{白}$位$_{白}$

［24］桅危维惟唯围违苇纬为$_{2,作～}$

［213］伟伪萎委尾

［53］味$_{文}$未$_{文}$位$_{文}$芮卫餵畏慰胃谓猬

ʮei

ʈʂ［31］追锥□$_{蜜蜂～了一口}$

［53］缀赘坠

$ʈʂ^h$［31］吹炊

［24］槌锤垂$_{文}$

ʂ［24］谁垂$_{白,～下来}$

［213］水

［53］税睡瑞

ø［53］锐蕊$_{文}$

au

p［31］褒包

［213］保堡宝饱□$_{光赤～:光膀子}$

［53］报豹爆$_{文,～破}$

p^h［31］泡$_{1,眼睛～}$抱暴菢胞抛鲍雹曝□$_{桑～:桑葚}$脬$_{猪尿～}$

［24］袍跑刨鉋

［53］爆$_{白,火～}$泡$_{2,灯～;肥皂～;～在水里}$炮鳔

m［31］帽猫

［24］毛茅锚矛

［213］卯牡□$_{遗漏}$

［53］貌冒茂$_{2}$

t［31］刀

［213］祷岛倒$_{1,打～;颠～}$

［53］到倒$_{2,～水;颠～}$

t^h［31］叨滔掏涛道稻盗导

［24］桃逃淘陶萄

［213］讨

［53］套

n［31］闹□$_{～死着:因中毒而死}$

［213］脑恼

l［31］捞涝唠

［24］劳牢

［213］老

ts［31］糟蚤$_{1,乌～:跳蚤}$遭$_{1,～难}$

［213］早枣澡

［53］灶躁$_{文,暴～}$

ts^h［31］操皂造遭$_{2,～罪}$

［24］曹槽□心里或腹中不舒服

［213］草

［53］糙躁白，脾气～

s ［31］骚臊蚤2，跳～

［24］潲1，猪～水

［213］嫂

［53］扫潲2，猪～水□年轻人走得～：快□收～：干得快

ʈʂ ［31］召昭招沼朝2，今～

［213］笊爪2，～牙；手～子；鸡～子

［53］罩照诏

ʈʂʰ ［31］超赵兆抄

［24］潮朝1，～代巢

［213］炒吵

［53］钞

ʂ ［31］捎稍烧韶梢

［24］□好动；坐不住

［213］少1，多～

［53］绍少2，～年

ʐ ［24］铙挠饶

［213］扰绕文，围～

k ［31］高膏篙羔糕茭

［213］搞稿

［53］告膏窖觉2，白，困～

kʰ ［31］敲白

［213］考烤

［53］靠犒

ŋ ［31］□喊；叫

［24］熬煎～；～油；～粥

［213］傲袄咬懊1～恼

［53］奥懊$_{2,\sim悔}$坳

x［31］蒿薅号$_{\sim呼;\sim召;\sim数}$

［24］豪壕毫嚎

［213］好$_{1,\sim处}$

［53］好$_{2,爱\sim}$耗浩

iau

p［31］膘标彪

［213］表錶

p^h［31］飘漂$_{1,\sim浮}$

［24］瓢嫖

［213］漂$_{2,\sim白粉}$

［53］票漂$_{3,\sim亮}$

m［31］庙妙谬

［24］苗描

［213］藐渺秒杳杪

t［31］刁貂雕碉□$_{稻/麦\sim子:稻/麦穗}$

［53］钓吊掉调$_{2,\sim查,音\sim,\sim动}$□$_{\sim酒:酿酒}$

t^h［31］挑

［24］条调$_{1,\sim和}$

［53］跳

l［31］廖料$_{1}$□$_{扔}$

［24］燎疗聊辽撩□$_{\sim水:焯水}$□$_{\sim俏:简洁大方}$

［213］了瞭

［53］料□$_{一\sim地:一块地;一垄地}$

tɕ［31］铰$_{2,\sim链}$交郊胶焦蕉椒骄娇浇教$_{1,\sim书}$

［213］绞狡搅较剿矫缴饺铰$_{1,\sim米;\sim断}$

［53］教$_{2,\sim育}$叫觉$_{2,文,睡\sim}$

$tɕ^h$［31］锹缲悄轿敲$_{文}$

［24］樵瞧乔侨桥荞□$_{锅巴烘\sim着:干,松脆}$

［213］巧

［53］俏窍□渠~着:生气

ȵ［31］尿

［213］鸟绕白,~线

ɕ［31］淆效消宵霄硝销枵嚣萧侥校1,学~;上~

［213］小晓

［53］酵孝笑鞘校2,~对

ø［31］妖邀腰鹞幺吆要1,~求

［24］肴摇谣窑姚尧

［213］舀

［53］耀跃要2,重~;想~

əu

f［213］否

t［31］都兜蔸

［213］堵赌肚抖陡斗1,米~

［53］妒杜□底:碗~;桌子~斗2,~争□~帐:几个人一起对账

［55］独笃督

tʰ［31］度渡镀偷豆逗读牍犊毒

［24］徒屠途涂图头投

［213］土敨

［53］吐兔透

［55］秃突

n［213］努

［24］奴

［53］怒□~进去:塞进去□~弯:使弯曲

l［31］路赂露鹭漏陋□~个眼:用手抠

［24］卢炉芦庐楼

［213］鲁橹卤搂楼篓

［55］鹿六绿录禄陆

ts［31］租趋雏邹□~精:臭美

［213］祖组阻走

［53］奏皱绉骤

［55］卒足

tsʰ［31］粗初助□~下子:帮忙往上托

［24］锄愁

［213］楚础

［53］醋凑

［55］猝族促

s［31］苏酥梳疏蔬搜飕馊蒐

［213］数2,动词叟

［53］素诉塑数1,名词嗽宿瘦漱续

［55］速肃宿粟俗续

tʂ［31］周舟州洲

［213］肘帚

［53］昼宙咒

tʂʰ［31］抽纣售

［24］绸稠筹仇酬

［213］丑醜

［53］臭

ʂ［31］收受寿授

［213］手首守

［53］兽

ʐ［24］柔

［55］肉辱

x［31］瘊候2,~一下子

［24］侯喉猴

［213］吼

［53］後厚后候1,时~

iəu

m［213］［没有］$_{\text{合音}}$

l［31］溜

［24］流刘留榴硫琉馏

［213］柳

tɕ［31］髻揪鬏鸠阄纠柩灸

［213］酒九久韭

［53］救究咎臼$_{1,\text{脱}\sim}$

tɕʰ［31］秋鞦鳅就丘舅旧臼$_{2,\text{碓}\sim}$袖$_{\text{白}}$秋$^{=}_{\text{瞪眼}}$

［24］囚泅求球

［55］菊麴曲

ȵ［31］扭$^{=\text{歪:字一}\sim\text{着}}$扭$_{\sim\text{转}}$

［24］揉牛

［213］纽

ɕ［31］修羞休袖$_{\text{文}}$

［213］朽

［53］秀绣锈莠诱

［55］畜蓄

k［31］勾钩沟勾

［213］狗苟

［53］够构购

kʰ［31］抠

［213］口

［53］抠寇叩

ŋ［31］欧瓯殴沤

［213］藕偶呕

［53］怄

ø［31］憂優又右悠釉幽

［24］尤邮由油游犹

［213］有友酉

［53］祐柚鼬幼

［55］郁育狱欲慾岳域

an

p［31］班斑颁扳

［213］板版

［53］扮

pʰ［31］办攀

［24］瓣爿$_{竹\sim子}$

［53］盼襻绊

m［31］慢馒幔蔓

［24］蛮

f［31］藩帆范範犯饭翻番

［24］凡烦繁

［213］反

［53］泛贩

t［31］耽丹单$_{1,简\sim}$

［213］胆

［53］担旦诞但

tʰ［31］坦$_{2,高\sim:地名}$坍淡滩摊弹$_{2,子\sim}$蛋□$_{\sim脚巴:马灺蹶子}$

［24］谭谈痰檀坛弹$_{1,弹琴}$倘$_{\sim若;\sim使}$

［213］毯撣坦$_{1,坦克}$

［53］炭歎

n［31］难$_{2,患\sim}$

［24］难$_{1,困\sim}$

l［31］缆

［24］蓝篮兰拦栏

［213］览揽榄懒

［53］滥烂

ts［213］攒□~巴=:唾液

［53］赞

tsʰ［31］暂参1,文,~加餐濽~一身水:溅

［24］惭残

［213］惨

［53］灿

s［31］三

［213］散伞磉

［53］散

tʂ［31］蘸毡□脚后~:脚后跟沾瞻占1,~卜

［213］斩盏展

［53］站绽战占2,~领

tʂʰ［31］搀栈

［24］谗馋

［213］铲产

ʂ［31］山衫珊删疝羶善鳝膳栅禅2,~让单2,姓

［24］蟾蝉禅1,~宗

［213］陕闪

［53］搧扇

ʐ［24］然燃

k［31］间1,白,中~干文,~涉泔□~菜:夹菜

［213］择2,~菜橄敢文竿文拣白,~菜

［53］干2,~部

kʰ［31］堪龛勘刊铅2,~笔

［24］衔□手指~:指甲

［213］砍坎

［53］嵌

x［31］憨酣苋

［24］韩文鹹含文函文

［213］喊罕□$_{\text{簸一簸}}$

［53］撼憾□$_{\text{狗叫}}$

ŋ［31］淹雁$_{\text{大～南飞}}$

［213］眼�掩$_{\text{挖个～}}$

［53］晏

uan

k［31］关

［53］惯

x［24］环还$_{\text{2，～原，～东西}}$

［53］焕唤$_{\text{文}}$

ø［31］弯湾万

［213］晚挽

［24］玩顽

iɛn

m［31］面麵

［24］绵棉眠

［213］免勉娩缅渑$_{\text{～池}}$

p［31］鞭编边

［213］贬蝙扁匾

［53］变

pʰ［31］篇偏辨辩汴辫便$_{\text{1，方～}}$

［24］便$_{\text{2，～宜}}$

［53］骗遍片

t［31］掂颠

［213］点典腆奠

［53］店电

tʰ［31］添簟天殿垫佃

［24］甜田填

［213］舔栝掭

l ［31］ 敛殓练楝鍊

［24］ 廉镰簾连联鲢怜莲

［213］ 脸

［53］ 恋

tɕ ［31］ 艰间$_{\text{2,～断;～或;中～}}$监尖兼奸煎肩坚犍$_{\text{～猪:阉猪}}$

［213］ 减鰜检简裥柬涧剪繭趼笕拣$_{\text{文}}$

［53］ 艦劍谏箭践犍建键健腱荐见

tɕ^{h}［31］ 歼籤签渐俭谦件笺千牵迁贱饯铅$_{\text{1,～球}}$

［24］ 潜钳钱乾虔前全泉

［213］ 浅遣

［53］ 欠歉

ȵ ［31］ 砚拈黏验

［24］ 嚴鲇年

［213］ 碾辇撚撵研

［53］ 念

ɕ ［31］ 仙鲜轩掀先宣喧县现$_{\text{1,～在,～饭:剩饭}}$

［24］ 咸衔嫌闲涎贤弦旋

［213］ 险癣显选

［53］ 现$_{\text{2,实～}}$陷馅限线宪献羡

ø ［31］ 艳焰蔫焉烟醃腌

［24］ 炎盐阎檐颜延筵言沿

［213］ 掩演

［53］ 厌谚堰燕燕宴

ɥɛn

tʂ ［31］ 专砖捐娟赚$_{\text{1,～钱}}$

［213］ 转$_{\text{1,～变}}$捲

［53］ 撰转$_{\text{2,轮子～}}$篆眷卷赚$_{\text{2,～钱}}$券

tʂ^{h}［31］ 传$_{\text{2,～记}}$川穿圈倦

［24］ 传$_{\text{1,～达}}$椽船拳权颧

[213] 喘犬

[53] 劝串

ʂ [31] 闩拴栓

[24] 玄悬眩

[53] 楦□~苗:间苗

ø [31] 院愿冤渊

[24] 圆员缘元原源袁辕园援

[213] 染冉软阮远

[53] 怨

ən

p [31] 锛崩奔1, ~走

[213] 本

[53] 奔2, 绳子~断着

pʰ [31] 笨烹喷1, ~水

[24] 盆彭膨

[213] □大~脸:脸型笨拙

[53] 喷2, ~嚏

m [31] 闷□吃个~饱:吃得很饱

[24] 门明2, ~着:明天

[213] □草长得~:植物等长得茂密

f [31] 分芬纷份

[24] 坟

[213] 粉

[53] 粪奋焚愤忿

t [31] 敦墩蹲登灯

[213] □磉~等

[53] 凳顿扽屯豚盾遁邓瞪

tʰ [31] 吞囤沌钝

[24] 腾誊藤疼

［213］饨□汽油～人：气味难闻

［53］褪$_{2}$，把裤子～下来：脱

n［31］嫩□～开：捻开，用手指搓揉

［24］能

l［31］论

［24］崙伦轮

［213］冷

［53］楞

ts［31］尊遵曾$_{1}$，～孙增争筝睁

［53］赠

tsʰ［31］村皴撑

［24］岑存曾$_{2}$，～经层

［213］憎□这个人很～：讨人厌

［53］衬忖寸蹭

s［31］森参$_{2}$，人～孙僧生笙牲甥

［213］损笋榫省

［53］逊

tʂ［31］针斟珍榛臻真徵蒸贞侦正$_{1}$，～月征

［213］枕诊疹整拯

［53］镇振震证症正$_{2}$，～负政

tʂʰ［31］阵称郑

［24］沉陈尘臣澄$_{2}$，～清惩橙乘承丞呈程成城诚盛$_{1}$，～饭

［213］逞

［53］趁秤

ʂ［31］深身申慎剩升声伸$_{1}$，～展

［24］神娠辰晨绳

［213］沈审婶

［53］渗甚肾胜圣盛$_{2}$，强～

ʐ［31］认韧刃

[24] 人仁壬任

[213] 任忍

[53] 刃仍

x [31] 亨恨$_{2}$,~心大:记仇

[24] 痕恒衡

[213] 很狠

[53] 恨$_{1}$,仇~

iən

p [31] 宾槟殡鬓冰兵彬

[213] 禀丙秉饼

[53] 柄并並

p^h [31] 拚病拼

[24] 贫频凭平坪瓶屏萍

[213] 品评聘

m [31] 命

[24] 民鸣明盟名

[213] 闽悯敏抿皿铭

t [31] 丁钉$_{1}$,名词,铁~疔

[213] 顶鼎

[53] 钉$_{2}$,动词订澄$_{2}$,把水~下子

t^h [31] 厅锭定

[24] 亭廷停庭蜓艇

[213] 挺

[53] 听

l [31] 佞拎另宁$_{2}$,~可吝

[24] 林淋临邻鳞燐磷陵凌菱灵零铃伶翎宁$_{1}$,安~

[213] 檩岭领

[53] 令

tɕ [31] 金津襟巾斤筋茎京荆惊鲸晶精睛经今$_{文}$

［213］锦紧仅谨景警井颈

［53］浸禁进晋劲俊骏黢境敬竟镜竞劲径

$tɕ^h$［31］侵钦儘亲尽近卿清静净轻青蜻倾

［24］寻琴禽擒秦勤芹情晴擎

［213］寝请靖顷

［53］庆磬

ɕ［31］心辛新薪欣杏幸星腥馨兴$_{1,～旺}$

［24］荀旬循巡殉行形型刑

［213］醒

［53］信衅迅行性姓讯兴$_{2,高～}$朽迅

k［31］跟根更庚羹耕今$_{白,～着:今天}$

［213］粳哽埂梗耿

［53］更

k^h［31］坑□$_{打～～:打冷战}$

［213］恳垦肯啃

ŋ［31］恩硬

ø［31］音阴因姻殷鹰蝇莺鹦樱英婴缨荫$_{1,树～}$

［24］淫银寅凝迎盈赢营茔萤$_{1,～火虫}$吟

［213］饮引隐尹影萤$_{2,～火虫}$

［53］印应映

uən

k［213］滚

［53］棍

k^h［31］昆崑坤

［213］捆

［53］困睏

x［31］昏婚混$_{1,～乱}$荤

［24］魂馄浑横

［213］混$_{2,～沌:糊涂,不知轻重}$

ø［31］温瘟问

［24］文纹蚊闻

［213］稳吻刎

ʮən

tʂ［31］肫均钧菌君军

［213］准準

［53］郡

tʂʰ［31］椿春伸2, ~手; ~腰(常用)

［24］唇群裙琼

［213］蠢

ʂ［31］熏勋薰训

［24］纯醇

［53］顺舜

ø［31］润闰运晕孕

［24］匀云

［213］允永咏

［53］熨韵泳

on

p［31］般搬

［53］半

pʰ［31］潘伴拌

［24］盘

［53］判叛

m［31］漫

［24］瞒

［213］满

t［31］端

［213］短□~米: 用碓臼碾米

［53］锻段

t^h［31］贪断缎

［24］潭团糰

［53］探

n［24］男南

［213］暖

l［31］乱

［24］鸾

［213］卵

ts［31］簪钻$_{1,～地洞}$

［53］钻$_{2,电～}$

ts^h［31］氽参$_{1,白}$

［24］蚕

［53］窜篡

s［31］酸

［53］算蒜

k［31］甘柑肝乾官棺观冠干$_{白,～涉}$

［213］感杆桿擀秆敢$_{白}$竿$_{白}$

k^h［31］看$_{2,～守}$

［53］看$_{1,～见}$

ŋ［31］岸安鞍庵豌$_{白,～豆}$

［53］暗按案

x［31］旱汗

［24］韩$_{白}$寒$_{白}$含$_{白}$函$_{白}$

［53］汉焊翰

uon

k［31］鳏

［53］贯灌罐观冠

x［31］唤$_{白,呼～}$欢换幻患宦缓$_{白,～下子}$□$_{孬～～的}$

［24］桓

［213］缓$_{文}$□$_{~草:锄旱地里的草}$

ø［31］豌$_{文,~豆}$

［24］完丸

［213］皖碗腕□$_{~住:不给人看}$宛

aŋ

p［31］帮邦浜

［213］榜绑

［53］谤棒蚌

p^h［31］蚌

［24］滂旁螃傍庞

［53］胖

m［24］忙芒茫盲虻

［213］莽蟒

f［31］方芳

［24］肪妨房防

［213］倣纺仿访

［53］放

t［31］当$_{1,~时,应~}$

［213］党挡$_{1,遮~}$

［53］当$_{2,~铺}$挡$_{2,~着我做事:防碍我干活}$

t^h［31］汤荡宕凼汤$^{=~煞:遭遇;沾染}$

［24］堂棠螳唐糖塘

［213］躺

［53］烫趟

n［31］□$_{渠要把尔就接着,不~了。(他要送给你你就收下,不要推来推去的了。)}$

［24］囊曩

［213］攮

［53］□$_{鼻子~着:堵塞}$

l［31］浪

［24］郎狼螂

［213］廊朗

ts［31］脏

［53］葬藏$_{2}$,西～

tsʰ［31］仓苍

［24］藏$_{1}$,收～

s［31］桑丧$_{1}$,婚～；～失

［213］嗓

［53］丧$_{2}$,～失

tʂ［31］张章樟障瘴

［213］长$_{1}$,～大涨掌

［53］帐账胀仗$_{2}$,打～仗$_{1}$,文,狗～人势杖文

tʂʰ［31］丈昌　菖仗$_{1}$,白,狗～人势杖白

［24］长$_{2}$,～短肠常缠

［213］场厂

［53］畅唱倡

ʂ［31］商伤上尚

［24］尝裳

［213］赏偿

ʐ［31］让

［24］瓤

［213］酿壤攘嚷

k［31］冈刚纲钢$_{1}$,～铁豇缸江白

［53］降$_{2}$,牯牛～岗钢$_{2}$,刀钝了,～～杠虹白,天上出～

kʰ［31］康糠慷

［24］扛

［53］抗炕囥把东西～起来；藏

ŋ［31］肮昂$_{1}$

［53］昂$_{2}$

x［31］夯项巷□$_{打～:打呼噜}$□$_{锅盖～起来着:覆盖物没有盖紧物体}$□$_{2,把这块石头～起来:掀动重物}$

［24］行航杭

［53］□$_{1,把这块石头～起来:掀动重物}$

iaŋ

l［31］亮谅量

［24］良凉量粮梁粱

［213］两辆

tɕ［31］江$_{文}$将$_{1,～来}$浆疆薑缰姜僵$_{文}$

［213］蒋奖桨

［53］降$_{1,下～;牯牛～}$酱将$_{2,～领}$）强（倔～

tɕʰ［31］腔僵$_{白,冻～着}$枪匠礓羌像□$_{器物等因长期使用而起了毛糙}$

［24］墙详祥强$_{1,～大}$降$_{白,投～}$

［213］抢强$_{2,勉～}$

ȵ［31］□$_{～样子做:照样子做,依据}$

［24］娘

［213］仰

ɕ［31］相$_{1,互～}$箱厢湘镶橡香乡襄象$_{1,大～}$

［24］降$_{文,～服,投～}$

［213］想晌饷享响

［53］象$_{2,大～}$相$_{2,～貌}$向

ø［31］央秧殃样

［24］羊洋烊杨阳扬疡

［213］养痒

uaŋ

k［31］光

［213］广

［53］□$_{～着眼睛:瞪大眼睛}$逛

kʰ［31］匡筐眶

[24] 狂

[213] □纸做的东子一～就坏：用手碰

[53] 旷矿况

x [31] 荒慌衁猪～子：猪血旺

[24] 黄簧皇蝗

[213] 谎

[53] 晃逛

ø [31] 汪望枉旺

[24] 亡忘王

[213] 网往

[53] 妄

ɥaŋ

tʂ [31] 庄装桩

[53] 壮

tʂʰ [31] 疮状窗

[24] 床

[213] 闯撞

[53] 创

ʂ [31] 霜孀双

[213] 爽□一～地：一块地；一垄地

oŋ

p [31] 绷

[53] 迸蹦

pʰ [31] 嘭

[24] 朋棚蓬篷

[213] 捧

[53] 喷3，～香碰

m [31] 蠓梦□～～子：醋生白醭

[24] 萌蒙

［213］懵猛

［53］孟

f［31］风枫疯讽丰凤封峰蜂锋缝$_{1,一条\sim}$

［24］冯逢缝$_{2,\sim补}$

［53］奉俸

t［31］冬东

［213］董懂

［53］冻栋

t^h［31］通动洞

［24］同铜桐筒童瞳

［213］桶捅统

［53］痛

n［24］齉农脓侬浓

［53］□$_{软}$

l［24］隆笼聋龙

［213］拢陇垅

［53］弄

ʦ［31］棕鬃宗综踪

［213］总

［53］粽纵怂

$ʦ^h$［31］聪匆葱囱

［24］从崇从松$_{2,\sim树}$

s［31］鬆诵颂讼嵩松$_{1,\sim开}$

［53］送宋

ʈʂ［31］中$_{1,\sim间}$忠终钟锺盅

［213］种$_{1,\sim子}$肿

［53］中$_{2,打\sim}$众种$_{2,\sim地}$

$ʈʂ^h$［31］冲仲充衝舂重$_{1,\sim量}$

［24］虫重$_{2,\sim复}$

［213］宠

$tʂ^h$［53］铳

$tɕ^h$［24］穷

ɕ［31］胸凶兇兄

［24］熊雄

k［31］恭供$_{1,~应;~养}$公蚣工功攻弓躬宫

［213］拱汞

［53］供$_{2,~品}$贡

k^h［31］空$_{1,~虚}$共

［213］恐孔巩

［53］控空$_{2,~缺}$

x［31］轰掏烘

［24］弘红洪虹$_{2,彩~}$鸿宏

［213］哄$_{1,~骗}$

［53］哄$_{2,起~}$□$_{嗅}$

ø［31］庸用

［24］荣戎绒茸氄容蓉镕浓融

［213］拥勇涌甬雍癰

uoŋ

ø［31］翁□$_{~肥;~火:用灰等盖起来}$

［53］瓮

n［213］尔$_{你}$

m［31］姆$_{~妈}$

第三章　石台丁香方言词汇

第一节　丁香方言词汇特点

丁香方言和普通话相比，在词汇方面既有相同之处，也有个性特征。下面从词形、词义和造词理据三个方面来具体分析。

一、词形方面

词形是记录词的外在形式，建立在词汇意义相同基础上的词形差异是汉语方言词汇差异的重要方面。丁香方言与普通话词汇比较，无论是在音节数量上，还是在构词语素的选择、使用上，都有自己的词形特点。

（一）音节数量

1. 丁香方言里保存着相当多的单音节词。这些单音词所表示的意思，在普通话中则是用双音节词表达的。有三种情况：

第一，丁香方言是单音节词，普通话是“子”缀双音节词。例如：

方言词	普通话	方言词	普通话
鸭	鸭子	屋	房子
稻	稻子	钉	钉子
坛	坛子	瓶	瓶子
麦	麦子	粟	谷子

这类词基本都是名词。

第二，方言是单音节词，普通话是叠音的双音节词。例如：

方言词	普通话	方言词	普通话
父	爸爸	妈	妈妈
哥	哥哥	嫂	嫂嫂
姐	姐姐	奶（nai^{31}）	奶奶
妹	妹妹	星	星星

这类词亲属称谓词占大多数。

第三，方言是单音节词，普通话是非“子”缀、非叠音的双音节词。例如：

方言词	普通话	方言词	普通话
嘴	嘴巴	粉	面粉
巧	便宜	废⁼	顽皮
抠	吝啬	衣	衣裳
客	客人	尖	小气
咯	咳嗽	贼	小偷

这类词在丁香方言与普通话词汇单双对应关系中占多数，与方言词对应的普通话词汇以双音节复合词为主。

2. 丁香方言是双音节词或带子尾的多音节词，普通话中是单音节词。例如：

方言词	普通话	方言词	普通话
冰冻	冰	麻嘴	涩
脚鱼	鳖	哪个	谁
梨子	梨	杏子	杏
心子	馅	手拐子	肘

3. 丁香方言中是多音节词或词组，普通话中是双音节词。例如：

方言词	普通话	方言词	普通话
檐老鼠	蝙蝠	羊角风	癫痫
打妹⁼子	猜谜	癞豆蛄	蟾蜍
被幠笼	被窝	喉咙管	喉咙
下巴角	下巴	手指头	手指

眼睛子	眼珠	耳刀门	耳门
被幠面子	被面	枕头芯子	枕芯
眼镜罩子	眼镜	弟兄伙子	兄弟
做生意的	商人	剃头的	理发师

（二）构词语素方面

由于人们认识事物角度的不同、思维方式的不同，以及语言自身的发展演变，表达同一事物所使用的词语也会存在语素选择的差异，这是方言词汇特点形成的重要原因之一。丁香方言与普通话相比较，构词语素的选择和使用方面同样存在差异，主要表现在五个方面：语素同中有异、语素完全不同、语素顺序不同和语素“子”缀的使用和分布。

1. 词义相同，构词语素同中有异

例如：

方言词	普通话	方言词	普通话
手捏子	手绢	手巾	毛巾
落雪	下雪	耳刀	耳朵
哑子	哑巴	母舅	舅舅
家公	外公	家婆	外婆
兴⁼田	种田	打油	买油
树杪	树梢	天河	银河
絮袄	棉袄	反手	左手
男伢	男孩	女伢	女孩
今朝	今天	明朝	明天

这类词由于构词成分大多是近义的，对方言词的理解影响很小。

2. 词义相同，构词语素完全不同

方言词	普通话	方言词	普通话
日里	白天	扯霍	闪电
毛伢	婴儿	剃头	理发
痛⁼嘴	亲吻	寒虫	蚯蚓

嘣	吮吸	贼	小偷

3. 词义相同，构词语素顺序相反。例如：

方言词	普通话	方言词	普通话
欢喜	喜欢	青篾	篾青
机司	司机	黄篾	篾黄
宵夜	夜宵	不犯着	犯不着

4. 词义相同，但构词语素“子”缀的使用和分布不同

丁香方言中构词语素“子”缀的使用很常见，有一部分“子”缀用法跟普通话一致，如：桌子、椅子、胖子、聋子、矮子等，也有些“子”缀用法跟普通话不一致。有以下四种情况：

第一，方言没有“子”尾，普通话是附加式的“子”尾词。例如：

方言词	普通话	方言词	普通话
衫袖	袖子	板栗	栗子
热褂	褂子	麦麸	麸子
皮虱	虱子	洋钉	钉子

第二，方言是附加式的“子”尾词，普通话没有“子”尾。例如：

方言词	普通话	方言词	普通话
蟹子	螃蟹	皮子	皮棉
哑子	哑巴	锤子	拳头
场子	地方	会子	时候
虾子	虾	杏子	杏
蚂蝇子	蚂蚁	皮夹子	钱包

第三，方言“子”尾词相当于普通话“儿”尾词。例如：

方言词	普通话	方言词	普通话
针鼻子	针鼻儿	药方子	药方儿
一下子	一下儿	雨点子	雨点儿
半截子	半截儿	窗帘子	窗帘儿

第四，方言中有些加“子”尾的词，在普通话中没有与之对应的词语。

方言中这类加“子”尾的词主要是指某一类人。例如：□（ʈʂʮai³¹）子（手残者）、孬子（精神不正常的人）、二流子（游手好闲、不务正业的人）、半油篓子（对某方面知识一知半解的人）。

5. 曾是帕来品的事物名称，在丁香方言老辈人的话里，习惯在帕来品的名词前面加语素“番”“洋”，普通话与之对应的词前没有语素“番”“洋”。例如：

方言词	普通话	方言词	普通话
番茄	西红柿	洋火	火柴
洋灰	水泥	洋油	煤油

二、词义方面

词义特点是方言词汇特点的一个重要方面。丁香方言词汇与普通话词汇相比较，在词义方面也有个性特征，主要体现在三个方面。

（一）词形相同，词义所指范围大小不同

丁香方言中有些词的词形与普通话相同，但是意义范围却大于普通话的词义。例如：

例词	方言词义	普通话词义
鼻子	①嗅觉器官②鼻涕。	嗅觉器官
过	①经历②传染	经历
木头	①木材的总称②比喻不聪明的人	木材的总称
伤	①受伤②腻、够了	受伤
糊	①粘贴②骗	粘贴
摸	①抚摸②动作慢，磨蹭	抚摸
该	①应该②欠	应该
饭	大米饭	每日定时吃的食物

（二）词形相同，词义完全不同

方言词的词形与普通话相同，但方言词义表示的概念与普通话词义完

全不同。例如：

例词	方言词义	普通话词义
不好过	不舒服，生病了	不容易通过
面	面条	面粉
香油	菜籽油	芝麻油
齐整	长得好看，漂亮	整齐

（三）反义词的反义关系存在差异

丁香方言中有些反义词的反义关系，与普通话相比也存在差异。例如，普通话中表示“厚度”的一组反义词，是“厚”与“薄”，但丁香方言中是“厚”与“枵（çiau^{31}）”；普通话中表示“浓度”的一组反义词是“稠”与“稀”，但丁香方言中却是“硬”与“稀”。

三、造词理据

造词理据，指词语命名的理由和依据。事物命名的理据不同，使得同一个概念或事物，在普通话和方言中有不同的名称。丁香方言造词理据，与普通话相比，也有其自身特点。

（一）根据事物自身的特征直接给事物命名

丁香方言中有一些词语，或着眼于事物的外在特点，或着眼于事物的主要特征，或着眼于事物的功能用途，直接给事物命名，词语本身可以直接显露词义。例如：

方言词	造词理据
雪子冰雹	颗粒形状
眼睛子眼珠	圆形
鱼泡鱼鳔	泡泡的形状
鱼冻子鱼汤冷却后凝成的胶质物	因温度低而凝固
叫子哨子	能发出叫声
亮瓦玻璃瓦	能透进亮光

围腰围裙　　　　围在腰间

上述例词，前三例着眼于事物的外在特点，第四、第五例着眼于事物的主要特征，后两例着眼于事物的功能用途。

（二）以修辞方式给事物命名

这类词大都具有较强的形象性，很多词语难以从字面推知其词义。常见的有比喻式、借代式、避讳式等。例如：

（1）半油篓子：比喻对某种知识或技艺一知半解的人。

（2）杨辣子：一种毛虫，人被其蜇后又痛又辣，比喻泼妇。

（3）搅屎棍：比喻好惹是生非而令人嫌恶的人。

（4）月亮菜：扁豆，因形似月亮而得名。

（5）抬杠子：无谓的争辩

（6）药罐子：经常生病吃药的人。

（7）胖头：鳙鱼，因头大而得名。

（8）元宝：正月里吃的五香蛋

（9）寿面：过生日吃的面条

（10）不好过：生病

（11）老衣：装殓死人的衣服

上述例词，例（1）至例（5）是比喻式，利用事物之间的相似性，通过打比方给事物或动作行为命名。例（6）、例（7）是借代式，利用事物之间的相关性给事物命名。例（8）、例（9）是趋吉类词语，把正月里吃的五香蛋称之为“元宝”，寄予了人们对新一年圆满、富贵的美好祈望；无论长幼，过生日吃的面都称为“寿面”，表达了对喜乐、长久、圆满的强烈向往。例（10）、例（11）是避讳类词语，用委婉的称谓来称说人们忌讳的事物和现象。

另外，丁香方言中还有一些依靠主观想象揣测命名的词语，这类词语多是指称那些超出了人们的知识所能解释范围的自然现象，如把“月食”叫“天狗食月”，把“癫痫”叫“羊角风”，把“疟疾”叫“打脾寒”等。

第二节 丁香方言分类词表

说明：

（一）本词表收集的丁香方言词汇，按意义分为28类，词语的分类和排序基本按照中国社会科学院语言研究所方言研究资料室编的《汉语方言词语调查条目表》（《方言》2003年第一期），具体条目有所删减。

（二）每条词左列为普通话词条，右列为方言词条。方言词条先写汉字，后用国际音标注音。

（三）方言中“一词多说”（同一个概念有多种说法）现象按自然度和常用程度降序排列，各词之间用“/”隔开。

（四）方言词条中本字不详的，用同音字或“□”表示。同音字在字的右上角加“=”，无合适字形可写的字用“□”代替。

（五）方言词条里可有可无的字和音加“（）”表示。

（六）词条释义或用法一般采用下标。

壹 天文

(1) 日、月、星

太阳　　日头 ʐʅ$^{55-31}$t^{h}əu^{24}

太阳地儿$_{\text{太阳照到的地方}}$　　日头窠里头 ʐʅ^{55}t^{h}əu^{0}k^{h}o^{31}li^{0}t^{h}əu^{0}/日头底下 ʐʅ^{55}t^{h}əu^{0}ti$^{213-21}$xa^{0}

向阳　　朝阳 tʂ^{h}au^{24}iaŋ^{24}

背阴　　背阴 p^{h}ei^{31}iən^{31}

日食　　天狗吃月 t^{h}iɛn^{31}kiəu^{213}tɕ^{h}i^{55}ɥɛ^{55}

日晕　　日晕 ʐʅ$^{55-31}$ɥən^{31}

太阳　　太阳 t^{h}ai^{53}iaŋ^{0}

月亮　　月亮 ɥɛ^{55}liaŋ^{0}

月亮地儿$_{\text{月亮照到的地方}}$　　月亮窠里头 ɥɛ^{55}liaŋ^{0}k^{h}o^{31}li^{0}t^{h}əu^{0}

月食　　月蚀 ɥɛ^{55}ʂʅ^{55}

月晕	月晕 ɥɛ$^{55-31}$ɥən^{31}
星星	星 ɕiən^{31}
北斗星	北斗星 pɛ^{31}təu^{213}ɕiən^{31}
启明星	晓星 ɕiau$^{213-24}$ɕiən^{31}/黎明星 li^{24}miən^{24}ɕiən^{31}
银河	天河 tʰiɛn^{31}xo^{24}
流星名词	流星 liəu^{24}ɕiən^{31}/条把星 tʰiau^{24}pa^{213}ɕiən^{31}
南斗星	南斗星 non^{24}təu^{213}ɕiən^{31}
彗星	扫把星 sau^{53}pa^{213}ɕiən^{31}

(2) 风、云、雷、雨

风	风 foŋ^{31}
大风	起大风 tɕʰi^{213}ta^{33}foŋ^{31}
狂风	起狂风 tɕʰi^{213}kʰuaŋ^{24}foŋ^{31}
小风	小风 ɕiau$^{213-24}$foŋ^{31}/微风 uei^{24}foŋ^{31}/悠悠风 iəu^{31}iəu^{31}foŋ^{31}
旋风	旋风 ɕiɛn^{24}foŋ^{31}/龙卷风 loŋ^{24}tʂɥɛn^{213}foŋ^{31}/羊角风 iaŋ^{24}ko^{55}foŋ^{31}
顶风	顶头风 tiən^{213}tʰəu^{24}foŋ^{31}
顺风	顺风 ʂɥən^{31}foŋ^{31}
刮风	起风 tɕʰi$^{213-24}$foŋ^{31}
风停了	风歇着 foŋ^{31}ɕiɛ^{55}tʂo^{0}/风息着 foŋ^{31}ɕi^{55}tʂo^{0}/风停着 foŋ^{31}tʰiən^{24}tʂo^{0}
云	云 ɥən^{24}
乌云	黑云 xɛ$^{55-31}$ɥən^{24}/乌云 u^{31}ɥən^{24}
霞	霞 ɕia^{24}/红霞 xoŋ^{24}ɕia^{24}
早霞	朝霞 tʂau^{31}ɕia^{24}
晚霞	火烧天 xo$^{213-24}$ʂau^{31}tʰiɛn^{31}
雷	雷 lei^{24}
打雷	打雷 ta$^{213-24}$lei^{24}/打炸雷 ta^{213}tʂa^{24}lei^{24}雷声很响
	打炸雷 ta^{213}tʂa^{24}lei^{24}

雷打了大树被~	雷打着 lei^{24}ta$^{213-21}$tʂo^{0}
闪电名词;动宾	扯霍tʂ^{h}ɛ$^{213-24}$xo^{55}
雨	雨 ʮ^{213}
下雨（了）	落雨（着）lo$^{55-31}$ʮ^{213}（tʂo^{0}）
掉点（了）	掉点（着）tiau$^{53-24}$tiɛn^{213}（tʂo^{0}）/□着几点雨 ts^{h}a^{31}tʂo^{0}tɕi$^{213-24}$tiɛn$^{213-24}$ʮ^{213}雨下得很少,刚下就停了
小雨	小雨 ɕiau$^{213-24}$ʮ^{213}
毛毛雨	蒙丝雨 moŋ^{24}sɿ^{31}ʮ^{213}
大雨	大雨 ta^{31}ʮ^{213}
暴雨	打（风）暴 ta$^{213-24}$（foŋ^{31}）p^{h}au^{31}/风暴雨 foŋ^{31}p^{h}au^{31}ʮ^{213}
连阴雨接连多日阴雨	扯连阴tʂ^{h}ɛ^{213}liɛn^{24}iən^{31}/落连雨 lo^{55}liɛn^{24}ʮ^{213}
雷阵雨	雷阵雨 lei^{24}tʂən^{31}ʮ^{213}
雨停了	雨歇着 ʮ^{213}ɕiɛ^{55}tʂo^{0}/雨不落着 ʮ^{213}pu^{55}lo^{55}tʂo^{0}/雨［没有］落着 ʮ^{213}miəu^{213}lo^{55}tʂo^{0}/天朗着 tiɛn^{31}laŋ^{31}tʂo^{0}
虹	虹 kaŋ^{53}
（雨后）出现彩虹	出虹tʂ^{h}ʮ^{55}kaŋ^{53}
淋雨动宾	沰雨 to$^{55-31}$ʮ^{213}
淋湿了	沰湿着 to^{55}ʂʅ^{55}tʂo^{0}

(3) 冰、雪、霜、露

冰	冰冻 piən^{31}toŋ^{53}
冰锥挂在屋檐下的	留=溜 liəu^{24}liəu^{31}
结冰	结着冰冻 tɕiɛ^{55}tʂo^{0}piən^{31}toŋ^{53}
雹子	落雹子 lo^{55}p^{h}o^{31}tsɿ^{0}
雪	雪 ɕiɛ^{55}
下雪	落雪 lo^{55}ɕiɛ^{55}
鹅毛雪	落大雪 lo^{55}ta^{31}ɕiɛ^{55}

雪珠子米粒状的雪　　雪子 ɕiɛ$^{55-31}$tsɿ^{213}

雨夹雪　　雨夹雪 ɥ^{213}ka^{55}ɕiɛ^{55}

化雪　　化雪 xua$^{53-24}$ ɕiɛ^{55}/雪化着 ɕiɛ^{55} xua^{53} tʂo^{0}/化烊 xua$^{53-24}$iaŋ^{24}

露　　露水 ləu^{31}ʂuei^{213}/白露 p^{h}ɛ^{31}ləu^{31}

下露　　下（着）露水 xa^{31}（tʂo^{0}）ləu^{31}ʂuei^{213}/下冷露 xa^{31}nən$^{213-24}$ləu^{31}

霜　　霜 ʂuaŋ^{31}

下霜　　下霜 xa^{31}ʂuaŋ^{31}

雾　　雾（露）u^{31}（ləu^{31}）

下雾　　起雾 tɕ^{h}i$^{213-24}$u^{31}

泥石流　　起蛟 tɕ^{h}i$^{213-24}$tɕiau^{31}

（4）气候

天气最近～不太好　　天气 t^{h}iɛn^{31}tɕ^{h}i^{53}

晴天　　晴天 tɕ^{h}iən^{24}t^{h}iɛn^{31}/干天 kon^{31}t^{h}iɛn^{31}

阴天　　阴天 iən^{31}t^{h}iɛn^{31}阳光很弱

雨天　　雨天 ɥ$^{213-24}$t^{h}iɛn^{31}

下雪天　　落雪天 lo^{55}ɕiɛ^{55}t^{h}iɛn^{31}

（天气）热　　热 ɥɛ^{55}

（天气）冷　　冷 nən^{213}

伏天　　伏天 fu^{31}t^{h}iɛn^{31}

入伏　　进伏 tɕiən$^{53-24}$fu^{31}

初伏　　头伏 t^{h}əu^{24}fu^{31}

中伏　　中伏tʂoŋ^{31}fu^{31}/二伏 ʐo^{31}fu^{31}

末伏　　末伏 mo^{55}fu^{31}/三伏 san^{31}fu^{31}

出伏　　出伏tʂ^{h}ɥ$^{55-31}$fu^{31}

天旱　　天干 t^{h}iɛn^{31}kon^{31}

涝（了）　　淹（着）ŋan^{31}（tʂo^{0}）

梅天	梅天 mei^{24}tʰiɛn^{31}
入梅	入梅 ȵʮ$^{55-31}$mei^{24}/进梅 tɕiən$^{53-24}$mei^{24}
出梅	出梅 tɕʰʮ$^{55-31}$mei^{24}

贰　地理

(1) 地

旱地	旱地 xo^{31}tʰi^{31}/地 tʰi^{31}
田	田 tʰiɛn^{24}
水田	水田 ʂʮei$^{213-24}$tʰiɛn^{24}
稻田	稻田 tʰau^{31}tʰiɛn^{24}
秧田	秧田 iaŋ^{31}tʰiɛn^{24}/畦子 ʂʮaŋ$^{213-21}$tsɿ^{0}
田缺	田缺 tʰiɛn^{24}tʂʰʮɛ^{55}
草坪	草皮毯 tsʰau$^{213-24}$pʰi^{44}tʰan^{213}
菜地	菜地 tsʰai$^{53-24}$tʰi^{31}/菜园 tsʰai$^{53-24}$ʮɛn^{24}
荒地	荒地 xuaŋ^{31}tʰi^{31}
沙土地	沙地 ʂa^{31}tʰi^{31}
坡地	山坡地 ʂan^{31}po^{31}tʰi^{31}
滩地	河坡滩 xo^{24}po^{31}tʰan^{31}

(2) 山

山	山 ʂan^{31}/山头 ʂan^{31}tʰəu^{24}指整座，一般指小山/山包 ʂan^{31}pau^{31}指整座，一般指小山
山峰	山尖子 ʂan^{31}tɕiɛn^{31}tsɿ^{0}/山顶 ʂan^{31}tiən^{213}
山腰	（半）山腰（pon^{24}）ʂan^{31}iau^{31}
山脚	山脚 ʂan^{31}tɕio^{55}
山坳山间的平地	山坳 ʂan^{31}ŋau^{55}
山沟	山沟 ʂan^{31}kiəu^{31}
山谷两山之间低凹的地方	山洼 ʂan^{31}ua^{55}/山冲 ʂan^{31}tʂʰoŋ^{31}
山坡	山坡 ʂan^{31}po^{31}
陡坡	陡坡 təu$^{213-24}$po^{31}

斜坡　斜坡 ɕiɛ^{24}po^{31}

山头 山的顶部　山岗 ʂan^{31}kaŋ^{55} 山最高处，较平

山崖　石岩 ʂʅ^{31}ŋai^{24}

(3) 江、河、湖、海、水

河　河 xo^{24}/河沟 xo^{24}kiəu^{31}

水渠　水沟 ʂʮei$^{213-24}$kiəu^{31}

小水沟　小河沟 ɕiau^{213}xo^{24}kiəu^{31}

引水渠 人工挖的水库～　渠道 tʂʰʮ^{24}tau^{53}

小水沟 房屋前后的～　阴沟 iən^{31}kiəu^{31}

湖　湖 xu^{24}

潭 深的天然的　水潭子 ʂʮei^{213}tʰon^{24}tsɿ^{0}

水塘　塘 tʰaŋ^{24}

塘堤　塘埂 tʰaŋ^{24}kiən^{213}

水坑　水凼 ʂʮei$^{213-24}$tʰaŋ^{31}

海　海 xai^{213}

河岸　河埂 xo^{24}kiən^{213}/河岸 xo^{24}ŋon^{31}/河坝 xo^{24}pa^{53}

堤 沿河或沿海防水建筑物　坝 pa^{53}

坝 河中拦水的建筑物　膈$^{=}$ kiɛ^{55}/堰 iɛn^{53}

河滩　河滩 xo^{24}tʰan^{31}

水　水 ʂʮei^{213}

清水　清水 tɕʰiən^{31}ʂʮei^{213}

浑水　浑水 xuən^{24}ʂʮei^{213}

发大水　发大洪 fa^{31}ta^{31}xoŋ^{24}

凉水　冷水 nən$^{213-24}$ʂʮei^{213}

泉水　泉水 tɕʰiɛn^{24}ʂʮei^{213}

热水　滚水 kuən$^{213-24}$ʂʮei^{213}

温水　温汤水 uən^{31}tʰaŋ^{31}ʂʮei^{213}

开水 煮沸的水　开水 kʰai^{31}ʂʮei^{213}

（4）石沙、土块、矿物

石头	石头 ʂʅ^{31}t^{h}əu^{24}
石灰石	管石 kuan$^{213-24}$ʂʅ^{31}
大石块	大石头 ta^{31}ʂʅ^{31}t^{h}əu^{24}
小石块	小石头 ɕiau^{213}ʂʅ^{31}t^{h}əu^{24}/小石子 ɕiau^{213}ʂʅ^{31}tsɿ^{213}/石子 ʂʅ^{31}tsɿ^{213}
鹅卵石	河石卵子 xo^{24}ʂʅ^{31}lon$^{213-21}$tsɿ^{0}
火石	打火石 ta$^{213-24}$xo$^{213-24}$ʂʅ^{31}
沙子	沙 ʂa^{31}
沙土含沙很多的土	沙土 ʂa^{31}t^{h}əu^{213}
沙滩	沙滩 ʂa^{31}t^{h}an^{31}
土砖	土坯 t^{h}əu$^{213-24}$p^{h}ei^{31}
砖坯	砖坯子 tʂʮɛn^{31}p^{h}ei^{31}tsɿ^{0}
红砖	红砖 xoŋ^{24}tʂʮɛn^{31}
青砖	青砖 ɕiən^{31}tʂʮɛn^{31}
	石煤砖 ʂʅ^{31}mei^{24}tʂʮɛn^{31}把石头烧好碾碎压模成砖
水泥砖	免烧砖 miɛn^{213}ʂau^{31}tʂʮɛn^{31}
碎砖	砖头子 tʂʮɛn^{31}t^{h}iəu^{24}tsɿ^{0}
瓦	瓦 ua^{213}
	青瓦 tɕ^{h}iən^{31}ua^{213}
	大瓦 ta^{31}ua^{213}
	亮瓦 liaŋ^{31}ua^{213}
	沟瓦 kiəu^{31}ua^{213}
	脊瓦 tɕi^{55}ua^{213}
	红瓦 xoŋ^{24}ua^{213}
碎瓦	瓦渣滓 ua$^{213-24}$tʂa^{31}tsɿ^{0}/瓦拍子 ua$^{213-24}$p^{h}ɛ^{55}tsɿ^{0}
灰	灰 xuei^{31}统称/洋尘灰 iaŋ^{24}tʂən^{24}xuei^{31}房顶、墙壁、桌面上的细小灰尘
烂泥	烂泥 lan^{31}ȵi^{24}/泥巴 ȵi^{24}pa^{31}

泥浆　泥巴浆 ȵi^{24}pa^{31}tɕiaŋ^{31}

泥土干的　土 t^{h}əu^{213}

金自然状态下的矿物质　金子 tɕiən^{31}tsɿ^{0}

银自然状态下的矿物质　银子 iən^{24}tsɿ^{0}

铜自然状态下的矿物质　铜 t^{h}oŋ^{24}

铁自然状态下的矿物质　铁 t^{h}iɛ^{55}

白铁皮　洋铁皮子 iaŋ^{24}t^{h}iɛ^{55}pi$^{213-21}$tsɿ^{0}

锡自然状态下的矿物质　锡 ɕi^{55}

煤　煤 mei^{24}

煤渣　煤渣子 mei^{24}tʂa^{31}tʂʅ^{0}

煤油　洋油 iaŋ^{24}iəu^{24}

汽油　汽油 tɕ^{h}i$^{55-24}$iəu^{24}

油渣　油脚子 iəu^{24}tɕio^{55}tʂʅ^{0}油壶等装油器皿底部沉淀物/油渣子 iəu^{24}tʂa^{31}tʂʅ^{0}猪油熬制后剩下的渣子

石灰　石灰 ʂʅ^{31}xuei^{31}/管灰 kon$^{213-24}$xuei^{31}

水泥　洋灰 iɑŋ^{24}xuei^{31}古/水泥 ʂɥei^{24}ȵi^{24}今

磁石　吸铁石 ɕi^{55}t^{h}iɛ^{55}ʂʅ^{31}

玉　玉 ɥ^{31}

木炭　炭 t^{h}an^{53}/麸炭 fu^{31}t^{h}an^{53}/栎炭 li^{55}t^{h}an^{53}栎树烧的炭，比一般木炭烧的火猛、耐烧/果子碳 ko$^{213-21}$tsɿ^{0}t^{h}an^{53}烧锅时灶中火尽留下的炭

（5）城乡处所

地方他是什么~人？　场子tʂ^{h}aŋ$^{213-21}$tsɿ^{0}

什么地方　哪块 na$^{213-24}$k^{h}uai^{53}

城市对乡村而言　城里tʂ^{h}ən^{24}li^{0}t^{h}ou^{0}

城墙　城墙tʂ^{h}ən^{24}tɕ^{h}iaŋ^{24}

壕沟　沟 kiəu^{31}

城内　城里tʂ^{h}ən^{24}li^{213}/街上 kai^{31}ʂaŋ^{0}

城外	城外tʂ^{h}ən^{24}uai^{31}
胡同	巷弄 xaŋ^{31}loŋ^{53}/弄 loŋ^{53}
乡村对城市而言	农村 noŋ^{24}ts^{h}ən^{31}/乡下 ɕiaŋ^{31}xa^{0}
山沟偏僻的山村	山沟 ʂan^{31}kiəu^{31}/山里 ʂan^{31}li^{0}
家乡	家乡 ɕia^{31}ɕiaŋ^{31}
（赶）集	上街 ʂaŋ^{31}kai^{31}
街道	街道 kai^{31}t^{h}au^{31}
路	路 ləu^{31}
大路	马路 ma$^{213-24}$ləu^{31}/大路 ta^{31}ləu^{31}
小路	小路 ɕiau$^{213-24}$ləu^{31}

叁　时令时间

（1）季节

春天	春天tʂ^{h}ɥən^{31}t^{h}iɛn^{31}
夏天	夏天 ɕia^{31}t^{h}iɛn^{31}
秋天	秋天 tɕ^{h}iəu^{31}t^{h}iɛn^{31}
冬天	冬天 toŋ^{31}t^{h}iɛn^{31}
立春	立春 li^{31}tʂ^{h}ɥən^{31}/打春 ta^{213}tʂ^{h}ɥən^{31}
雨水	雨水 ɥ$^{213-24}$ʂɥei^{213}
惊蛰	惊蛰 tɕiən^{31}tʂʅ^{55}
春分	春分tʂ^{h}ɥən^{31}fən^{31}
清明	清明 tɕ^{h}iən^{31}miən^{24}
谷雨	谷雨 ku$^{213-24}$ɥ^{213}
立夏	立夏 li^{31}ɕia^{31}
小满	小满 ɕiau^{213}mon^{213}
芒种	芒种 maŋ^{24}tʂoŋ^{53}
夏至	夏至 ɕia^{31}tʂʅ^{53}
小暑	小暑 ɕiau$^{213-24}$ʂɥ^{213}
大暑	大暑 ta^{31}ʂɥ^{213}

立秋　　立秋 li^{31}tɕʰiəu^{31}

处暑　　处暑ʈʂʰʮ$^{213-24}$ʂʮ^{213}

白露　　白露 pʰɛ^{31}ləu^{31}

秋分　　秋分 tɕʰiəu^{31}fən^{31}

寒露　　寒露 xan^{24}ləu^{31}

霜降　　霜降 ʂʮaŋ^{31}tɕiaŋ^{53}

立冬　　立冬 li^{31}toŋ^{31}

小雪　　小雪 ɕiau$^{213-24}$ɕiɛ^{55}

大雪　　大雪 ta^{31}ɕiɛ^{55}

冬至　　冬至 toŋ^{31}ʈʂʅ^{53}

小寒　　小寒 ɕiau$^{213-24}$xon^{24}

大寒　　大寒 ta^{31}xon^{24}

历书　　历书 li^{31}ʂʮ^{31}/皇历 xuaŋ^{24}li^{55}/日历 ʐʅ^{55}li^{55}

农历阴历　　农历 noŋ^{34}li^{55}/古历 ku^{213}li^{55}

公历阳历　　公历 koŋ^{31}li^{55}/阳历 iaŋ^{24}li^{55}

(2）节日

除夕农历一年最后一天　　过年 kuo$^{53-24}$ȵiɛn^{24}/三十晚 san^{31}ʂʅ^{31}uan$^{213-21}$ʂaŋ^{0}

年夜饭　　年饭 ȵiɛn^{24}fan^{31}

（大）年初一　　正月初一ʈʂən^{31}ʮɛ^{55}tsʰəu^{31}i^{55}

拜年　　拜年 pai^{24}ȵiɛn^{24}

腊月二十四　　小年 ɕiau$^{213-24}$ȵiɛn^{24}

元宵节农历正月十五　　元宵 ʮɛn^{24}ɕiau^{31}

端午节农历五月初五　　端阳节 ton^{31}iaŋ^{0}tɕiɛ^{55}/五月节 u$^{213-24}$ʮɛ^{55}tɕiɛ^{55}

中秋节农历八月十五　　八月节 pa^{55}ʮɛ^{55}tɕiɛ^{55}

七夕农历七月初七的晚上　　七月七 tɕʰi^{55}ʮɛ^{55}tɕʰi^{55}

中元节农历七月十五　　七月半 tɕʰi^{55}ʮɛ^{55}pon^{53}

重阳节农历九月初九　　重阳节ʈʂʰoŋ^{24}iaŋ^{24}tɕiɛ^{55}

寒食节清明前一天　　寒食节 xon^{24}ʂʅ^{31}tɕiɛ^{55}

三月三	三月三 san^{31}ɥɛ^{55}san^{31}
六月六	六月六 ləu^{55}ɥɛ^{55}ləu^{55}

(3) 年

今年	今年 kən^{31}ȵiɛn^{0}
去年	旧年 tɕ^{h}iəu^{31}ȵiɛn^{0}
明年	明年 mən^{24}ȵiɛn^{0}
前年	前年 tɕ^{h}iɛn^{24}ȵiɛn^{0}
大前年	现前年 xiɛn^{53}tɕ^{h}iɛn^{24}ȵiɛn^{0}
往年以往的年头	往年 uaŋ$^{213-21}$ȵiɛn^{0}
后年	后年 xəu^{31}ȵiɛn^{0}
大后年	大后年 ta^{31}xəu^{31}ȵiɛn^{0}
每年	年年 ȵiɛn^{24}ȵiɛn^{0}/每年 mei$^{213-21}$ȵiɛn^{0}
年初	年初 ȵiɛn^{24}ts^{h}əu^{31}/年头 ȵiɛn^{24}t^{h}əu^{24}
年底	年底 ȵiɛn^{24}ti^{213}/年终 ȵiɛn^{24}tʂoŋ^{31}/年尾 ȵiɛn^{24}uei^{213}
上半年	上半年 ʂaŋ^{31}pon$^{53-24}$ȵiɛn^{24}
下半年	下半年 xa^{31}pon$^{53-24}$ȵiɛn^{24}
整年	一年到头 i^{55}ȵiɛn^{24}tau$^{53-24}$təu^{24}

(4) 月

正月	正月 tʂ^{h}ən^{31}ɥɛ^{0}
腊月	腊月 la^{55}ɥɛ^{0}
闰月	闰月 ʐɥən^{31}ɥɛ^{55}
月初	月头 ɥɛ$^{55-31}$t^{h}əu^{24}/月初 ɥɛ$^{55-31}$ts^{h}əu^{31}
月半	月半 ɥɛ^{55}pon^{53}
月底	月尾 ɥɛ$^{55-31}$ti^{213}
一个月	一个月 i$^{55-31}$ko$^{53-24}$ɥɛ^{55}
上个月	上个月 ʂaŋ^{31}ko^{0}ɥɛ^{55}
这个月	这个月 tɛ^{53}ko^{0}ɥɛ^{55}
下个月	下个月 xa^{31}ko^{0}ɥɛ^{55}
每月	每月 mei^{213}ɥɛ^{55}/月月 ɥɛ^{55}ɥɛ^{55}

上旬　上旬 ʂaŋ^{31} ɕiən^{24}

中旬　中旬 tʂoŋ^{31} ɕiən^{24}

下旬　下旬 xa^{31} ɕiən^{24}

大建农历三十天的月份　月大 ʮɛ$^{55-31}$ ta^{31}

小建农历二十九天的月份　小月 ɕiau$^{213-21}$ ʮɛ^{0}/月小 ʮɛ$^{55-31}$ ɕiau^{213}

平月　平月 pʰiən^{24} ʮɛ^{0}/月平 ʮɛ$^{55-31}$ pʰiən^{24}

(5) 日、时

今天　跟着= kiən^{31}/tʂo^{0}

昨天　昨日 tsʰo^{31} ʐʅ^{0}

明天　门着= mən^{24} tʂo^{0}

后天　后日 xəu^{31} tʂʅ^{0}

大后天　外后日 uai^{31} xəu^{31} tʂʅ^{0}

次日某日的下一天　递=天 tʰi^{31} tʰiɛn^{0}

前天　前日 tɕʰiɛn^{24} ʐʅ^{0}

大前天　现前日 ɕiɛn^{53} tɕʰiɛn^{24} ʂʅ^{0}

前几天　前日里 tɕʰiɛn^{24} ʐʅ^{0} li^{0}

星期天　礼拜天 li$^{213-24}$ pai$^{53-24}$ tʰiɛn^{31}/星期日 ɕiən^{31} tɕʰi^{31} ʐʅ^{55}

一星期　一个礼拜 i^{55} ko^{53} li$^{213-24}$ pai^{53}

每天　天天 tʰiɛn^{31} tʰiɛn^{31}

十几天比十天多　十几天 ʂʅ^{31} tɕi^{213} tʰiɛn^{31}

上午　上昼 ʂaŋ^{31} tʂəu^{53}

上午的一半　半上昼 pon$^{53-24}$ ʂaŋ$^{31-33}$ tʂəu^{53}

下午　下昼 xa^{31} tʂəu^{53}

下午的一半　半下昼 pon$^{53-24}$ xa$^{31-33}$ tʂəu^{53}

半天　半天 pon$^{53-24}$ tʰiɛn^{31}/大半天 ta^{31} pon$^{53-24}$ tʰiɛn^{31}/小半天 ɕiau^{213} pon$^{53-24}$ tʰiɛn^{31}

凌晨天快亮的时候　天麻麻亮 tʰiɛn^{31} ma^{24} ma^{24} liaŋ^{31}/蒙丝亮 moŋ^{24} sɿ^{31} liaŋ^{31}

清晨日出前后的一段时间　早上 tsau$^{213-21}$ʂaŋ^{0}

中午　中时tʂoŋ^{31}ʂʅ^{24}

白天　日的 ʐʅ^{55}ti^{0}

黄昏日落以后星出以前　煞麻影 ʂa^{55}ma^{24}iən^{213}/煞黑些 ʂa^{55}xɛ^{55}ɕiɛ^{0}/下昼黑些 xa^{31}tʂəu$^{53-24}$xɛ^{55}ɕiɛ^{0}

夜晚从天黑到天亮的一段时间　晚上 uan$^{213-21}$ʂaŋ^{0}/夜里 iɛ^{31}li^{0}/晚夜 uan$^{213-24}$iɛ^{31}

半夜　半夜 pon$^{53-24}$iɛ^{31}/上半夜 ʂaŋ^{31}pon$^{53-24}$iɛ^{31}/下半夜 xa^{31}pon$^{53-24}$iɛ^{31}

整夜　一晚上 i^{55}uan$^{213-21}$ʂaŋ^{0}

每天晚上　天天晚上 tʰiɛn^{31}tʰiɛn^{31}uan$^{213-21}$ʂaŋ^{0}

(6) 其他时间概念

日子指日期　日子 ʐʅ^{55}tsɿ^{0}

什么时候他~来?　么会子 mo$^{213-24}$xuei^{31}tsɿ^{0}

这个时候　□会子 tɛ^{53}xuei^{31}tsɿ^{0}

那个时候　兀=会子 u^{53}xuei^{31}tsɿ^{0}/位=会子 uei^{53}xuei^{31}tsɿ^{0}

前些时候　前日里 tʰiɛn^{24}ʐʅ^{55}li^{0}

先前　原先 ɥɛn^{24}ɕiɛn^{31}

后来　后了 xəu^{31}liau^{213}

现在　现在 ɕiɛn^{31}tsʰai^{31}

过些时候　明后朝 mən^{24}xəu^{31}tʂau^{31}

上次　上回 ʂaŋ^{31}xuei^{0}

下次　二会子 ʐo^{31}xuei^{31}tsɿ^{0}

刚　将 tɕiaŋ^{31}

刚刚　将将 tɕiaŋ^{31}tɕiaŋ^{31}

来得及　来得掣 lai^{24}tɛ^{0}tʂʰɛ^{55}

来不及　来不掣 lai^{24}pu^{0}tʂʰɛ^{55}

没时间　[没有]功夫 miəu^{213}koŋ^{31}fu^{0}

肆　农业

(1) 农事

春耕	春耕tʂ^{h}ʮən^{31}kiən^{31}
夏收	双抢 ʂʮaŋ^{31}tɕ^{h}iaŋ^{213}
整地	犁地 li^{24}t^{h}i^{31}
整田	犁田 li^{24}t^{h}iɛn^{24}/做秧田 tso$^{53-24}$iaŋ^{31}t^{h}iɛn^{24}$_{\text{整理用作育秧的田地}}$
浸种	浸种 tɕiən^{24}tʂoŋ^{213}
催芽	催芽 ts^{h}ei^{31}ia^{24}
下种	下种 xa^{31}tʂoŋ^{213}
拔秧	拔秧 p^{h}a^{31}iaŋ^{31}
散秧	打秧 ta$^{213-24}$iaŋ^{31}/撒秧 sa$^{213-24}$iaŋ^{31}
插秧	插田tʂ^{h}a^{55}t^{h}iɛn^{24}
薅草	拔草 p^{h}a^{31}ts^{h}au^{213}/撼草 xon^{213}ts^{h}au^{213}
铡草	铡草tʂa^{55}ts^{h}au^{213}
扬花	扬花 iaŋ^{24}xua^{31}
灌浆	灌浆 kuon$^{53-24}$tɕiaŋ^{31}
稻穗	稻刁子 t^{h}au^{31}tiau^{31}tsɿ^{0}
割稻子	割稻 ko^{31}t^{h}au^{31}
割麦	割麦 ko^{55}mɛ^{55}
(晒东西的)场院	稻床 t^{h}au^{31}tʂ^{h}ʮaŋ^{24}
打场	打稻 ta$^{213-24}$t^{h}au^{31}/打麦 ta^{213}mɛ^{55}
扬稻	扬稻 iaŋ^{24}t^{h}au^{31}
锄地	挖地 ua$^{55-31}$t^{h}i^{31}
松土	缓⁼地 xuon$^{213-24}$t^{h}i^{31}
浇粪	浇粪 tɕiau^{31}fən^{53}
粪坑	东缸 toŋ^{31}kaŋ^{31}/大告 ta^{31}kau^{53}/矛缸 mau^{24}kaŋ^{31}
积肥	点化肥 tiɛn^{213}xua$^{53-24}$fei^{24}/积肥 tɕi^{31}fei^{24}
拾粪	捡粪 tɕiɛn$^{213-24}$fən^{53}

粪　粪 fən^{53}/屎尿 ʂʅ$^{213-24}$ ȵiau^{31}

人粪　大粪 ta^{31}fən^{53}

化肥　化肥 xua$^{53-24}$fei^{24}

复合肥　复合肥 fu^{31}xo^{31}fei^{24}

尿素　尿素 ȵiau^{31}səu^{53}

磷肥　磷肥 liən^{24}fei^{24}

施肥　擭化肥 xu^{213}xua$^{53-24}$fei^{24}/擭粪 xu$^{213-24}$fən^{53}

喷农药　打农药 ta^{213}noŋ^{24}io^{55}

浇水　浇水 tɕiau^{31}ʂʮei^{213}

灌水使水入地　上水 ʂaŋ^{31}ʂʮei^{213}

排水使水出地　放水 faŋ$^{53-24}$ʂʮei^{213}

打水从井里或河里取水　挑水 t^{h}iau^{31}ʂʮei^{213}

抽水　抽水 tʂ^{h}əu^{31}ʂʮei^{213}/车水 tʂ^{h}ɛ^{31}ʂʮei^{213}一般指人工抽水

水井　水井 ʂʮei$^{213-24}$tɕiən^{213}

(2) 农具

水车　水车 ʂʮei$^{213-24}$tʂ^{h}ɛ^{31}

板车　板车 pan$^{213-24}$tʂ^{h}ɛ^{31}

板车箱　板车架子 pan$^{213-24}$tʂ^{h}ɛ^{31}ka^{53}tsɿ^{0}

独轮车　手推车 ʂəu$^{213-24}$t^{h}uei^{31}tʂ^{h}ɛ^{31}

牛轭　牛轭兜 ȵiəu^{24}ŋiɛ$^{55-31}$təu^{31}/牛轭头 ȵiəu^{24}ŋiɛ$^{55-31}$t^{h}əu^{24}

牛笼嘴　牛笼嘴 ȵiəu^{24} loŋ$^{213-24}$ tsei^{213}/牛兜嘴 ȵiəu^{24} təu^{31}tsei^{213}

牛鼻桊儿穿在牛鼻子里的木棍儿或铁环　牛鼻栓 ȵiəu^{24}p^{h}i^{31}ʂʮɛn^{53}

犁　犁 li^{24}

耙子　耙子 p^{h}a^{24}tsɿ^{0}

踅子　囤子 t^{h}ən^{31}tsɿ^{0}用高粱或芦苇的篾片、竹篾等编的粗而长的席，可以围起来囤粮食

囤存放粮食的器具　囤 t^{h}ən^{31}

扇车使米粒跟谷壳分离的农具　风扇 foŋ^{31}ʂan^{53}

石磙圆柱形，用来轧谷物，平场地	石磙 ʂʅ^{31}kuən^{213}
砻脱去稻谷外皮的农具	砻子 loŋ^{31}tsɿ^{0}/箩护$^{=}$lo^{24}xu^{31}打稻用的方形器具
石磨	磨子 mo^{31}tsɿ^{0}
磨盘	磨盘 mo^{31}p^{h}on^{24}
磨把儿	磨连坍 mo^{31}liɛn^{24}tan^{31}
磨脐儿磨扇中心的铁轴	磨子心 mo^{31}tsɿ^{0}ɕiən^{31}
磨眼	磨子眼 mo^{31}tsɿ^{0}ŋan^{213}
筛子筛稻、米用的器具	筛子 ʂai^{31}tsɿ^{0}
	米筛 mi$^{213-24}$ʂai^{31}
	糠筛 k^{h}aŋ^{31}ʂai^{31}
	郎筛 laŋ$^{213-24}$ʂai^{31}
	子筛 tsɿ$^{213-24}$ʂai^{31}比郎筛略细
	喊$^{=}$懒$^{=}$盆 xan$^{213-24}$lan$^{213-24}$p^{h}ən^{24}
	小普蓝 ɕiau^{213}p^{h}u^{31}lan^{24}比筛子略大但无孔
	大普蓝 ta^{31}p^{h}u^{31}lan^{24}晾晒稻谷等用的较大的器具，竹制，圆形，无孔
	鞋郎 xai^{24}laŋ^{213}竹制装针线等用具的小簸箕
连枷	连该$^{=}$liɛn^{24}kai^{31}
上山扒柴用的工具	柴扒tʂ^{h}ai^{24}p^{h}a^{24}tsɿ/扒子 p^{h}a^{24}tsɿ^{0}
碓指整体	碓臼 tei$^{53-24}$tɕ^{h}iəu^{31}
碓杵	碓桩 tei$^{53-24}$tʂɥaŋ^{31}/碓嘴 tei$^{53-24}$tsei^{213}
	碓厅$^{=}$tei$^{53-24}$t^{h}iən^{31}
	碓钮 tei$^{53-24}$ȵiəu^{213}
钉耙	钉耙 tiən^{31}p^{h}a^{24}
镐刨硬地用，一头尖形，一头扁小	乌$^{=}$啄$^{=}$u^{31}tʂo^{31}/洋镐 iaŋ^{24}kau^{31}
锄松土、锄草用，扁形，各地形状不一	锄子 ts^{h}əu^{24}tʂɿ^{0}
除草	撼草 xon^{213}ts^{h}au^{213}/除草 xon^{213}ts^{h}əu^{213}
板锄	板锄 pan$^{213-24}$ts^{h}əu^{24}大/撼锄 xon$^{213-24}$ts^{h}əu^{24}小
铡刀	铡刀tʂa$^{55-31}$tau^{31}

镰刀　镰刀 liɛn^{24}tau^{31}

砍刀用来劈开或剁断木柴的刀　柴刀tʂʰai^{24}tau^{31}/半砍刀 pon^{53}kʰan$^{213-24}$tau^{31}砍柴、割草

镰刀　草刀 tsʰau^{213}tau^{31}割草用

斧子　斧子 fu$^{213-21}$tsɿ^{0}

大锄　大凿 a^{31}tʂo^{31}

小锄　小凿 ɕiau^{31}tʂo^{31}

铁锨口是平的　铁锹 tʰiɛ^{55}ɕiəu^{31}

棒槌　忙棰 maŋ^{24}tʂʮei^{24}

撮箕撮垃圾用　撮锹tʂʰo$^{55-31}$ɕiɛn^{31}

火铲　火撮子 xo^{213}tʂʰo^{55}tsɿ^{0}铁制铲火工具

畚箕　粪箕 fən$^{53-24}$tɕi^{31}担土、石等用的器具

饭筲子形同簸箕，主要用于装米饭　筲箕 ʂau^{31}tɕi^{31}

洗锅用的工具　刷竹 ʂʮa^{55}tʂʮ^{55}洗锅用的工具

垃圾　落$^{=}$索$^{=}$lo^{55}so^{0}

筐　筐 kʰuaŋ^{31}

箩　箩 lo^{24}

稻箩 tʰau^{31}lo^{24}

米箩 mi$^{213-24}$lo^{24}

菜箩 tsʰai^{31}lo^{24}

筛箩 ʂai^{31}lo^{24}筛粉末状细物用的

篮子　篮子 lan^{24}tsɿ^{0}/菜篮子 tsʰai^{53}lan^{24}tsɿ^{0}

扁担　扁担 piɛn$^{213-24}$tan^{53}

挑担子　挑担子 tʰiau^{31}tan^{53}tsɿ^{0}

扫帚用竹枝扎成，比笤帚大，扫地用　竹扫把tʂʮ^{55}sau$^{53-24}$pa^{213}/大条把 ta^{31}tʰiau^{24}pa^{213}

笤帚用高粱穗、黍子穗等绑成，扫地用　扫把 sau$^{53-24}$pa^{213}/笤帚 tʰiau^{24}tʂəu^{213}

桶　桶 tʰoŋ^{213}/水桶 ʂʮei$^{213-24}$tʰoŋ^{213}装水用/木桶 mu$^{55-31}$tʰoŋ^{213}木制/铁桶 tʰiɛ$^{55-31}$tʰoŋ^{213}铁制

伍　植物

(1) 农作物

粮食	粮食 liaŋ^{24}ʂʅ^{0}
麦	麦 mɛ^{55}/小麦 ɕiau$^{213-24}$mɛ^{55}
荞麦	荞麦 tɕʰiau^{24}mɛ^{55}
麦茬儿	麦蔸子 mɛ^{55}təu^{31}tsɿ^{0}
谷子指植株,籽实是小米儿	粟 səu^{53}
玉米	六谷 ləu^{55}ku^{55}/玉榴 ʮ^{31}liəu^{24}/包芦 pau^{31}ləu^{24}
高粱	榴稷 liəu^{24}tɕi^{31}
薏仁	玉榴米 ʮ^{31}liəu^{24}mi^{213}
稻指植株	稻 tʰau^{31}
稻子指籽实	稻籽 tʰau^{31}tsɿ^{0}
早稻	早稻 tsau$^{213-24}$tʰau^{31}
中稻	中稻tʂoŋ^{31}tʰau^{31}
晚稻	晚稻 uan$^{213-24}$tʰau^{31}
杂交稻	杂交稻 tsa^{31}tɕiau^{31}tʰau^{31}
	倒⁼八 tʰau$^{53-24}$pa^{55}
粳稻	粳稻 kiən$^{213-24}$tʰau^{31}
糯稻	糯稻 no^{31}tʰau^{31}
稗子	稗子 pʰa^{31}tsɿ^{0}
秕子空的或不饱满的籽粒	瘪壳 piɛ^{55}kʰo^{55}
米稻的籽实去壳后	米 mi^{213}
糯米	糯米 no^{31}mi^{213}
大米相对糯米而言	大米 ta^{31}mi^{213}
籼米米粒长而细,黏性小	籼米 ɕiɛn^{31}mi^{213}
早米	早稻米 tsau$^{213-24}$tʰau^{31}mi^{213}
晚米	晚稻米 uan$^{213-24}$tʰau^{31}mi^{213}
棉花	棉花 miɛn^{24}xua^{31}

棉花桃儿　　棉桃子 miɛn^{24}xua^{31}tʰau^{24}tsɿ^{0}

籽棉　　籽（棉）花 tsɿ$^{213-24}$（miɛn^{24}）xua^{31}

皮棉　　皮子 pʰi^{24}tsɿ^{0}

芝麻　　芝麻tʂʅ^{31}ma^{31}

向日葵　　葵花 kʰuei^{24}xua^{31}

葵花子儿　　葵花子 kʰuei^{24}xua^{31}tsɿ^{213}

白薯　　红芋 xoŋ^{24}ʮ^{31}/山芋 ʂan^{31}ʮ^{31}

马铃薯　　马铃薯 ma$^{213-24}$liən^{24}ʂʮ^{213}

芋指这种植物　　洋芋 iaŋ^{24}ʮ^{31}

芋头芋块茎的总称　　芋头 ʮ^{31}təu^{31}

山药学名叫薯蓣　　山药 ʂan^{31}io^{55}

藕　　藕 ŋiəu^{213}

莲子莲蓬的子　　莲子 liɛn^{24}tsɿ^{213}

(2) 豆类、菜蔬

黄豆　　黄豆 xuaŋ^{24}tʰəu^{31}

绿豆　　绿豆 ləu^{31}tʰəu^{31}

黑豆　　黑豆 xɛ^{31}tʰəu^{31}

红豆　　红豆 xoŋ^{24}tʰəu^{31}

豌豆　　安⁼豆 ŋon^{31}tʰəu^{31}

豇豆细长条的　　豇豆 kaŋ^{31}tʰəu^{31}/八月白 pa^{55}ʮɛ^{55}pʰɛ^{31}豇豆的一种，短，色白

红豇豆 xoŋ^{24}kaŋ^{31}tʰəu^{31}豇豆的一种，色红

扁豆　　月亮菜 ʮɛ$^{55-31}$liaŋ^{31}tsʰai^{53}/扁结 piɛn$^{213-24}$tɕiɛ^{55}

蚕豆　　蚕豆 tsʰon^{24}tʰəu^{31}

刀豆　　刀豆 tau^{31}tʰəu^{31}

豆秸　　豆秸子 tʰəu$^{31-33}$kai^{31}tsɿ^{0}

豆荚　　豆角 tʰəu$^{31-33}$ko^{55}

茄子　　茄子 tɕʰiɛ^{24}tsɿ^{0}

黄瓜　黄瓜 xuɑŋ^{24}kua^{31}

丝瓜　莽瓜 mɑŋ$^{213-24}$kua^{31}

苦瓜　苦瓜 k^{h}u$^{213-24}$kua^{31}

南瓜　北瓜 pɛ$^{55-31}$kua^{31}

冬瓜　冬瓜 toŋ^{31}kua^{31}

葫芦　葫芦 k^{h}u^{24}ləu^{55}

瓠子　瓠子 xu^{31}tsɿ^{0}

葱　葱 ts^{h}oŋ^{31}

洋葱　洋葱 iaŋ^{24}ts^{h}oŋ^{31}

蒜 指这种植物　大蒜 ta^{31}son^{53}

蒜头 蒜的鳞茎，由蒜瓣构成　蒜子 son$^{53-24}$tsɿ^{213}

蒜苗 蒜的花茎　蒜苗 son$^{53-24}$miau^{24}

蒜叶　蒜叶 son$^{53-24}$iɛ^{55}

韭菜　韭菜 tɕiəu$^{213-24}$ts^{h}ai^{53}

苋菜　苋菜 xan$^{213-24}$ts^{h}ai^{53}

西红柿　番茄 fan^{31}tɕ^{h}iɛ^{24}/洋茄子 iaŋ^{24}tɕ^{h}iɛ^{24}tsɿ^{0}

姜　生姜 sən^{31}tɕiaŋ^{31}

洋姜　洋生姜 iaŋ^{24}sən^{31}tɕiaŋ^{31}

阳荷　莲花姜 liɛn^{24}xua^{31}tɕiaŋ^{31}

辣椒　大椒 ta^{31}tɕiau^{31}/辣椒 la$^{55-31}$tɕiau^{31}

辣椒酱　大椒酱 ta^{31}tɕiau^{31}tɕiaŋ^{53}/辣椒糊 la$^{55-31}$tɕiau^{31}xu^{24}

辣椒面儿　辣椒粉 ta$^{55-31}$tɕiau^{31}fən^{213}

芥菜　芥菜 kai$^{53-24}$ts^{h}ai^{53}

茼蒿　蓬蒿 p^{h}oŋ^{24}xau^{31}

菠菜　菠菜 po^{31}ts^{h}ai^{53}

青菜　白菜 p^{h}ɛ^{31}ts^{h}ai^{53}/青菜 tɕ^{h}iən^{31}ts^{h}ai^{53}

洋白菜 叶子卷成球状的　包心菜 pau^{31}ɕiən^{31}ts^{h}ai^{53}

白菜　鸡毛菜 tɕi^{31}mau^{24}ts^{h}ai^{53}

莴笋指茎部	莴笋 uo^{31} sən^{213}
莴笋叶	莴笋叶 uo^{31} sən^{213} iɛ^{55}
莴苣	莴苣 uo^{31} tʂʮ^{31}
生菜	生菜 sən^{31} ts^{h}ai^{53}
菜	菜 ts^{h}ai^{53}
种菜	兴⁼菜 ɕiən^{31} ts^{h}ai^{53} / 基⁼菜 tɕi^{31} ts^{h}ai^{53}
芹菜	芹菜 tɕ^{h}iən^{24} ts^{h}ai^{53}
香芹	香芹 xiaŋ^{31} ts^{h}ai^{53}
水芹	水芹 ʂʮei$^{213-24}$ tɕ^{h}iən^{24}
	野芹菜 iɛ^{213} tɕ^{h}iən^{24} ts^{h}ai^{53}
芫荽	香菜 xiaŋ^{31} ts^{h}ai^{53}
菜梗	菜秆子 ts^{h}ai^{53} kon$^{213-21}$ tsɿ^{0}
菜薹	菜薹子 ts^{h}ai^{53} t^{h}ai^{24} tsɿ^{0}
萝卜	萝卜 lo^{24} p^{h}o^{31}
（萝卜）糠了	脬着 p^{h}au^{31} tʂo^{0}
萝卜缨儿	萝卜缨子 lo^{24} p^{h}o^{31} iən^{31} tsɿ^{0}
萝卜干儿	萝卜角子 lo^{24} p^{h}o^{31} ko^{55} tsɿ^{0}
萝卜丝儿	萝卜丝 lo^{24} p^{h}o^{31} sɿ^{31}
胡萝卜	胡萝卜 xu^{24} lo^{24} p^{h}o^{31}
茭白	高瓜 kau^{31} kua^{31}
油菜	油菜 iəu^{24} ts^{h}ai^{53}
油菜籽榨油用	油菜籽 iəu^{24} ts^{h}ai^{53} tsɿ^{0}
荠菜	地兴⁼菜 t^{h}i^{31} ɕiən$^{31-33}$ ts^{h}ai^{53}

（3）树木

树	树 ʂʮ^{31}
树林	树林 ʂʮ^{31} liən^{24}
树苗	树苗 ʂʮ^{31} miau^{24}
树干	树身子 ʂʮ^{31} ʂən^{31} tsɿ^{0}
树梢	树杪 ʂʮ^{31} miau^{213}

树根　　树蔸子 ʂʯ^{31}təu^{31}tsɿ^{0}/树根 ʂʯ^{31}kiən^{31}

树叶　　树叶 ʂu^{31}iɛ^{55}

树枝　　树丫 ʂʯ^{31}ŋa^{31}

种树动宾　　栽树 tsai^{31}ʂʯ^{31}

砍树动宾　　砍树 kʰan$^{213-24}$ʂʯ^{31}

挖树　　挖树 ua$^{55-31}$ʂʯ^{31}

松树　　枞树 tsʰoŋ^{24}ʂʯ^{31}

松针　　枞毛 tsʰoŋ^{24}mau^{31}

松球　　松树球 soŋ^{31}ʂʯ^{31}ɕiəu^{24}

松香　　松香 soŋ^{31}ɕiaŋ^{31}

杉树　　杉树 ʂa^{31}ʂʯ^{31}

杉针　　杉木刺 ʂa^{31}mo^{31}tsʰɿ^{53}

桑树　　桑树 saŋ^{31}ʂʯ^{31}

桑葚儿　　桑苞 saŋ^{31}pʰau^{31}

桑叶　　桑叶 saŋ^{31}iɛ^{55}

杨树　　杨树 iaŋ^{24}ʂʯ^{31}

柳树　　柳树 liəu$^{213-24}$ʂʯ^{31}

泡桐　　泡桐 pʰau^{31}tʰoŋ^{24}

荆条　　莿 tsʰɿ^{53}

荆棘丛　　莿窠 tsʰɿ$^{53-24}$kʰo^{31}

桐油树　　桐子树 tʰoŋ^{24}tsɿ^{213}ʂʯ^{31}

桐子　　桐子 tʰoŋ^{24}tsɿ^{213}

桐油　　桐油 tʰoŋ^{24}iəu^{24}

法国梧桐　　法梧 fa^{31}u^{31}

槠栗　　莴⁼苣⁼栗 uo^{31}tʂʯ^{31}li^{53}

柏树　　柏枝 pɛ$^{55-31}$tʂʅ^{31}

梧桐　　梧桐树 u^{24}tʰoŋ^{24}ʂʯ^{31}

　　丁香树 tiən^{31}ɕiaŋ^{31}ʂʯ^{31}

椿树　　椿树 tʂʰuən^{31}ʂʯ^{31}

香椿树	香椿 ɕiaŋ^{31}tʂ^{h}uən^{31}
臭椿树	臭椿tʂ^{h}əu$^{53-24}$tʂ^{h}uən^{31}
槐树	槐树 xuai^{24}ʂɥ^{31}
桃树	桃子树 t^{h}au^{24}tsɿ^{0}ʂɥ^{31}
栎树	栎子树 li^{53}tsɿ^{0}ʂɥ^{31}
梨树	梨子树 li^{24}tsɿ^{0}ʂɥ^{31}
枣树	枣子树 tsau$^{213-21}$tsɿ^{0}ʂɥ^{31}
栗子树	板栗树 pan$^{213-24}$li^{55}ʂɥ^{31}
李子树	李子树 li$^{213-21}$tsɿ^{0}ʂɥ^{31}
柿子树	柿子树 ts^{h}ɿ^{31}tsɿ^{0}ʂɥ^{31}
枇杷树	枇杷树 p^{h}i^{24}p^{h}a^{24}ʂɥ^{31}
桂花树	桂花树 kuei$^{53-24}$xua^{31}ʂɥ^{31}
樟树	樟树tʂaŋ^{31}ʂɥ^{31}
竹子	竹子tʂɥ^{55}tsɿ^{0}
斑竹	斑竹 pan^{31}tʂɥ^{55}／小竹子 ɕiau$^{213-24}$tʂɥ^{55}tsɿ^{0}
苗竹	苗竹 miau^{24}tʂɥ^{55}
水竹	水竹 ʂɥei$^{213-24}$tʂɥ^{55}
麻竹	麻竹 ma^{24}tʂɥ^{55}
紫竹	紫竹 tsɿ$^{213-24}$tʂɥ^{55}
竹笋	笋子 sən$^{213-21}$tsɿ^{0}
冬笋	冬笋 toŋ^{31}sən^{213}
春笋	春笋tʂɥən^{31}sən^{213}
笋壳	箬子 ȵio^{55}tsɿ^{0}
竹竿儿	竹篙子tʂɥ$^{55-31}$kau^{31}tsɿ^{0}
竹叶儿	竹叶tʂɥ^{55}iɛ^{55}
篾片竹子劈成的薄片	篾片 miɛ$^{55-31}$piɛn^{53}
篾黄	黄篾 xuaŋ^{24}miɛ^{55}／篾黄 miɛ$^{55-31}$xuaŋ^{24}
篾青	青篾 ɕiən^{31}miɛ^{55}／篾青 miɛ$^{55-31}$ɕiən^{31}
柴	柴tʂ^{h}ai^{24}

干柴	干柴 kon^{31} tʂ^{h}ai^{24}
	活柴 xuɛ^{31} tʂ^{h}ai^{24} 用作燃料的未经干燥的树枝和木块
	硬柴 ŋiən^{31} tʂ^{h}ai^{24} 用作燃料的粗树枝和大木块
	毛柴 mau^{24} tʂ^{h}ai^{24} 用作燃料的树叶、杂草及细小的树枝、碎木块

(4) 瓜果

水果	水果 ʂʮei$^{213-24}$kuo^{213}
干果	干果 kon^{31}kuo^{213}
桃	桃子 t^{h}au^{24}tsɿ^{0}
	毛桃 mau^{24}t^{h}au^{24}
	六月报⁼ ləu^{55} ʮɛ^{0}pau^{53}
	五月桃 u$^{213-21}$ ʮɛ^{0}t^{h}au^{24}
	四月桃 sɿ^{53} ʮɛ^{0}t^{h}au^{24}
杏	杏子 ɕiən^{31}tsɿ^{0}
李子	李子 li$^{213-21}$tsɿ^{0}
苹果	p^{h}iən^{24}kuo^{213}
枣儿	枣子 tsau$^{213-21}$tsɿ^{0}
梨	梨子 li^{24}tsɿ^{0}
枇杷	枇杷 p^{h}i^{24}p^{h}a^{24}（p^{h}a^{31}）
柿子	柿子 ts^{h}ɿ^{31}tsɿ^{0}
柿饼	柿饼 ts^{h}ɿ^{31}piən^{213}
石榴	石榴ʂʅ$^{31-33}$liəu^{24}
橘子	橘子tʂʮ^{55}tsɿ^{0}
橘络橘瓣上的丝儿	橘子筋tʂʮ^{55}tsɿ^{0}tɕiən^{31}
柑子	柑子 kon^{31}tsɿ^{0} 子多，味酸
栗子	栗子 li^{55}tsɿ^{0}
	毛栗 mau^{24}li^{55}
	板栗 pan^{213}li^{55}
核桃	核桃 xɛ^{31}tau^{24}

西瓜　西瓜 ɕi^{31}kua^{31}

瓜子儿　瓜子 kua^{31}tsɿ^{213}

西瓜子 ɕi^{31}kua^{31}tsɿ^{213}

北瓜子 pɛ$^{55-31}$kua^{31}tsɿ^{213}

葵花子 k^{h}uei^{24}xua^{31}tsɿ^{213}

甜瓜　香瓜 xiaŋ^{31}kua^{31}

荸荠　荸荠 p^{h}u^{31}tɕ^{h}i^{24}

甘蔗　甘蔗 kon^{31}tʂɛ^{213}

花生　花生 xua^{31}sən^{31}

花生米　花生米 xua^{31}sən^{31}mi^{213}

花生皮花生米外面的红皮　花生衣 xua^{31}sən^{31}i^{31}

(5) 花草、菌类

种花　养花 iaŋ$^{213-24}$xua^{31}

桂花　桂花 kuei^{53}xua^{31}

菊花　菊花 tɕiəu$^{53-24}$xua^{31}

梅花　梅花 mei^{24}xua^{31}

荷花　莲花 liɛn^{24}xua^{31}

荷叶　荷叶 xo^{24}iɛ^{55}

莲蓬　莲蓬 liɛn^{24}p^{h}oŋ^{24}

水仙（花）　水仙 ʂʮei$^{213-24}$ɕiɛn^{31}

茉莉花儿　茉莉花 mo^{55}li^{55}xua^{31}

牵牛花　喇叭花 la$^{213-21}$pa^{0}xua^{31}

杜鹃花　映山红 iən$^{53-24}$ʂan^{31}xoŋ^{24}

万年青　万年青 uan^{53}ȵiɛn^{24}ɕiən^{31}

仙人掌　仙人掌 ɕiɛn^{31}ʐən^{24}tʂaŋ^{213}

花蕾没有开放的花　花跛⁼裸⁼子 xua^{31}po$^{213-21}$lo^{0}tsɿ^{0}

花瓣儿　花瓣子 xua^{31}p^{h}an^{24}tsɿ^{0}

花蕊　花心 xua^{31}ɕiən^{31}

芦苇　河茫 xo^{24}maŋ^{24}

	八⁼茅 pa$^{55-31}$ mau^{24}长在河边或坝埂上的一种草，可用于扎扫帚
菖蒲	菖蒲tʂ^{h}aŋ^{31}（ts^{h}aŋ^{31}）p^{h}u^{53}
灯芯草	灯芯草 tən^{31} ɕiən^{31} ts^{h}au^{213}
车前草	车前草tʂ^{h}ɛ^{31} ɕiɛn^{24} ts^{h}au^{213}
茅草	茅草 mau^{24} ts^{h}au^{213}
	茅扎⁼ mau^{24} tʂa^{55}茅草嫩茎，可食
香菇	香菇 ɕiaŋ^{31} ku^{31} / 菇子 ku^{31} tsɿ^{0}
蘑菇	蘑菇 mo^{24} ku^{31}
木耳	耳子 ʐo$^{213-21}$ tsɿ^{0}
青苔	青苔 tɕ^{h}iən^{31} t^{h}ai^{24}
浮萍	水漂 ʂɥei$^{213-24}$ p^{h}iau^{31}
水浮莲	水葫芦 ʂɥei^{213} k^{h}u^{24} ləu^{55}

陆　动物

(1) 牲畜

牲口	牲口 ʂən^{31} k^{h}iəu^{213} / 畜生tʂ^{h}ɥ^{53} ʂən^{31}
公牛	公牛 koŋ^{31} ȵiəu^{24}
犍牛阉过的公牛	牯牛 ku^{31} ȵiəu^{24}
母牛	母牛 mu$^{213-24}$ ȵiəu^{24}
黄牛	黄牛 xuaŋ^{24} ȵiəu^{24}
水牛	水牛 ʂɥei$^{213-24}$ ȵiəu^{24}
牛犊	牛艾⁼ ȵiəu^{24} ŋai^{31}
羊	羊 iaŋ^{24}
公羊	公羊 koŋ^{31} iaŋ^{24}
母羊	母羊 mo$^{213-24}$ iaŋ^{24}
山羊	山羊 ʂan^{31} iaŋ^{24}
羊肉	羊肉 iaŋ^{24} ʐəu^{55}
狗	狗 kiəu^{213}
公狗	公狗 koŋ^{31} kiəu^{213} / 牯狗 ku$^{213-24}$ kiəu^{213}

母狗	草狗 ts^{h}au$^{213-24}$kiəu^{213}/母狗 mu$^{213-24}$kiəu^{213}
狼狗	狼狗 laŋ^{24}kiəu^{213}
疯狗	疯狗 foŋ^{31}kiəu^{213}
猫	猫 mau^{31}
公猫	公猫 koŋ^{31}mau^{31}
母猫	母猫 mo$^{213-24}$mau^{31}
公猪	牯猪 ku$^{213-24}$tʂʮ^{31}/公猪 koŋ^{31}tʂʮ^{31}
种猪	牙猪 ia^{24}tʂʮ^{31}
母猪	（老）母猪（lau$^{213-24}$）mu$^{213-24}$tʂʮ^{31}/草猪 ts^{h}au$^{213-24}$tʂʮ^{31}
猪崽	小养猪 ɕiau$^{213-24}$iaŋ$^{213-24}$tʂʮ^{31}
阉猪动宾	阉猪 tiɛn^{31}tʂʮ^{31}
猪发情	猪起窠 tʂʮ^{31}tɕ^{h}i$^{213-24}$k^{h}o^{31}
兔子	兔子 t^{h}əu^{55}tsɿ^{0}
鸡	鸡 tɕi^{31}
公鸡成年的打鸣的公鸡	公鸡 koŋ^{31}tɕi^{31}
母鸡	母鸡 mo$^{213-24}$tɕi^{31}
小鸡儿	小鸡 ɕiau$^{213-24}$tɕi^{31}
鸡蛋	鸡子 tɕi^{31}tsɿ^{213}
下蛋	生子 sən$^{53-24}$tsɿ^{213}
孵~小鸡儿	伏 p^{h}u^{31}
鸡冠	鸡冠 tɕi^{31}kon^{31}
鸡爪子	鸡爪子 tɕi^{31}tʂʮa$^{213-21}$（tʂau^{213}）tsɿ^{0}
鸭	鸭 ŋa^{55}
公鸭	公鸭 koŋ^{31}ŋa^{55}
母鸭	母鸭 mo$^{213-24}$ŋa^{55}
鸭蛋	鸭子 ŋa$^{55-31}$tsɿ^{213}
鹅	鹅 ŋo^{24}
	豚 t^{h}ən^{24}脖子比鸭短的一种家禽

	混子 xuən^{31} tsɿ^{0} 豚鸭杂交的一种家禽

(2) 鸟、兽

野兽	野兽 iɛ$^{213-24}$ʂəu^{53}
狮子	狮子 sɿ^{31} tsɿ^{0}
老虎	老虎 lau$^{213-24}$xu^{213}
母老虎雌虎	母老虎 mo^{213}lau$^{213-24}$xu^{213}
猴子	猴子 xəu^{24}tsɿ^{0}
熊	熊 xioŋ^{24}
狼	狼 laŋ^{24}
豺狗	豺狗 tʂʰai^{24}kiəu^{213}
豹	豹子 pau^{53} tsɿ^{0}
狐狸	狐狸 xu^{24}li^{24}
黄鼠狼	黄记⁼林⁼ xuaŋ^{24} tɕi$^{53-24}$ liən^{24}/黄子⁼林⁼ xuaŋ^{24} tsɿ$^{213-24}$liən^{24}
獾	獾子 xoŋ^{31} tsɿ^{0}
麂	麂子 tɕi$^{213-21}$ tsɿ^{0}
獐	獐子 tʂaŋ^{31} tsɿ^{0}
鹿	鹿 ləu^{55}
老鼠	老鼠 lau$^{213-24}$tʂʰʮ^{213}
蛇	蛇 ʂɛ^{24}
水蛇	水蛇 ʂʮei$^{213-24}$ʂɛ^{24}
土脚蛇	土巴蛇 tʰəu$^{213-21}$ pa^{0}ʂɛ^{24}
王锦蛇	菜花蛇 tsʰai$^{53-24}$xua^{31}ʂɛ^{24}
乌蛇	乌蜂蛇 u^{31} foŋ^{31}ʂɛ^{24}
五步蛇	五步龙 u$^{213-24}$ pʰu^{31} loŋ^{24}
蜥蜴	蛇郎 ʂɛ^{24}laŋ^{24}
鸟儿	鸟 ȵiau^{213}
乌鸦	老鸹 lau$^{213-24}$ua^{31}
喜鹊	丫鹊 ɕi^{31} tɕʰio^{55}

麻雀　　麻鸟 ma^{24}tʂʅ^{55}

燕子　　燕子 iɛn^{53}tsɿ^{0}

雁　　雁 ŋan^{31}

斑鸠　　脯$^{=}$鸠 p^{h}u^{24}kiəu^{31}

鸽子　　鸽子 ko^{55}tsɿ^{0}

布谷鸟　　布谷鸟 pu$^{53-24}$ku^{55}ȵiau^{213}

啄木鸟　　啄木鸟 tʂo^{31}mu^{0}ȵiau^{213}

猫头鹰　　猫头鹰 mau^{31}t^{h}əu^{0}iən^{31}

夜莺　　夜莺 iɛ$^{31-33}$iən^{31}

鹦鹉　　鹦鹉 iən^{31}u^{213}

八哥儿　　八哥 pa$^{55-31}$ko^{31}

鹤　　鹤 xo^{55}

老鹰　　老鹰 lau$^{213-24}$iən^{31}/麻鹰 ma^{24}iən^{31}

野鸡　　野鸡 iɛ$^{213-24}$tɕi^{31}

野鸭　　野鸭 iɛ$^{213-24}$ŋa^{55}

鸬鹚　　鱼老鸹 ʮ^{24}lau$^{213-24}$ua^{31}

鹭鸶　　鹭鸶 ləu^{31}sɿ^{31}

蝙蝠　　盐老鼠 iɛn^{24}lau$^{213-24}$tʂ^{h}ʮ^{213}

翅膀　　膀子 paŋ$^{213-21}$tsɿ^{0}

嘴鸟类之嘴　　嘴 tsei^{213}

鸟窝　　鸟窠 ȵiau$^{213-24}$k^{h}o^{31}

(3) 虫类

蚕　　蚕 ts^{h}on^{24}

蚕蛹　　蚕蛹子 ts^{h}on^{24}ioŋ$^{213-21}$tsɿ^{0}

蚕沙家蚕的屎　　蚕沙 ts^{h}on^{24}ʂa^{31}

蜘蛛　　蜘蛛 tʂʅ^{31}tʂʮ^{31}

蚂蚁　　蚂蚁 ma$^{213-24}$ȵi^{213}

蝼蛄　　土蚕 t^{h}əu$^{213-24}$ts^{h}on^{24}

土鳖可入药，又叫地鳖	灰鳖 xuei^{31}piε^{55}
蚯蚓	黄信$^{=}$子 xuaŋ^{24}xiən^{53}tsɿ^{0}
蜗牛	蜗牛 uo^{31}ȵiəu^{24}
蜣螂	屎壳 ʂʅ$^{213-24}$k^{h}o^{55}/推屎螂 t^{h}ei^{31}ʂʅ^{213}laŋ^{24}
蜈蚣	蜈蚣 ɥ^{24}koŋ^{31}
蝎子	蝎子 ɕiε^{55}tsɿ^{0}
壁虎	巴壁虎 pa^{31}pi^{31}xu^{213}
毛虫	毛虫 mau^{24}tʂ^{h}oŋ^{24}
肉虫米里的米色虫	米虫 mi$^{213-24}$tʂ^{h}oŋ^{24}
蚜虫	蚜虫 ia^{24}tʂ^{h}oŋ^{24}
苍蝇	苍蚁 tsaŋ^{31}ȵi^{31}
蚊子	蚊子 uən^{24}tsɿ^{0}
虱子	皮虱 p^{h}i^{24}sε^{55}/虱子 sε^{55}tsɿ^{0}
臭虫	臭虫tʂ^{h}əu$^{53-24}$tʂ^{h}oŋ^{24}
跳蚤	乌蚤 u^{31}tsau^{31}
蠓虫	紊子 uən$^{213-21}$tsɿ^{0}
牛虻	牛苍蚁 ȵiəu^{24}ts^{h}aŋ^{31}ȵi^{31}
牛身上的虱子	草虱 ts^{h}au$^{213-24}$sε^{55}
蟋蟀	纺织婆 faŋ$^{213-24}$tʂɿ^{55}p^{h}o^{24}/线婆婆 ɕiεn^{53}p^{h}o^{24}p^{h}o^{0} /蛐蛐tʂ^{h}ɥ^{55}tʂ^{h}ɥ^{0}
灶蟋蟀状似蟋蟀，常出没于厨房	灶蚂子 tsau$^{53-24}$ma$^{213-21}$tsɿ^{0}
蟑螂	偷油婆 t^{h}əu^{31}iəu^{24}p^{h}o^{24}/油虫 iəu^{24}ts^{h}oŋ^{24}
蝗虫	蝗虫 xuaŋ^{24}ts^{h}oŋ^{24}
螳螂	猴子 xəu^{31}tsɿ^{0}
蝉	牛喳料子 ȵiəu^{24}tʂ^{h}a^{31}liau^{0}tsɿ^{0}
知了	喳料子tʂ^{h}a^{31}liau^{0}tsɿ^{0}
蜜蜂	蜂子 foŋ^{31}tsɿ^{0}
马蜂	蜂子 foŋ^{31}tsɿ^{0}/人头蜂 ʐən^{24}t^{h}əu^{24}foŋ^{31} 糖蜂 t^{h}aŋ^{24}foŋ^{31}

细腰蜂　　断腰蜂 t^{h}on^{31}iau^{31}foŋ^{31}

（马蜂）蜇人　　锥tʂʮei^{31}

蜂窝　　蜂子窠 foŋ^{31}tsʅ^{0}k^{h}o^{31}

蜂蜜　　蜂蜜 foŋ^{31}mi^{55}

蜂蜡　　蜂蜡 foŋ^{31}la^{55}

萤火虫　　亮火虫 liaŋ$^{31-33}$xo$^{213-24}$tʂ^{h}oŋ^{24}

臭大姐　　屁摊$^{=}$虫 p^{h}i$^{53-24}$t^{h}an^{31}tʂ^{h}oŋ^{24}

灯蛾　　灯蛾 tən^{31}ŋo^{24}

蝴蝶　　杨叶 iaŋ^{24}iɛ^{55}

蜻蜓　　从$^{=}$雀tʂ^{h}oŋ^{24}tɕ^{h}io^{55}

花大姐学名"瓢虫"　　瓢虫 p^{h}iau^{24}tʂ^{h}oŋ^{24}

蛔虫　　蛔虫 xuei^{24}tʂ^{h}oŋ^{24}

蛆　　蛆 tɕ^{h}i^{31}

（4）鱼虾类

鱼儿　　鱼 ʮ^{24}

鲤鱼　　鲤鱼 li$^{213-24}$ʮ^{24}

鲫鱼　　鲫鱼 tɕi$^{55-31}$ʮ^{24}

鳊鱼　　鳊鱼 piɛn$^{213-24}$ʮ^{24}

草鱼　　草混 ts^{h}au$^{213-24}$xuən^{31}

黄鱼　　黄鱼 xuaŋ^{24}ʮ^{24}

鲢鱼　　鲢子 liɛn^{24}tsʅ^{0}

鳜鱼　　鳜鱼 kuei$^{53-24}$ʮ^{24}

带鱼　　带鱼 tai$^{53-24}$ʮ^{24}

鲈鱼　　鲈鱼 ləu^{24}ʮ^{24}

黑鱼　　乌鱼 u^{31}ʮ^{24}

胖头鱼　　胖头 p^{h}aŋ^{31}t^{h}əu^{24}

泥鳅　　泥鳅 ȵi^{24}tɕ^{h}iəu^{31}

鳝鱼　　黄鳝 xuaŋ^{24}ʂan^{53}

鱼鳞　　鱼鳞 ʮ^{24}liən^{24}

鱼刺　　鱼刺 ʮ^{24}ts^{h}ɿ^{53}

鱼鳔儿　　鱼脬 ʮ^{24}p^{h}au^{53}

鳍　　鱼鳍 ʮ^{24}tɕ^{h}i^{24}

鱼鳃　　鱼腮 ʮ^{24}sai^{31}

鱼子鱼的卵　　鱼子 ʮ^{24}tsɿ^{213}

鱼苗儿　　鱼秧子 ʮ^{24}iaŋ^{31}tsɿ^{0}

钓鱼　　钓鱼 tiau^{53}ʮ^{24}

钓鱼竿儿　　钓鱼竿子 tiau^{53}ʮ^{24}kon$^{213-21}$tsɿ^{0}

钓鱼钩儿　　钓鱼钩子 tiau^{53}ʮ^{24}kiəu^{31}tsɿ^{0}

鱼篓儿　　鱼箩 ʮ^{24}lo^{24}

渔网　　渔网 ʮ^{24}uaŋ^{213}

虾　　虾子 xa^{31}tsɿ^{0}

虾子虾的卵，干制后做调味品　　虾子子 xa^{31}tsɿ^{0}tsɿ^{213}

龟　　乌龟 u^{31}kuei^{31}

鳖　　脚鱼 tɕio^{31}y^{24}／老鳖 lau$^{213-24}$piɛ^{55}

螃蟹　　蟹子 xai$^{213-21}$tsɿ^{0}

青蛙　　蛤蟆 k^{h}a^{24}ma^{55}

蝌蚪　　蛤蟆头 k^{h}a^{24}ma^{55}t^{h}əu^{24}

蟾蜍　　癞癞姑 lai^{31}lai^{31}ku^{31}

水蛭　　蚂蟥 ma$^{213-24}$xuaŋ^{24}

螺蛳　　螺蛳 lo^{24}sɿ^{31}

蚌　　库$^{=}$袜$^{=}$ k^{h}u$^{53-24}$ua^{55}／湖□xu^{24}k^{h}ua^{53}／湖壳 xu^{24}k^{h}o^{55}／蚌壳 p^{h}aŋ^{31}k^{h}o^{55}

柒　房舍

（1）房子

造（房子）　　做屋 tso$^{53-24}$u^{55}

（整座）房子　　屋 u^{55}／一陈屋 i^{31}tʂ^{h}ən^{24}u^{55}

院子　　院子 ʮɛn^{31}tsɿ^{0}

院墙　院子墙 ɥɛn^{31}tsɿ^{0}tʰiaŋ^{24}

（单间）屋子　房 faŋ^{24}kan^{31}

正房　正房ʈʂən^{53}faŋ^{24}

厢房　厢房 ɕiaŋ^{31}faŋ^{24}

客厅　堂英$^{=}$ tʰaŋ^{24}iən^{31}/客厅 kʰiɛ$^{55-31}$tʰiən^{31}

平房　平房 pʰiən^{24}faŋ^{24}

楼房　楼（房）ləu^{24}（faŋ^{24}）

楼上　楼上 ləu^{24}ʂaŋ^{31}

楼下　楼下 ləu^{24}xa^{31}

门楼儿大门儿上边牌楼式的顶　大门楼子 ta^{31}mən^{0}ləu^{24}tsɿ^{0}

楼梯　楼梯 ləu^{24}tʰiː^{31}

梯子可移动的　梯子 tʰiː^{31}tsɿ^{0}

阳台　阳台 iaŋ^{24}tʰai^{24}

草房用茅草搭起的房子　茅草屋 mau^{24}tsʰau^{213}u^{55}

（2）房屋结构

房脊　屋脊 u^{55}ʨi^{55}

房顶站在～上　屋顶 u$^{55-31}$tiən^{213}

房檐儿　屋檐 u$^{55-31}$iɛn^{24}/檐沟 iɛn^{24}kiəu^{31}

梁　屋梁 u$^{55-31}$liaŋ^{24}

檩　桁条 ɕiən^{24}tʰiau^{24}

椽子　椽子ʈʂɥɛn^{24}tsɿ^{0}

柱　柱子ʈʂʰɥ^{31}tsɿ^{0}

柱下石　磉礅 saŋ^{31}tən^{213}

台阶儿　台阶 tʰai^{24}ʨiai^{31}/坡梯 po^{31}tʰiː^{31}

天花板　天花（板）tʰiɛn^{31}xua^{31}（pan^{213}）

正门　大门 ta^{31}mən^{24}/正门ʈʂən$^{53-24}$mən^{24}

后门　耳门 ʐo$^{213-24}$mən^{24}/后门 xəu^{31}mən^{24}

房门　房门 faŋ^{24}mən^{24}

门坎儿　路坎 ləu^{31}kʰan^{213}/护坎 xu^{31}kʰan^{213}

门后门扇的后面　门后朝 mən^{24}xəu^{31}tʂau^{0}

门栓　门栓 mən^{24}ʂɥɛn^{31}

门　门 mən^{24}

锁　锁 so^{213}

钥匙　锁匙 io$^{55-31}$tʂʰʅ^{24}

窗子　窗子tʂʰɥaŋ^{31}tsɿ^{0}/槛窗 kʰan$^{213-24}$tʂʰɥaŋ^{31}

窗台　窗台tʂʰɥaŋ^{31}tʰai^{24}

走廊　走廊 tsəu$^{213-24}$laŋ^{24}

过道　弄 loŋ^{53}

楼道　弄 loŋ^{53}

楼板　楼板 ləu^{24}pan^{213}

墙角　墙角 tɕʰiaŋ^{24}ko^{55}/墙拐 tɕʰiaŋ^{24}kuai^{213}

墙脚　墙脚 tɕʰiaŋ^{24}tɕio^{55}

(3) 其他设施

厨房　厨下 tsʰɥ^{24}xa^{31}/灶下 tsau^{53}xa^{0}

灶　锅台 ko^{31}tʰai^{24}

厕所　茅缸 mau^{24}kaŋ^{31}/东缸 toŋ^{31}kaŋ^{31}/大告 ta^{31}kau^{53}

磨房　磨房 mo^{31}faŋ^{24}

马棚　马棚 ma^{213}pʰoŋ^{24}

牛圈　牛栏 ȵiəu^{24}lan^{24}

猪圈　猪栏tʂɥ^{31}tʂʰɥɛn^{31}

猪食槽　tʂɥ^{31}ʂʅ^{31}tʂʰau^{24}

羊圈　羊圈 iaŋ^{24}tʂʰɥɛn^{31}

狗窝　狗窠 kiəu$^{213-24}$kʰo^{31}

鸡窝　鸡窠 tɕi^{31}kʰo^{31}/鸡塞 tɕi^{31}sai^{53}

鸡笼　鸡笼 tɕi^{31}loŋ^{24}

鸡罩竹子编的，罩鸡的器具　鸡罩 tɕi^{31}tʂau^{53}

柴草垛　柴草堆tʂʰai^{24}tsʰau$^{213-24}$tei^{31}

捌　器具、用品

(1) 一般家具

柜衣柜、书柜、碗柜等的通称　橱柜 tʂʰʮ^{24} kʰuei^{31}/柜子 kʰuei^{31} tsɿ^{0}

碗柜　碗柜 uon^{213} kʰuei^{31}/碗橱 uon^{213} tʂʰʮ^{24}

五斗柜　五斗橱 u$^{213-24}$ təu^{213} tʂʰʮ^{24}

高低柜　高低橱 kau^{31} ti^{31} tʂʰʮ^{24}

大衣柜　大衣橱 ta^{31} i^{31} tʂʰʮ^{24}

桌子　桌子 tʂo^{55} tsɿ^{0}

圆桌　圆桌 ʮɛn^{24} tʂo^{55}

方桌　方桌 faŋ^{31} tʂo^{55}

条案一种狭长的桌　条桌 tʰiau^{24} tʂo^{55}/条台 tʰiau^{24} tʰai^{24}

办公桌　办公桌 pʰan^{31} koŋ^{31} tʂo^{55}/账桌 tʂaŋ$^{53-24}$ tʂo^{55}

饭桌　饭桌 fan^{31} tʂo^{55}

台布铺在桌面上的布　桌布 tʂo$^{55-31}$ pu^{53}

八仙桌　八仙桌 pʰa^{31} ɕiɛn^{31} tʂo^{55}

抽屉　抽屉 tʂʰəu^{31} tʰi^{53}

椅子　椅子 i$^{213-21}$ tsɿ^{0}

躺椅　躺椅 tʰaŋ^{213} i^{213}

椅子背儿　椅子靠 i$^{213-21}$ tsɿ^{0} kau^{53}

椅子脚　椅子脚 i$^{213-21}$ tsɿ^{0} tɕio^{55}

板凳长条形的　板凳 pan$^{213-24}$ tən^{53}

方凳　枯$^{=}$牌$^{=}$凳 kʰu^{55} pʰai^{0} tən^{53}

马扎　盘马 pʰon^{24} ma^{213}/小马 ɕiau$^{213-24}$ ma^{213}

蒲团　草饼 tsʰau$^{213-24}$ piən^{213}

(2) 卧室用具

床　床 tʂʰʮaŋ^{24}

铺板一块块的木板，用来拼搭床铺　床板 tʂʰʮaŋ^{24} pan^{213}

绷子床　绷子床 poŋ^{31} tsɿ^{0} tʂʰʮaŋ^{24}

凉床夏天乘凉时睡卧的竹床	竹床tʂʮ$^{55-31}$tʂ^{h}ʮaŋ^{24}
棕垫子	棕垫子 tsoŋ^{31}t^{h}iɛn^{31}tsɿ^{0}
竹榻供躺卧用的竹制小床	竹榻子tʂʮ^{55}t^{h}a^{55}tsɿ^{0}
帐子	帐子tʂaŋ^{53}tsɿ^{0}
帐钩	帐子钩tʂaŋ^{53}tsɿ^{0}kiəu^{31}
帐檐儿	帐子檐tʂaŋ^{53}tsɿ^{0}liɛn^{24}
毯子	毯子 t^{h}an$^{213-21}$tsɿ^{0}
被子	被幠 p^{h}ei^{31}u^{31}
被窝儿为睡觉叠成的长筒形的被子	被幠笼 p^{h}ei^{31}u^{31}loŋ^{24}
被面	被幠面子 p^{h}ei^{31}u^{31}miɛn^{31}tsɿ^{0}
被里	被幠里子 p^{h}ei^{31}u^{31}li^{213}tsɿ^{0}
棉花胎棉被的胎	被幠絮 p^{h}ei^{31}u^{31}ɕi^{53}
床单	被幠单 p^{h}ei^{31}u^{31}tan^{31}/垫单 t^{h}iɛn^{31}tan^{31}
草席草编的	草席子 ts^{h}au^{213}ɕi^{55}tsɿ^{0}
竹席竹篾编的	竹席tʂʮ$^{55-31}$ɕi^{31}/竹席子tʂʮ$^{55-31}$ɕi^{31}tsɿ^{0}
枕头	枕头tʂən$^{213-24}$t^{h}əu^{24}
枕套儿	枕头套子tʂən$^{213-24}$t^{h}əu^{24}tau^{53}tsɿ^{0}
枕头心儿	枕头心子tʂən$^{213-24}$t^{h}əu^{24}ɕiən^{31}tsɿ^{0}
梳妆台	梳妆台 səu^{31}tʂʮaŋ^{31}t^{h}ai^{24}
镜子	镜子 tɕiən^{53}tsɿ^{0}
晾衣架	晒衣架子 ʂai$^{53-24}$i^{31}ka^{55}tsɿ^{0}
马桶	马子桶 ma$^{213-21}$tsɿ^{0}t^{h}oŋ^{213}
夜壶	尿壶 ȵiau^{31}xu^{24}
手炉	火炉 xo^{213}ləu^{24}/火球 xo$^{213-24}$tɕ^{h}iəu^{24}
火盆	火盆 xo^{213}p^{h}ən^{24}
汤壶盛热水后放在被中取暖用的	盐水瓶 iɛn^{24}ʂʮei^{213}p^{h}iən^{24}/水捂子 ʂʮei$^{213-24}$u^{53}tsɿ^{0}/热水袋 ʮɛ$^{55-31}$ʂʮei^{213}t^{h}ai^{31}
暖水瓶	茶瓶tʂ^{h}a^{24}p^{h}iən^{24}

火桶　　火桶钵 xo$^{213-24}$t^{h}oŋ^{213}po^{55}

(3) 炊事用具

厨房　　厨下 tʂ^{h}ɥ^{24}xa^{31}

风箱　　风箱 foŋ^{31}xiaŋ^{31}

火钳　　火钳 xo$^{213-24}$tɕ^{h}iən^{24}

火筷子　　扒火钩 p^{h}a^{24}xo^{213}kiəu^{31}

火铲铲炉灰用的　　火撮子 xo$^{213-24}$tʂ^{h}o^{55}tsɿ^{0}

火柴　　洋火 iaŋ^{24}xo^{213}

吹火筒　　吹火筒 tʂ^{h}ɥei^{31}xo$^{213-24}$t^{h}oŋ^{213}

柴草　　茅柴 mau^{24}tʂ^{h}ai^{24}/引火柴 iən$^{213-24}$xo^{213}tʂ^{h}ai^{24}

稻秆　　稻草 t^{h}au^{31}ts^{h}au^{213}

麦秸　　麦秸子 mɛ$^{55-31}$kai^{31}tsɿ^{0}

高粱秆儿　　高粱秸子 kau^{31}liaŋ^{24}kai^{31}tsɿ^{0}

豆秸　　豆禾子 t^{h}əu^{31}xo^{24}tsɿ^{0}

锯末　　锯屑子 tɕɥ$^{53-24}$ɕiɛ^{55}tsɿ^{0}

刨花　　刨花 p^{h}au^{31}xua^{31}

锅烟子　　锅麻烟子 ko^{31}ma^{0}iɛn^{31}tsɿ^{0}

烟囱　　烟囱 iɛn^{31}ts^{h}oŋ^{31}

锅　　锅 ko^{31}

铝锅　　铝锅 ɥ$^{213-24}$ko^{31}

砂锅　　砂锅 ʂa^{31}ko^{31}

大锅　　大锅 ta^{31}ko^{31}

小锅　　小锅 ɕiau$^{213-24}$ko^{31}

镔铁锅　　镔铁锅 piən^{31}t^{h}iɛ^{55}ko^{31}

锅盖　　锅盖 ko^{31}kai^{53}

锅铲　　锅铲子 ko^{31}tʂ^{h}an$^{213-21}$tsɿ^{0}

水壶烧开水用　　摧子 ts^{h}ei^{31}tsɿ^{0}

碗　　碗 uon^{213}

搪瓷碗　　洋瓷碗 iaŋ^{24}tʂ^{h}ɿ^{24}uon^{213}

海碗	蓝边碗 lan^{24}piɛn^{31}uon^{213}
茶杯瓷的，带把儿的	洋瓷缸子 iaŋ^{24}ts^{h}ɿ^{24}kaŋ^{31}tsɿ^{0}
杯子	杯子 pei^{31}tsɿ^{0}
茶碗	茶碗 tʂ^{h}a^{24}uon^{213}
碟子	碟子 t^{h}iɛ^{31}tsɿ^{0}
羹匙瓷的，小的	汤匙 t^{h}aŋ^{31}tʂ^{h}ʅ^{24}/挑⁼子 t^{h}iau^{31}tsɿ^{0}
筷子	筷子 k^{h}uai^{53}tsɿ^{0}
筷笼放筷子用的	筷子笼 k^{h}uai^{53}tsɿ^{0}lo^{24}/筷子箩 k^{h}uai^{53}tsɿ^{0}loŋ^{24}
（端菜用的）木盘	托盘 t^{h}o$^{55-31}$p^{h}on^{24}/托盆 t^{h}o$^{55-31}$pən^{24}
茶托瓷的碟形的	茶盘子 tʂ^{h}a^{24}p^{h}on^{24}tsɿ^{0}
药罐	药罐子 io$^{55-31}$kon^{53}tsɿ^{0}
酒杯	酒盅 tɕiəu$^{213-24}$tʂoŋ^{31}tsɿ^{0}
盘子	盘子 p^{h}on^{24}tsɿ^{0}
酒壶茶壶形的	酒壶 tɕiəu$^{213-24}$xu^{24}
酒坛子	酒坛子 tɕiəu$^{213-24}$t^{h}on^{24}tsɿ^{0}
	菜坛子 ts^{h}ai^{53}t^{h}on^{24}tsɿ^{0}
坛子	坛 t^{h}on^{24}
罐子	罐 kuon^{53}
瓢舀水用的	瓢 p^{h}iau^{24}
笊篱	笊篱 tʂau$^{213-24}$li^{24}大的/捞子 lau^{31}tsɿ^{0}小的
筲箕	筲箕 ʂau^{31}tɕi^{31}
瓶子	瓶 p^{h}iən^{24}
瓶盖儿	瓶塞子 p^{h}iən^{24}sɛ^{55}tsɿ^{0}
瓶盖	瓶盖 p^{h}iən^{24}kai^{53}
菜刀	牌刀 p^{h}ai^{24}tau^{31}
砧板	砧板 tʂan^{31}pan^{213}
摆菜用的	案板 ŋon$^{53-24}$pan^{213}
研船铁制研药材用具，船形	研槽 ȵiɛn$^{213-24}$ts^{h}au^{24}

蒸笼　　蒸屉 pa^{31}loŋ^{24}/蒸笼tʂən^{31}loŋ^{24}

水缸　　水缸 ʂɥei$^{213-24}$kaŋ^{31}

泔水缸　　潲水桶 sau$^{53-24}$ʂɥei^{213}t^{h}oŋ^{213}

泔水　　潲水 sau$^{53-24}$ʂɥei^{213}

抹布　　抹布 ma$^{55-31}$pu^{53}

拖把　　拖把 t^{h}o^{31}pa^{213}

洗锅用具　　刷竹 ʂɥa$^{55-31}$tʂɥ^{55}

（4）工匠用具

刨子　　刨子 p^{h}au^{24}tsɿ^{0}

斧子　　斧子 fu^{213}tsɿ^{0}

锛子　　锛子 pən^{31}tsɿ^{0}

锯子　　锯tʂɥ^{53}

凿子　　凿子 ts^{h}on^{31}tsɿ^{0}

尺子　　尺tʂ^{h}ʅ^{55}

曲尺　　曲尺 tɕ^{h}iəu$^{53-24}$tʂ^{h}ʅ^{55}

角尺　　角尺 ko^{55}tʂ^{h}ʅ^{55}

卷尺　　卷尺tʂɥɛn$^{213-24}$tʂ^{h}ʅ^{55}

墨斗　　墨斗 mɛ$^{55-31}$təu^{213}

钉子　　钉子 tiən^{31}tsɿ^{0}

钳子　　钳子 tɕ^{h}iɛn^{24}tsɿ^{0}

老虎钳用来起钉子或夹断铁丝　　老虎钳 lau$^{213-24}$xu^{213}tɕ^{h}iɛn^{24}

锤子　　钉锤 tiən^{31}tʂ^{h}ɥei^{24}

镊子　　镊子 ȵiɛ^{55}tsɿ^{0}

绳子　　绳子 ʂən^{24}tsɿ^{0}

麻绳　　麻绳 ma^{24}ʂən^{24}tsɿ^{0}

棕绳　　棕绳 tsoŋ^{31}ʂən^{24}tsɿ^{0}

尼龙绳　　尼龙绳 ȵi^{24}loŋ^{24}ʂən^{24}tsɿ^{0}

塑料绳　　塑料绳 səu^{53}liau^{53}ʂən^{24}tsɿ^{0}

钢丝绳　　钢丝绳 kaŋ^{31}sɿ^{31}ʂən^{24}

合叶　　合扇 xo^{31}ʂan^{53}

瓦刀　　瓦刀 ua$^{213-24}$tau^{31}/砖刀 tʂʮɛn^{31}tau^{31}

抹子　　搨子 ta^{55}tsɿ^{0}

泥板瓦工用来盛抹墙物的木板　　托泥板 tʰo$^{55-31}$ȵi^{24}pan^{213}

麻刀抹墙用的碎麻，放在泥灰中增加凝聚力　　麻筋 ma^{24}tɕiən^{31}

剃刀　　剃头刀 tʰi$^{53-24}$tʰəu^{24}tau^{31}

推子　　推剪子 tʰuei^{31}tɕiən$^{213-21}$tsɿ^{0}

理发剪　　剃头剪子 tʰi$^{53-24}$tʰəu^{24}tɕiən$^{213-21}$tsɿ^{0}

梳子　　梳子 səu^{31}tsɿ^{0}

篦子　　篦子 pʰei^{31}tsɿ^{0}

鐾刀布　　鐾刀布 pʰi^{31}tau^{31}pu^{53}/片刀布 pʰiɛn^{53}tau^{31}pu^{53}

缝纫机　　裁缝机子 tsʰai^{24}foŋ^{0}tɕi^{31}tsɿ^{0}/缝纫机 foŋ^{24}ʐən^{53}tɕi^{3}

剪子　　剪子 tɕiən$^{213-21}$tsɿ^{0}

熨斗　　熨斗 ʮən$^{53-24}$təu^{213}

烙铁　　烙铁 lo^{55}tiɛ^{55}

（弹棉花）弓子　　弹弓 tʰan^{24}koŋ^{31}

纺车　　纺车 faŋ$^{213-24}$tʂʰɛ^{31}

织布机旧式的　　织布机 tʂʅ^{55}pu^{53}tɕi^{31}

梭织布用的　　梭子 so^{31}tsɿ^{0}

（5）其他生活用品

东西　　东子 toŋ^{31}tsɿ^{0}

手绢　　手捏子 ʂəu$^{213-24}$ȵiɛ^{55}tsɿ^{0}

洗脸水　　洗脸水 ɕi$^{213-24}$liɛn$^{213-24}$ʂʮei^{213}

脸盆　　脸盆 liɛn$^{213-24}$pʰən^{24}

脸盆架　　三脚架 san^{31}ko^{55}tɕia^{53}/洗脸架子 ɕi$^{213-24}$liɛn$^{213-24}$ka^{53}tsɿ^{0}

澡盆　　澡盆 tsau$^{213-24}$pʰən^{24}

香皂　　香肥皂 ɕiaŋ^{31}fei^{24}tsʰau^{213}

肥皂　　肥皂 fei^{24}tsʰau^{213}

洗衣粉　　洗衣粉 ɕi$^{213-24}$i^{31}fən^{213}

毛巾　　手巾 ʂəu$^{213-24}$ɕiən^{31}

脚盆洗脚用的　　脚盆 tɕio$^{55-31}$pən^{24}

擦脚布　　洗脚手巾 ɕi$^{213-24}$tɕio^{55}ʂəu$^{213-24}$ɕiən^{31}

气灯　　气灯 tɕi^{53}tən^{31}

马灯　　马灯 ma$^{213-24}$tən^{31}

煤油灯有玻璃罩的　　煤油灯 mei^{24}iəu^{24}tən^{31}

台灯煤油灯的一种，有外罩，无顶罩　　台灯 tʰai^{24}tən^{31}

灯芯　　灯芯 tən^{31}ɕiən^{31}

灯罩　　灯罩子 tən^{31}tʂau^{53}tsɿ^{0}

灯盏　　灯盏 tən^{31}tʂan^{213}

灯草　　灯草 tən^{31}tʂʰau^{213}

灯油　　灯油 tən^{31}iəu^{24}

灯笼　　灯笼 tən^{31}loŋ^{24}

钱包　　皮夹子 pʰi^{24}ka^{55}tsɿ^{0}

图章私人用的　　私章 sɿ^{31}tʂaŋ^{31}

望远镜　　望远镜 uaŋ^{31}ɥɛn$^{213-24}$tɕiən^{53}

糨糊　　糨糊 tɕiaŋ^{31}xu^{24}

顶针儿　　顶指 tiən$^{213-24}$tʂʅ^{55}

线轴儿　　线驮 ɕiən$^{53-24}$tʰo^{24}

针鼻儿针上引线的孔　　针鼻子 tʂən^{31}pʰi^{31}tsɿ^{0}

针尖　　针杪子 tʂən^{31}miau$^{213-21}$tsɿ^{0}

针脚　　针脚 tʂən^{31}tɕio^{55}

穿针动宾　　穿针 tʂʰɥɛn^{31}tʂən^{31}

锥子　　锥子 tʂɥei^{31}tsɿ^{0}/绱鞋钻子 ʂaŋ^{31}xai^{24}tson^{31}tsɿ^{0}

耳挖子　　耳朵扒 ʐo$^{213-24}$tau^{31}pʰa^{24}/挖耳扒 ua^{31}ʐo^{213}pʰa^{24}

洗衣板儿　　搓衣板 tsʰo^{31}i^{31}pan^{213}

棒槌洗衣服用的	忙棰 maŋ^{24}tʂ^{h}ɥei^{24}
鸡毛掸子	鸡毛肘$^{=}$子 tɕi^{31}mau^{24}tʂən$^{213-21}$tsɿ^{0}
扇子	扇子 ʂan^{53}tsɿ^{0}
蒲扇	蒲包扇 p^{h}u^{24}pau^{31}ʂan^{53}
拐杖中式的	拐棍 kuai$^{213-24}$kuən^{53}
手纸	草纸 ts^{h}au$^{213-24}$tsɿ^{213}/擦屁眼纸 ts^{h}a^{31}p^{h}i$^{53-24}$ŋan^{213}tsɿ^{213}

玖　称谓

(1) 一般称谓

男人	男的 non^{24}ti^{0}/男子汉 non^{24}tsɿ^{0}xon^{53}
女人	女的 ȵɥ$^{213-21}$ti^{0}
婴儿刚生下不久的	毛伢 mau^{24}ŋa^{24}
小孩儿	小伢 ɕiau$^{213-24}$ŋa^{24}
男孩儿	男伢 non^{24}ŋa^{24}
女孩儿	妹 mei^{31}
未成年的大孩子	泼子伢 p^{h}o^{55}tsɿ^{0}ŋa^{24}
老头儿	老爹爹 lau$^{213-24}$tiɛ^{31}tiɛ^{31}
老太婆	老奶奶 lau$^{213-24}$nai^{31}nai^{31}
失去老伴的老年人	孤老 ku^{31}lau^{0}
师傅	师傅 sɿ^{31}fu^{0}
师娘	师娘 sɿ^{31}ȵiaŋ^{0}/师母 sɿ^{31}mo^{213}
小伙子	小伙子 ɕiau$^{213-24}$xo$^{213-21}$tsɿ^{0}
糊涂的人	混沌人 xuən$^{213-21}$t^{h}ən^{0}ʐən^{24}
做事效率低的人	眯$^{=}$妈$^{=}$经$^{=}$ mi^{31}ma^{31}ɕiən^{31}
城里人	城里人 tʂ^{h}ən^{24}li^{0}ʐən^{24}
乡巴佬带贬义	乡下佬 ɕiaŋ^{31}xa^{0}lau^{213}
乡下人	乡下人 ɕiaŋ^{31}xa^{0}ʐən^{24}
一家子同宗同姓的	宗家 tsoŋ^{31}ka^{0}
外地人	外地佬 uai^{31}t^{h}i^{31}ʐən^{24}

本地人　本地佬 pən$^{213-24}$ t^{h}i^{31} lau^{213}

外国人　外国佬 uai^{31} ko^{31} lau^{213}

自己人　自家（己）人 ts^{h}ʅ^{31} ka^{31}（tɕi^{213}）ʐən^{24}

外人不是自己人　外人 uai^{31} ʐən^{0}

客人　客人 k^{h}iɛ^{55} ʐən^{0}

同庚　同年 t^{h}oŋ^{24} ȵiɛn^{24}/同年的 t^{h}oŋ^{24} ȵiɛn^{24} ti^{0}

内行　内行 nei^{31} xaŋ^{24}

外行　外行 uai^{31} xaŋ^{24}

半瓶醋比喻性说法　半油篓子 pon^{53} p^{h}iən^{24} ts^{h}əu$^{213-21}$ tsʅ^{0}

单身汉　单身汉 tan^{31} ʂən^{31} xon^{53}/光棍 kuaŋ^{31} kuən^{53}
/寡汉条子 kua^{213} xon^{53} t^{h}iau^{24} tsʅ^{0}

老姑娘　老姑娘 lau$^{213-24}$ ku^{31} ȵiaŋ^{0}

童养媳　童养媳 t^{h}oŋ^{24} iaŋ^{213} ɕi^{55}

二婚头　过夫娘子 ko$^{53-24}$ fu^{31} ȵiaŋ^{24} tsʅ^{0}专指女性

寡妇　寡妇 kua$^{213-21}$ fu^{0}

婊子　婊子 piau$^{213-21}$ tsʅ^{0}

姘头　相好的 ɕiaŋ^{31} xau$^{213-21}$ ti^{0}

私生子　私生子 sʅ^{31} sən^{31} tsʅ^{0}

囚犯　劳改犯 lau^{24} kai^{213} fan^{31}

吝啬鬼　小气鬼 ɕiau^{213} tɕ^{h}i^{0} kuei^{213}

败家子　败家子 p^{h}ai^{31} ka^{31} tsʅ^{213}

乞丐　讨饭的 tau$^{213-24}$ fan^{31} ti^{0}/要饭的 iau$^{53-24}$ fan^{31} ti^{0}

走江湖的　跑江湖的 p^{h}au^{24} tɕiaŋ^{31} xu^{24} ti^{0}

骗子　骗子 p^{h}iɛn^{53} tsʅ^{0}

流氓　流氓 liəu^{24} maŋ^{24}

土匪　土匪 t^{h}əu$^{213-24}$ fei^{213}

强盗　强盗 tɕ^{h}iaŋ^{24} t^{h}au^{0}

小偷　贼 ts^{h}ɛ^{31}/扒手 p^{h}a^{24} ʂəu^{0}/小偷 ɕiau$^{213-24}$ t^{h}əu^{31}

弱智、神经不正常的人　孬子 nau^{31} tsʅ^{0}/神经 ʂən^{24} tɕiən^{31}

痞子　　痞子 p^{h}i$^{213-21}$tsɿ^{0}

（2）职业称谓

工作　　工作 koŋ^{31}tso^{55}

工人　　工人 koŋ^{31}ʐən^{24}

雇工　　帮工 paŋ^{31}koŋ^{31}

长工　　长工 tʂ^{h}aŋ^{24}koŋ^{31}

短工　　短工 ton$^{213-24}$koŋ^{31}

零工　　零工 liən^{24}koŋ^{31}／小工 ɕiau$^{213-24}$koŋ^{31}

农民　　做庄稼的 tso$^{53-24}$tʂʮaŋ^{31}ka^{0}ti^{0}

做买卖的　　做生意的 tso$^{53-24}$ʂən^{31}i^{0}ti^{0}

老板　　老板 lau$^{213-24}$pan^{213}

东家　　东家 toŋ^{31}ka^{0}

老板娘　　老板娘 lau$^{213-24}$pan^{213}ȵiaŋ^{24}

伙计店员或长工　　伙计 xo$^{213-21}$tɕi^{0}

学徒　　徒弟 t^{h}əu^{24}t^{h}i^{0}

顾客　　主顾 tʂʮ$^{213-24}$ku^{53}

（私塾）教书先生　　私塾先生 sɿ^{31}ʂʮ^{55}ɕiɛn^{31}sən^{0}

（学校）教员　　教书先生 tɕiau^{31}ʂʮ^{31}ɕiɛn^{31}sən^{0}

学生　　学生 ɕio^{31}sən^{0}

同学　　同学 t^{h}oŋ^{24}ɕio^{31}

朋友　　朋友 p^{h}on^{24}iəu^{0}

兵相对百姓而言　　当兵的 taŋ^{31}piən^{31}ti^{0}／兵油子 piən^{31}iou^{24}tsɿ^{0}带贬义

干部　　干部 kan^{53}pu^{0}

警察　　警察 tɕiən$^{213-24}$tʂ^{h}a^{53}

医生　　医生 i^{31}sən^{0}／郎中 laŋ^{24}tʂoŋ^{0}

司机　　机司 tɕi^{31}sɿ^{31}／司机 sɿ^{31}tɕi^{31}

手艺人　　做手艺的 tso^{53}ʂəu$^{213-21}$i^{0}ti^{0}

木匠　　木匠师傅 mu^{55}tɕ^{h}iaŋ^{0}sɿ^{31}fu^{0}

瓦匠　　砖匠师傅 tʂʮɛn^{31}tɕ^{h}iaŋ^{0}sɿ^{31}fu^{0}

铜匠　　铜匠师傅 t^{h}oŋ^{24} tɕ^{h}iaŋ^{0} sʅ^{31} fu^{0}

铁匠　　铁匠师傅 t^{h}iɛ^{55} tɕ^{h}iaŋ^{0} sʅ^{31} fu^{0}/打铁的 ta$^{213-24}$ t^{h}iɛ^{55} ti^{0}

用铁皮制作水壶的人　　焊洋铁壶的 xon^{53} iaŋ^{24} t‘iɛ^{55} ti^{0} xu^{24} ti/打洋铁的 ta^{213} iaŋ^{24} t^{h}iɛ^{55} ti^{0}

裁缝　　裁缝 ts^{h}ai^{24} foŋ^{0}

理发员　　剃头的 t^{h}i$^{53-24}$ t^{h}əu^{24} ti^{0}/袋匠 t^{h}ai^{31} tɕ^{h}iaŋ^{0}

屠户　　杀猪佬 ʂa$^{55-31}$ tʂʮ^{31} lau^{213}

轿夫　　轿夫 tɕ^{h}iau^{31} fu^{31}

管家　　管家 kon$^{213-24}$ tɕia^{31}

厨师　　烧锅佬 ʂau^{31} ko^{31} lau^{213}

管事　　管事 kon$^{213-24}$ sʅ^{31}

雇佣工　　帮工的 paŋ^{31} koŋ^{31} ti^{0}

仆人　　仆人 p^{h}u^{55} ʐən^{0}

女仆　　女仆 ȵʮ$^{213-24}$ p^{h}u^{55}

丫鬟　　丫鬟 ia^{31} xuan^{0}

接生婆　　接生婆 tɕiɛ$^{55-31}$ sən^{31} p^{h}o^{24}

和尚　　和尚 xo^{24} ʂaŋ^{0}

尼姑　　尼姑 ȵi^{24} ku^{0}

道士　　道士 t^{h}au^{31} sʅ^{0}

拾　亲属

(1) 长辈

长辈　　长辈 tʂaŋ$^{213-21}$ pei^{0}

曾祖父　　公公 koŋ^{31} koŋ^{0}

曾祖母　　婆婆 p^{h}o^{24} p^{h}o^{0}

祖父　　爹爹 tiɛ^{31} tiɛ^{0}

祖母　　奶奶 nai^{31} nai^{0}

外祖父　　家公 ka^{31} koŋ^{31}

外祖母　　家婆 ka^{31} p^{h}o^{24}

父母	娘老子 ȵiaŋ^{24}lau$^{213-21}$tsɿ^{0}
父亲	父 fu^{31}/大 ta^{31}
母亲	妈 ma^{31}多/妈姆 ma^{31}mo^{0}少
岳父	老丈人 lau$^{213-24}$tʂ^{h}aŋ^{31}ʐən^{0}
岳母	丈母tʂ^{h}aŋ^{31}mo^{213}
公公夫之父	婆大 p^{h}o^{24}ta^{31}
婆婆夫之母	婆妈妈 p^{h}o^{24}ma^{31}ma^{0}
继父	继父 tɕi$^{53-24}$fu^{31}
继母	后妈 xəu^{31}ma^{31}
伯父	大父 ta^{31}fu^{31}/大伯 ta^{31}pɛ^{55}
伯母	大妈 ta^{31}ma^{31}
叔父	小爷 ɕiau$^{213-24}$iɛ^{24}/小叔 ɕiau$^{213-24}$ʂʮ^{55}
叔母	小娘 ɕiau$^{213-24}$ȵiaŋ^{24}/婶子 ʂən$^{213-21}$tsɿ^{0}
舅父	母舅 mu$^{213-24}$tɕ^{h}iəu^{31}
舅母	舅娘 ɕiəu^{31}ȵiaŋ^{24}
姑妈	姑娘 ku^{31}ȵiaŋ^{24}
姨妈	姨娘 i^{24}ȵiaŋ^{31}
姑夫	姑爷 ku^{31}iɛ^{24}
姨夫	姨夫 i^{24}fu^{31}
姻伯弟兄的岳父、姐妹的公公	亲老爹 tɕ^{h}iən^{31}lau$^{213-24}$tiɛ^{31}
姑奶奶父母之姑母	姑奶 ku^{31}nai^{31}
父母之姑父	姑爹 ku^{31}tiɛ^{31}
姨奶奶父母之姨母	姨奶 i^{24}nai^{31}
父母之姨父	姨爹 i^{24}tiɛ^{31}

(2) 平辈

夫	老的 lau$^{213-21}$ti^{0}/家里 ka^{31}li^{213}
妻	老婆 lau$^{213-24}$p^{h}o^{24}/家里 ka^{31}li^{213}
大姑子夫之姐	大姑子 ta^{31}ku^{31}tsɿ^{0}

小姑子夫之妹　　小姑子 ɕiau$^{213-24}$ku^{31}tsɿ^{0}

内兄弟妻之兄弟　　舅佬 tɕ^{h}iəu^{31}lau^{213}

内兄　　大舅佬 ta^{31}tɕ^{h}iəu^{31}lau^{213}/哥 ko^{31}

内弟　　小舅佬 ɕiau$^{213-24}$tɕ^{h}iəu^{31}lau^{213}

大姨子　　大姨姐 ta^{31}i^{24}tɕiɛ^{213}

小姨子　　小姨妹 ɕiau^{213}i^{24}mei^{31}

弟兄　　弟兄伙子 t^{h}i^{31}ɕioŋ^{31}xo$^{213-21}$tsɿ^{0}

姊妹　　姊妹伙子 tsɿ$^{213-21}$mei^{0}xo$^{213-21}$tsɿ^{0}

哥　　哥哥 ko^{31}ko^{31}

嫂子　　嫂 sau^{213}

弟弟　　兄弟 ɕioŋ^{31}t^{h}i^{0}

弟媳　　弟妹 t^{h}i^{31}mei^{31}

姐姐　　姐姐 tɕiɛ$^{213-21}$tɕiɛ^{0}

姐夫　　姐夫 tɕiɛ$^{213-24}$fu^{31}

妹妹　　妹妹 mei^{31}mei^{0}

妹夫　　妹婿 mei^{31}ɕi^{0}

妯娌伙子　　处⁼娌伙子 tʂ^{h}ʮ^{31}li^{0}xo$^{213-21}$tsɿ^{0}

堂兄弟　　弟兄伙子 t^{h}i^{31}ɕioŋ^{31}xo$^{213-21}$tsɿ^{0}

堂兄　　哥哥 ko^{31}ko^{0}

堂弟　　兄弟 ɕioŋ^{31}t^{h}i^{0}

堂姊妹　　姊妹伙子 tsɿ$^{213-21}$mei^{0}xo$^{213-21}$tsɿ^{0}

堂姐　　姐姐 tɕiɛ$^{213-21}$tɕiɛ^{0}

堂妹　　妹妹 mei^{31}mei^{31}

表兄弟　　老表 lau$^{213-24}$piau^{213}

表兄　　老表 lau$^{213-24}$piau^{213}

表嫂　　表嫂 piau$^{213-24}$sau^{213}

表弟　　老表 lau$^{213-24}$piau^{213}

表姐　　表姐 piau$^{213-24}$tɕiɛ^{213}

表妹　　表妹 piau$^{213-24}$mei^{31}

表姐夫　　表姐夫 piau$^{213-24}$ tɕiɛ$^{213-24}$ fu^{31}

表妹婿　　表妹婿 piau$^{213-24}$ mei^{31} ɕi^{0}

(3) 晚辈

子女儿子和女儿的总称　　伢 ŋa^{24}

儿子　　儿子 ʐo^{24} tsɿ^{0}

大儿子　　大儿子 ta^{31} ʐo^{24} tsɿ^{0}

小儿子　　小儿子 ɕiau^{213} ʐo^{24} tsɿ^{0}

义子　　干儿子 kon^{31} ʐo^{24} tsɿ^{0}

儿媳妇儿之妻　　媳妇 ɕi^{55} fu^{0}

女儿　　女 ȵʮ^{213}

义女　　干女 kon^{31} ȵʮ^{213}

女婿　　女婿 ȵʮ$^{213-21}$ ɕi^{0}

孙子　　孙子 sən^{31} tsɿ^{0}

孙媳妇　　孙媳妇 sən^{31} ɕi^{55} fu^{0}

孙女　　孙女 sən^{31} ȵʮ^{213}

孙女婿　　孙女婿 sən^{31} ȵʮ$^{213-21}$ ɕi^{0}

重孙　　重孙子 tʂʰoŋ^{24} sən^{31} tsɿ^{0}／从$^{=}$孙子 tsʰoŋ^{24} sən^{31} tsɿ^{0}

重孙女　　从$^{=}$孙女 tsʰon^{24} sən^{31} ȵʮ^{213}

外孙女之子　　外孙 uai^{31} sən^{31}

外孙女女之女　　外孙女 uai^{31} sən^{31} ȵʮ^{213}

外甥姐妹之子　　外甥 uai^{31} sən^{31}

外甥女姐妹之女　　外甥女 uai^{31} sən^{31} ȵʮ^{213}

侄子　　侄子 tʂʅ^{55} tsɿ^{0}

侄女　　侄女 tʂʅ$^{55-31}$ ȵʮ^{213}

(4) 其他

亲家　　亲家 tɕʰiən^{31} tɕia^{31}

亲家母　　亲家母 tɕʰiən^{31} ka^{31} mo^{0}

亲戚　　亲戚 tɕʰiən^{31} tɕʰi^{0}

走亲戚　　走亲戚 tsəu$^{213-24}$ tɕʰiən^{31} tɕʰi^{0}

带犊儿妇女改嫁带的儿女　　拖油瓶 tʰo^{31} iəu^{24} pʰiən^{24}

爷儿们男子通称　　男子汉 non^{24} tsɿ^{0} xon^{53}

娘儿们妇女通称　　妇女儿 fu^{31} ȵʮ$^{213-21}$ tɕi^{0}／奶奶 nai$^{213-21}$ nai^{0}

娘家　　娘家 ȵiaŋ^{24} ka^{0}

婆家　　娘家 pʰo^{24} ka^{0}

男家从外人角度说，婚姻关系中的男方　　男的家 non^{24} ti^{0} ka^{31}

女家从外人角度说，婚姻关系中的女方　　女的家 ȵʮ$^{213-21}$ ti^{0} ka^{31}

姥姥家　　家婆家 ka^{31} pʰo^{24} ka^{0}

新郎　　新郎官 ɕiən^{31} laŋ^{24} kon^{31}

新娘　　新娘子 ɕiən^{31} ȵiaŋ^{24} tsɿ^{0}

拾壹　身体

(1) 五官

身体　　身体 ʂən^{31} tʰi^{213}

身材　　身材 ʂən^{31} tsʰai^{24}／个子 ko^{55} tsɿ^{0}

头　　头 tʰəu^{24}

奔儿头前额生得向前突　　凹额头 ua^{31} ŋiɛ^{31} tʰəu^{24}

秃头头发掉光了的头　　光头 kuaŋ^{31} tʰəu^{24}

秃顶掉了大量头发的头　　秃顶 tʰəu$^{53-24}$ tiən^{213}

头顶　　头顶 tʰəu^{24} tiən^{213}

头顶心　　头中间心 tʰəu^{24} tʂoŋ^{31} kan^{31} ɕiən^{31}

后脑勺子　　后脑壳 xəu^{31} nau$^{213-24}$ kʰo^{55}

颈　　颈 tɕiən^{213}

后脑窝子颈后凹处　　颈勃子 tɕiən^{213} po^{53} tsɿ^{0}

头发　　头毛 tʰəu^{24} mau^{24}

少白头　　少年白 ʂau$^{53-24}$ ȵiɛn^{24} pʰɛ^{31}

掉头发动宾　　落（掉）头毛 lo$^{55-31}$（tiau^{53}）tʰəu^{24} mau^{24}

额　　额头 ŋiɛ$^{55-31}$ tʰiəu^{24}

囟门　喜米子 ɕi$^{213-21}$mi^{0}tsɿ^{0}/囟门 ɕiən^{31}mən^{24}

太阳穴　太阳囟 tʰai^{53}iaŋ^{24}ɕiən^{31}

辫子　辫子 pʰiɛn^{31}tsɿ^{0}

髻中老年盘在脑后的鬏　巴巴髻 pa^{31}pa^{31}tɕiəu^{31}

刘海儿　刘海 liəu^{24}xai^{213}/小□毛 ɕiau$^{213-24}$tʂo^{31}mau^{24}

脸　脸 liɛn^{213}

脸蛋儿　脸抛$^{=}$ liɛn^{213}pʰau^{31}

颧骨　颧骨 tʂʰʮɛn^{24}ku^{55}

酒窝　酒窝子 tɕiəu$^{213-24}$uo^{31}tsɿ^{0}

人中　人中 ʐən^{24}tʂoŋ^{213}

脸腮　腮帮子 sai^{31}paŋ^{31}tsɿ^{0}

眼　眼睛 ŋan$^{213-24}$tɕiən^{31}

眼眶　眼睛眶 ŋan$^{213-24}$tɕiən^{31}kʰuaŋ^{31}

眼珠儿　眼睛珠子 ŋan$^{213-24}$tɕiən^{31}tʂʮ^{31}tsɿ^{0}

白眼珠儿　白眼睛珠子 pʰɛ^{31}ŋan$^{213-24}$tɕiən^{31}tʂʮ^{31}tsɿ^{0}

黑眼珠儿　黑眼睛珠子 xɛ^{55}ŋan$^{213-24}$tɕiən^{31}tʂʮ^{31}tsɿ^{0}

瞳人儿　瞳仁 tʰoŋ^{24}ʐən^{24}

眼角儿上下眼睑的接合处　眼睛角 ŋan$^{213-24}$tɕiən^{31}ko^{55}

眼泪　眼睛水 ŋan^{213}tɕiən^{31}ʂʮei^{213}

眼眵　眼睛屎 ŋan$^{213-24}$tɕiən^{31}ʂʅ^{213}

眼皮儿　眼睛皮 ŋan$^{213-24}$tɕiən^{31}pʰi^{24}

单眼皮儿　单眼睛皮 tan^{31}ŋan$^{213-24}$tɕiən^{31}pʰi^{24}

双眼皮儿　双眼睛皮 ʂʮaŋ^{31}ŋan$^{213-24}$tɕiən^{31}pʰi^{24}

眼睫毛　眼睛毛 ŋan$^{213-24}$tɕiən^{31}mau^{24}

眉毛　眉毛 mei^{24}mau^{24}

皱眉头动宾　皱眉 tsəu$^{53-24}$mei^{24}

鼻子五官之一　鼻子 pʰi^{31}tsɿ^{0}

鼻涕液体　鼻子 pʰi^{31}tsɿ^{0}ʂʅ^{213}

干鼻涕鼻垢	鼻子屎 pʰi^{31}tsɿ^{0}
鼻孔	鼻子孔 pʰi^{31}tsɿ^{0}kʰoŋ^{213}
鼻毛	鼻子毛 pʰi^{31}tsɿ^{0}mau^{24}
鼻子尖儿鼻子顶端	鼻子尖 pʰi^{31}tsɿ^{0}tɕiɛn^{31}
鼻梁儿	鼻子梁 pʰi^{31}tsɿ^{0}liaŋ^{24}
鹰钩鼻	鹰鼻子 iən^{31}pʰi^{31}tsɿ^{0}
红鼻子	红鼻子 xoŋ^{24}pʰi^{31}tsɿ^{0}
嘴	嘴 tsei^{213}
嘴角	嘴角 tsei$^{213-24}$ko^{55}
嘴唇儿	嘴唇 tsei$^{213-24}$tʂʰɥən^{24}
唾沫	口水 kiəu$^{213-24}$ʂɥei^{213}
涎水	口水 kiəu$^{213-24}$ʂɥei^{213}
舌头	舌条 ʂɛ^{31}tʰiau^{24}/口条 kiəu$^{213-24}$tʰiau^{24}
舌苔	舌条滞 ʂɛ^{31}tʰiau^{24}tʂʰʅ^{31}
舌尖	舌条杪子 ʂɛ^{31}tʰiau^{24}miau$^{213-21}$tsɿ^{0}
牙	牙齿 ŋa^{24}tʂʰʅ^{213}
磨牙	磨牙齿 mo^{24}ŋa^{24}tʂʰʅ^{213}
门牙	门牙 mən^{24}ŋa^{24}
虎牙	虎牙 xu^{213}ŋa^{24}
虫牙	虫牙 tʂʰoŋ^{24}ŋa^{24}
	火牙 xo^{213}ŋa^{24}上火易发炎疼痛的牙
耳朵	耳刀 ʐo$^{213-24}$tau^{31}
耳朵眼儿	耳刀眼 ʐo$^{213-24}$tau^{31}ŋan^{213}
耳屎	耳刀屎 ʐo$^{213-24}$tau^{31}ʂʅ^{213}
下巴	下巴角子 xa^{31}pʰa^{0}ko^{55}tsɿ^{0}
喉咙	喉咙（管）xəu^{24}loŋ^{24}（kon^{213}）
喉结	喉结 xəu^{24}ɕiɛ^{55}
胡子	胡子 xu^{24}tsɿ^{0}
络腮胡子	兜脸胡子 təu^{31}liɛn^{213}xu^{24}tsɿ^{0}

八字胡子　　八须胡 pa$^{55-31}$ ɕi^{31} xu^{24}

咽喉　　咽喉 iɛn^{31} xəu^{24}

(2) 手、脚、胸、背

肩膀　　肩膀 tɕiɛn^{31} paŋ^{213}

肩胛骨　　肩膀骨 tɕiɛn^{31} paŋ^{213} ku^{55}/肩胛骨 tɕiɛn^{31} ka^{55} ku^{55}

胳膊　　手夹膀 ʂəu^{213} ka^{55} paŋ^{213}

胳膊肘儿　　手拐子 ʂəu$^{213-24}$ kuai$^{213-21}$ tsɿ^{0}

胳肢窝　　胁胛 ɕiɛ^{55} ka^{55}

手腕子　　手颈子 ʂəu$^{213-24}$ tɕiən$^{213-21}$ tsɿ^{0}

左手　　反手 fan$^{213-24}$ ʂəu^{213}

右手　　顺手 ʂʮən^{31} ʂəu^{213}

手指　　指姆头 tʂʅ^{31} ma^{0} t^{h}əu^{24}/手指头 ʂəu$^{213-24}$ tʂʅ^{31} t^{h}əu^{24}

关节　　关节 kuan^{31} tɕiɛ^{55}

手指缝儿　　指丫缝 tʂʅ^{31} ŋa^{31} foŋ^{53}

大拇指　　大拇指 ta^{31} mo$^{213-24}$ tʂʅ^{31}

食指　　二拇指 ʐo^{31} mo$^{213-24}$ tʂʅ^{31}

中指　　中指 tʂoŋ^{31} tʂʅ^{31}

无名指　　四拇指 sɿ^{53} mo$^{213-24}$ tʂʅ^{31}/无名指 u^{24} miən^{24} tʂʅ^{31}

小拇指　　小拇指 ɕiau$^{213-24}$ mo$^{213-24}$ tʂʅ^{31}

指甲　　指嵌 tʂʅ^{31} k^{h}an^{24}/指甲 tʂʅ^{31} k^{h}a^{55}

指甲心儿指甲盖和指尖肌肉连接处　　指嵌缝 tʂʅ^{31} k^{h}an^{24} foŋ^{31}

手指头肚儿手指末端有指纹的略微隆起的部分　　手罗目 ʂəu$^{213-24}$ lo^{24} mo^{0}

拳头　　锤$^{=}$子 tʂ^{h}ʮei^{24} tsɿ^{0}

手掌　　手掌 ʂəu$^{213-24}$ tʂaŋ^{213}

巴掌（打一~）　　耳巴子 ʐo$^{213-24}$ pa^{31} tsɿ^{0}/巴掌 pa^{31} tʂaŋ^{213}

掌纹　　手掌纹 ʂəu$^{213-24}$ tʂaŋ$^{213-24}$ uən^{24}

手心　　手掌心 ʂəu$^{213-24}$ tʂaŋ$^{213-24}$ ɕiən^{31}

手背　　手背 ʂəu$^{213-24}$ pei^{53}

腿 整条腿　　腿 t^{h}ei^{213}
大腿　　大腿 ta^{31}t^{h}ei^{213}
大腿根儿　　大腿沟 ta^{31}t^{h}ei$^{213-24}$kiəu^{31}
小腿　　脚杆子 tɕio$^{55-31}$kon^{31}tsɿ^{0}
腿肚子　　腿 t^{h}ei^{213}/脚肚子 tɕio$^{55-31}$təu$^{213-21}$tsɿ^{0}
膝盖　　膝罗$^{=}$坡$^{=}$ ɕi^{55}lo^{0}po^{31}
裆 两条腿的中间　　胯裆 k^{h}a^{24}taŋ^{31}
脚腕子　　脚颈子 tɕio$^{55-31}$ɕiən$^{213-21}$tsɿ^{0}
脚　　脚 tɕio^{55}
赤脚　　赤脚 tʂ^{h}ʅ^{55}tɕio^{55}
脚背　　脚背 tɕio^{55}pei^{53}
脚掌　　脚板 tɕio$^{55-31}$pan^{213}
脚心　　脚掌心 tɕio$^{55-31}$tʂaŋ$^{213-24}$ɕiən^{31}
脚尖　　脚杪子 tɕio$^{55-31}$miau$^{213-21}$tsɿ^{0}/脚尖子 tɕio$^{55-31}$tɕiɛn^{31}tsɿ^{0}
脚趾头　　脚趾头 tɕio$^{55-31}$tʂʅ$^{213-33}$t^{h}əu^{24}
脚趾甲　　脚趾崁 tɕio$^{55-31}$tʂʅ$^{213-33}$k^{h}an^{24}
脚跟（儿）　　脚后跕 tɕio^{55}xəu^{31}tʂan^{31}
脚印儿　　脚印子 tɕio^{55}iən^{53}tsɿ^{0}
鸡眼 一种脚病　　鸡眼子 tɕi^{31}iɛn$^{213-21}$tsɿ^{0}
胸脯　　胸门口 ɕioŋ^{31}mən^{31}kiəu^{213}
肋骨　　肋骨 liɛ^{55}ku^{55}
奶汁　　奶 nai^{213}
肚子 腹部　　肚子 təu$^{213-21}$tsɿ^{0}
小腹　　小肚子 ɕiau$^{213-24}$təu$^{213-21}$tsɿ^{0}
肚脐眼　　肚脐眼 təu$^{213-24}$tɕ^{h}i^{24}ŋan^{213}
腰　　腰 iəu^{31}
脊背　　背心 pei$^{53-24}$ɕiən^{31}

脊梁骨　　背脊 pei$^{53-24}$ tɕi^{55}

(3) 其他

头发旋儿　　顶 tiən^{213}

指纹　　手纹 ʂəu$^{213-24}$ uən^{24}

斗圆形的指纹　　腡 lo^{24}

箕簸箕形的指纹　　筲 ʂau^{31}

痣　　痣 tʂʅ^{53}

骨　　骨头 ku$^{55-31}$ t^{h}əu^{24}

筋　　筋 tɕiən^{31}

血　　血 ɕiɛ^{55}

血管　　血管 ɕiɛ$^{55-31}$ kon^{213}

脉　　脉 mɛ^{55}

心　　心 ɕiən^{31}

肝　　肝 kon^{31}

肺　　肺 fei^{53}

胆　　胆 tan^{213}

脾　　脾 p^{h}i^{24}

胃　　胃 uei^{31}／肚子 təu$^{213-21}$ tsʅ^{0}

肾　　腰子 iəu^{31} tsʅ^{0}／肾 ʂən^{53}

肠　　肠子 tʂ^{h}aŋ^{24} tsʅ^{0}

大肠　　大肠子 ta^{31} tʂ^{h}aŋ^{24} tsʅ^{0}

小肠　　小肠子 ɕiau^{213} tʂ^{h}aŋ^{24} tsʅ^{0}

盲肠　　盲肠 maŋ^{24} tʂ^{h}aŋ^{24}

肛门　　屁眼 p^{h}i$^{53-24}$ ŋan^{213}

拾贰　疾病、医疗

(1) 一般用语

病了　　病着 p^{h}iən^{31} tʂo^{0}

患病　　害病 xai^{31} p^{h}iən^{31}／生病 sən^{31} p^{h}iən^{31}

小病	不好过 pu$^{55-31}$xau$^{213-24}$ko^{53}/小病 ɕiau$^{213-24}$pʰiən^{31}
重病	大病 ta^{31}pʰiən^{31}/重病tʂʰoŋ^{31}pʰiən^{31}
请医生	看医生 kʰon$^{53-24}$i^{31}sən^{0}
医（病）	诊病tʂən$^{213-24}$pʰiən^{31}
看病	看病 kʰon$^{53-24}$pʰiən^{31}
号脉	捺脉 na^{55}mɛ^{55}
开药方子	开方子 kʰai^{31}faŋ^{31}tsɿ^{0}
偏方儿	单方 tan^{31}faŋ^{31}
抓药$_{中药}$	捡药 tɕiɛn$^{213-24}$io^{55}
买药$_{西药}$	买药 mai$^{213-24}$io^{55}
（中）药铺	药店 io^{55}tiɛn^{53}
药房$_{西药}$	药房 io$^{55-31}$faŋ^{31}
药引子	药引子 io$^{55-31}$iən^{31}tsɿ^{0}
药罐子	药罐子 io^{55}kon^{53}tsɿ^{0}
煎药$_{动宾}$	煎药 tɕiɛn^{31}io^{55}/煨药 uei^{31}io^{55}
药膏$_{西药}$	药膏子 io$^{55-31}$kau^{31}tsɿ^{0}
膏药$_{中药}$	膏药 kau^{31}io^{55}
药粉	药粉子 io$^{55-31}$fən$^{213-21}$tsɿ^{0}/粉药 fən$^{213-24}$io^{55}
搽药膏	搽药（膏）tʂʰa^{24}io^{55}（kau^{31}）/搨药 tʰa^{55}io^{55}
上药$_{动宾}$	敷药 fu^{31}io^{55}
发汗	发汗 fa$^{55-31}$xon^{31}
盗汗	淌虚汗 tʰaŋ$^{213-24}$ʂʮ^{31}xon^{31}/出冷汗 tʂʰʮ$^{55-31}$nən$^{213-24}$xon^{31}
消食	打食 ta$^{213-24}$ʂʅ^{31}
凉茶$_{夏天饮用、去火}$	凉茶 liaŋ^{24}tʂʰa^{24}
扎针	扎（干）针tʂʰa$^{55-31}$（kon^{31}）tʂən^{31}
打针	打针 ta$^{213-24}$tʂən^{31}
打吊针	打吊针 ta^{213}tiau$^{53-24}$tʂən^{31}/吊水 tiau$^{53-24}$ʂʮei^{213}

拔火罐子　　拔（火）罐子 p^{h}a^{31}（xo^{213}）kon^{53}tsɿ^{0}

传染　　过 ko^{53}/传染tʂʮɛn^{24}ʮɛn^{213}

不舒服　　不好过 pu$^{55-31}$xau$^{213-24}$ko^{53}

(2) 内科

泻肚　　泻肚子 ɕiɛ$^{53-24}$təu$^{213-21}$tsɿ^{0}/屙肚子 uo^{31}təu$^{213-21}$tsɿ^{0}

发烧　　发烧 fa$^{55-31}$ʂau^{31}

发冷　　打冷更=更=子 ta^{213}nən$^{213-24}$kiən^{31}kiən^{31}tsɿ^{0}

起鸡皮疙瘩　　起鸡皮疙瘩子 tɕ^{h}i^{213}tɕi^{31}p^{h}i^{0}kiɛ^{55}ta^{0}tsɿ^{0}

感冒　　冻着 toŋ^{53}tʂo^{0}/寒着 xon^{24}tʂo^{0}

咳嗽　　咯 k^{h}a^{213}

东西吃下去胃里不舒服　　遮数tʂɛ^{31}səu^{53}/遮人家tʂɛ^{31}ʐən^{0}ka^{0}

气管炎　　气管炎 tɕ^{h}i$^{53-24}$kon^{213}iɛn^{24}/气涌 tɕ^{h}i$^{53-24}$ioŋ^{213}

中暑　　中暑tʂoŋ^{31}ʂʮ^{213}

上火　　上火 ʂaŋ^{31}xo^{213}

积滞　　疳积 kon^{31}tɕi^{55}

肚子疼　　肚子疼 təu$^{213-21}$tsɿ^{0}toŋ^{53}

胸口疼　　胸口疼 xioŋ^{31}kiəu^{213}toŋ^{53}

头晕　　头昏 t^{h}əu^{24}xuən^{31}

晕车　　晕车 ʮən^{31}tʂ^{h}ɛ^{31}

晕船　　晕船 ʮən^{31}tʂ^{h}ʮɛn^{24}

头疼　　头疼 t^{h}əu^{24}toŋ^{53}

恶心要呕吐　　翻人家 fan^{31}ʐən^{0}ka^{0}

吐了　　吐着 t^{h}əu^{53}tʂo^{0}

干哕　　干瓦=kon^{31}ua^{213}/打报=够=ta$^{213-24}$pau^{53}kiəu^{0}

疝气　　气包卵 tɕ^{h}i$^{53-24}$pau^{31}lon^{213}/小肠气 ɕiau^{213}tʂ^{h}aŋ^{24}tɕ^{h}i^{53}

发疟子疟疾发作　　打摆子 ta$^{213-24}$pai$^{213-21}$tsɿ^{0}

霍乱　　霍乱 xo$^{55-31}$lon^{31}

（出）麻疹　　出麻tʂ^{h}ʮ^{31}ma^{24}

（出）水痘　　出痘tʂ^{h}ʮ^{55}t^{h}əu^{31}

（出）天花　出花tʂ^{h}ɥ$^{55-31}$ xua^{31}

种痘　种牛痘tʂoŋ^{53} ȵiəu^{24} t^{h}əu^{31}

伤寒　伤寒 ʂaŋ^{31} xon^{24}

黄疸　黄疸 xuaŋ^{24} tan^{213}

肝炎　肝炎 kon^{31} iɛn^{24}

肺炎　肺炎 fei$^{53-24}$ iɛn^{24}

胃病　胃病 uei^{31} p^{h}iən^{31}

痨病中医指结核病　肺痨 fei$^{53-24}$ lau^{24}/痨病 lau^{24} p^{h}iən^{31}

(3) 外科

跌伤　跶伤 ta$^{55-31}$ ʂaŋ^{31}

碰伤　碰伤 p^{h}oŋ$^{53-24}$ ʂaŋ^{31}

蹭破皮儿　碰破着皮 p^{h}oŋ^{53} p^{h}o^{53} tʂo^{0} p^{h}i^{24}

刺个口子　划个口子 xua^{31} ko^{0} kiəu$^{213-21}$ tsɿ^{0}

出血　淌血 t^{h}aŋ$^{213-24}$ ɕiɛ^{55}

淤血　紫血 tsɿ$^{213-24}$ ɕiɛ^{55}

水疱　水疱 ʂɥei$^{213-24}$ p^{h}au^{53}

溃脓　化脓 xua$^{53-24}$ noŋ^{24}/灌脓 kon$^{53-24}$ noŋ^{24}

结痂　结壳子 ɕiɛ^{55} k^{h}o^{55} tsɿ^{0}

疤　疤子 pa^{31} tsɿ^{0}

腮腺炎　害耳寸子 xai^{53} ʐo$^{213-24}$ ts^{h}ən^{53} tsɿ^{0}

长疮动宾　生疮 sən^{31} tʂ^{h}ɥaŋ^{31}

疱疹　蛇门疮 ʂɛ^{24} mən^{24} tʂ^{h}ɥaŋ^{31}

痔疮　痔疮tʂɿ$^{53-24}$ tʂ^{h}ɥaŋ^{31}

疥疮　疥疮 kai$^{53-24}$ tʂ^{h}ɥaŋ^{31}

癣　癣 xiɛn^{213}

痱子　痱子 fei^{53} tsɿ^{0}

汗斑　汗迹迹子 xon^{31} tɕi^{55} tɕi^{55} tsɿ^{0}/汗斑 xon^{31} pan^{31}

瘊子　瘊子 xəu^{31} tsɿ^{0}

雀斑　鸟斑 ȵiau$^{213-24}$ pan^{31}

粉刺	粉刺 fen$^{213-24}$ts^{h}ɿ^{53}
狐臭	社⁼猪⁼臊 ʂɛ^{31}tʂʮ^{31}sau^{31}
口臭	口臭 kiəu$^{213-24}$tʂ^{h}əu^{53}
大舌头 口齿不清	夹舌子 ka^{55}ʂɛ^{31}tsɿ^{0}/半月子 pon^{53}ʮɛ^{31}tsɿ^{0}
大脖子 甲状腺肿大	脖颈 p^{h}o$^{53-24}$tɕiən^{213}
鼻子不灵 嗅觉不灵	齉鼻子 naŋ$^{53-24}$p^{h}i^{31}tsɿ^{0}
公鸭嗓儿 嗓音沙哑	噎喉咙 iɛ^{55}xəu^{24}loŋ^{24}
一只眼儿 一只眼睛是瞎的	独眼 t^{h}əu^{31}ŋan^{213}
近视眼	近视眼 tɕ^{h}iən^{31}ʂʅ^{31}ŋan^{213}
老花眼	老花眼 lau$^{213-24}$xua^{31}ŋan^{213}
鼓眼泡儿	肿眼睛泡 tʂoŋ$^{213-24}$ŋan$^{213-24}$ɕiən^{31}p^{h}au^{31}
斗鸡眼儿 内斜视	斗鸡眼 təu$^{53-24}$tɕi^{31}ŋan^{213}

（4）残疾等

癫痫	羊角风 iaŋ^{24}ko^{55}foŋ^{31}
惊风 小儿病	扯筋 tʂ^{h}ɛ$^{213-24}$tɕiən^{31}
抽风	抽风 tʂ^{h}əu^{31}foŋ^{31}
中风	中风 tʂoŋ^{31}foŋ^{31}
瘫痪	瘫痪 t^{h}an^{31}xon^{31}
瘸子	跛子 po^{213}tsɿ^{0}
瘫痪的人	瘫子 t^{h}an^{31}tsɿ^{0}
断手的人	□子 tʂʮai^{31}tsɿ^{0}
罗锅儿	驮子 t^{h}o^{24}tsɿ^{0}
聋子	聋子 loŋ^{24}tsɿ^{0}
哑巴	哑子 ŋa$^{213-21}$tsɿ^{0}
结巴	结巴子 tɕiɛ^{55}pa^{0}tsɿ^{0}
瞎子	瞎子 xa^{55}tsɿ^{0}
傻子	傻子 ʂa$^{213-21}$tsɿ^{0}
秃子 头发脱光的人	光头 kuaŋ^{31}t^{h}əu^{24}

麻子人出天花后留下的疤痕　麻子 ma^{24}tsɿ^{0}

麻子脸上有麻子的人　麻子 ma^{24}tsɿ^{0}

豁唇　缺嘴 tʂʰɥɛ$^{55-31}$tsei^{213}

豁牙　缺牙齿 tʂʰɥɛ$^{55-31}$ŋa$^{24-21}$tʂʰʅ^{213}

六指儿　六拇指 ləu^{55}mo^{0}tʂʅ^{213}

左撇子　反手撇子 fan$^{213-24}$ʂəu^{213}pʰiɛ^{55}tsɿ^{0}

拾叁　衣服、穿戴

(1) 服装

衣服统称　衣裳 i^{31}ʂaŋ^{0}

制服　制服 tʂʅ$^{53-24}$fu^{31}

中装　中装 tʂoŋ^{31}tʂɥaŋ^{31}

西装　西装 ɕi^{31}tʂɥaŋ^{31}

长衫　长褂子 tʂʰaŋ^{24}kua^{53}tsɿ^{0}/长衣 tʂʰaŋ^{24}i^{31}

马褂儿　马褂 ma$^{213-24}$kua^{53}

旗袍女装　旗袍 tɕʰi^{24}pʰau^{24}

棉袄　袄子 ŋau$^{213-21}$tsɿ^{0}/絮袄 ɕi$^{53-24}$ŋau^{213}

棉裤　絮裤 ɕi$^{53-24}$kʰu^{53}

皮袄　皮袍子 pʰi^{24}pʰau^{24}tsɿ^{0}

大衣　大衣 ta^{31}i^{31}

短款大衣　短大衣 ton^{213}ta^{31}i^{31}

中长款大衣　二五大衣 ʐo^{31}u^{213}ta^{31}i^{31}

长款大衣　长大衣 tʂʰaŋ^{24}ta^{31}i^{31}

汗衫夏天　汗衫 xon^{31}ʂan^{31}

衬衫　热褂（子）ɥɛ$^{55-31}$kua^{53}（tsɿ^{0}）

外衣　外套 uai^{31}tʰau^{53}

领子　衣领子 i^{31}liən^{213}tsɿ^{0}

坎肩　坎肩 kʰan$^{213-24}$tɕiɛn^{31}/垫肩 tʰiɛn^{31}tɕiɛn^{31}/披肩 pʰi^{31}tɕiɛn^{31}

背心　背心 pei$^{53-24}$ɕiən^{31}

衣襟儿　衣襟 i^{31}tɕiən^{31}

大襟　大衣襟 ta^{31}i^{31}tɕiən^{31}

小襟　小衣襟 ɕiau$^{213-24}$i^{31}tɕiən^{31}

对襟儿　对襟 tei$^{53-24}$tɕiən^{31}

下摆　下摆 xa^{31}pai^{213}

袖子　衫袖 ʂan^{31}tɕ^{h}iəu^{31}/袖子 tɕ^{h}iəu^{31}tsɿ^{0}

长袖　衫袖 ʂan^{31}tɕ^{h}iəu^{31}/袖子 tɕ^{h}iəu^{31}tsɿ^{0}

短袖　短袖子 ton$^{213-24}$tɕ^{h}iəu^{31}tsɿ^{0}

夹裤　夹裤 ka$^{55-31}$k^{h}u^{53}

夹袄　夹袄 ka$^{55-31}$ŋau^{213}

棉背心　背褡 pei$^{53-24}$ta^{55}

裙子　裙子 tʂ^{h}ɰən^{24}tsɿ^{0}

裙衬子　裙衬子 tʂ^{h}ɰən^{24}tsən^{53}tsɿ^{0}

裤子　裤子 k^{h}u^{53}tsɿ^{0}

裤衩儿贴身穿的　裤兜子 k^{h}u$^{53-24}$təu^{31}tsɿ^{0}

短裤穿在外面的　裤兜子 k^{h}u$^{53-24}$təu^{31}tsɿ^{0}

连袜裤　连脚裤 liɛn^{24}tɕio^{55}k^{h}u^{53}

开裆裤　开裆裤 k^{h}ai^{31}taŋ^{31}k^{h}u^{53}

死裆裤相对开裆裤而言　满裆裤 mon$^{213-24}$taŋ^{31}k^{h}u^{53}

裤裆　裤（子）裆 k^{h}u^{53}（tsɿ^{0}）taŋ^{31}

裤腰　裤（子）腰 k^{h}u$^{53-24}$（tsɿ^{0}）iau^{31}

裤腰带　裤（子）带 k^{h}u$^{53-24}$（tsɿ^{0}）tai^{53}

裤腿儿　裤（子）腿 k^{h}u$^{53-24}$（tsɿ^{0}）t^{h}ei^{213}

裤脚　裤脚 k^{h}u$^{53-24}$tɕio^{55}

兜儿衣服上的口袋　衣裳袋 i^{31}ʂaŋ^{0}t^{h}ai^{31}/荷包（袋）xo^{24}pau^{31}（t^{h}ai^{31}）

裤兜　裤子袋 k^{h}u^{53}tsɿ^{0}t^{h}ai^{31}

上衣的口袋　褂子袋 kua^{53}tsɿ^{0}t^{h}ai^{31}/插手荷包 tʂ^{h}a$^{55-31}$ʂəu^{213}

	xo^{24}pau^{31}
纽扣中式的	盘扣 p^{h}on^{24}k^{h}iəu^{53}
扣子襻子中式的	扣襻 k^{h}iəu$^{53-24}$p^{h}an^{53}
扣儿西式的	扣子 k^{h}iəu^{53}tsɿ^{0}
扣眼儿西式的	扣子眼 k^{h}iəu^{53}tsɿ^{0}ŋan^{213}

（2）鞋帽

鞋	鞋 xai^{24}
拖鞋	鞋趿子 xai^{24}t^{h}a^{55}tsɿ^{0}
棉鞋	絮鞋 ɕi$^{53-24}$xai^{24}/暖鞋 non$^{213-24}$xai^{24}
皮鞋	皮鞋 p^{h}i^{24}xai^{24}
解放鞋	解放鞋 kai$^{213-24}$faŋ^{53}xai^{24}
布鞋	布鞋 pu^{53}xai^{24}
鞋底儿	鞋底 xai^{24}ti^{213}
鞋帮儿	鞋帮子 xai^{24}pan^{31}tsɿ^{0}
鞋面儿	鞋面子 xai^{24}miɛn^{31}tsɿ^{0}
雨鞋橡胶做的	胶靴 tɕiau^{31}ʂʮɛ^{31}/靴子 ʂʮɛ^{31}tsɿ^{0}/胶鞋 tɕiau^{31}xai^{24}
鞋带儿	鞋带子 xai^{24}tai^{53}tsɿ^{0}
袜子	袜子 ua^{55}tsɿ^{0}
线袜	线纱袜子 ɕiɛn$^{53-24}$ʂa^{31}ua^{55}tsɿ^{0}
丝袜	袜子 ua^{55}tsɿ^{0}
长袜	长筒袜子 tʂ^{h}aŋ^{24}t^{h}oŋ^{213}ua^{55}
短袜	短筒袜子 ton$^{213-24}$t^{h}oŋ^{213}ua^{55}tsɿ^{0}
尼龙袜	尼龙袜子 ȵi^{24}loŋ^{24}ua^{55}tsɿ^{0}
弓鞋旧时裹脚妇女穿的鞋	小脚鞋 ɕiau$^{213-24}$tɕio^{55}xai^{24}
裹脚旧时妇女裹脚的布	裹脚 ko$^{213-24}$tɕio^{55}
裹腿军人用的	绑腿 paŋ$^{213-24}$t^{h}ei^{213}
帽子	帽子 mau^{31}tsɿ^{0}
皮帽	皮帽 p^{h}i^{24}mau^{31}

礼帽	礼帽 li$^{213-24}$mau^{31}
草帽	草帽 tsʰau$^{213-24}$mau^{31}
斗笠	斗笠 təu$^{213-24}$li^{55}
帽檐儿	帽子啄$^{=}$ mau^{31}tsɿ^{0}tʂo^{31}

（3）装饰品

首饰	首饰 ʂəu$^{213-21}$ʂʅ^{0}
手镯	镯子tʂʰo^{31}tsɿ^{0}
戒指	戒指 kai^{53}tʂʅ^{55}/馏子 liəu^{53}tsɿ^{0}
项链	项链 xaŋ^{31}liɛn^{31}
项圈	项圈子 xaŋ^{31}tʂʰɥɛn^{31}tsɿ^{0}
百家锁小儿佩戴的	长命锁tʂʰaŋ^{24}miən^{31}so^{213}
别针儿	别针 pʰiɛ$^{55-31}$tʂən^{31}
簪子	簪子 tson^{31}tsɿ^{0}
耳环	耳环 ʐo$^{213-24}$xon^{24}/耳箍 ʐo$^{213-24}$kʰu^{31}
胭脂	胭脂 iɛn^{31}tʂʅ^{31}
粉	粉 fən^{213}

（4）其他穿戴用品

围裙	围腰 uei^{24}iau^{31}
围嘴儿	围嘴 uei^{24}tsei^{213}/围兜 uei^{24}təu^{31}
手绢儿	手捏子 ʂəu$^{213-24}$ȵiɛ^{55}tsɿ^{0}
围巾长条形	围巾 uei^{24}ɕiən^{31}
手套	手抹子 ʂəu$^{213-24}$ma^{31}tsɿ^{0}
眼镜	眼睛（罩）子 ŋan$^{213-24}$ɕiən^{31}（tʂau^{53}）tsɿ^{0}
伞	伞 san^{213}
蓑衣	蓑衣 so^{31}i^{31}
雨衣新式的	雨衣 ɥ$^{213-24}$i^{31}
手表	手表 ʂəu$^{213-24}$piau^{213}
扣针	扣针 kʰiəu$^{53-24}$tʂən^{31}

拾肆　饮食

(1) 伙食

吃饭	吃饭 tɕi^{31} fan^{31}
早饭	早饭 tsau$^{213-21}$ fan^{0}
午饭	中饭 tʂoŋ^{31} fan^{0}
晚饭	晚饭 uan$^{213-21}$ fan^{0}
打尖 途中吃点东西	打尖 ta$^{213-24}$ tɕiɛn^{31}
零食	零嘴 liən^{24} tsei^{213}
点心 糕饼之类食品	点心 tiɛn$^{213-21}$ ɕiən^{0}
茶点	点心 tiɛn$^{213-21}$ ɕiən^{0}

(2) 米食

米饭	饭 fan^{31}
饭粒	饭色子 fan^{31} sɛ^{55} tsɿ^{0} 一粒米饭
剩饭 吃剩下的饭	剩饭 ʂən^{31} fan^{31}
现饭 不是本餐新做的饭	现饭 ɕiɛn^{31} fan^{31}
米粒 煮饭时水开后捞出	饭胚子 fan^{31} pʰei^{31} tsɿ^{0}
（饭）煳了	焦着 tɕiau^{31} tʂo^{0}
（饭）馊了	馊着 səu^{31} tʂo^{0}
锅巴	锅巴 ko^{31} pa^{31}
锅巴汤	锅汤 ko^{31} tʰaŋ^{31}
粥	粥 tʂʮ^{55}
米汤 煮饭滗出来的	饮汤 iən$^{213-24}$ tʰaŋ^{31}
米糊 用米磨成的粉做的糊状食物	（米）糊（mi^{213}）xu^{24}
粽子	粽子 tsoŋ^{53} tsɿ^{0}

(3) 面食

面粉	小麦粉 ɕiau$^{213-24}$ mɛ^{55} fən^{213}
面条儿	面 miɛn^{31}
挂面 像线状的干面条	挂面 kua$^{53-24}$ miɛn^{31}

熟粉　焦面 tɕiau^{31}miɛn^{31}

馒头　馍馍 mo^{24}mo^{0}

包子　包子 pau^{31}tsɿ^{0}

油条　油条 iəu^{24}tʰiau^{24}

烧饼　烧饼 ʂau^{31}piən^{213}

粑　粑 pa^{31}

发粑　发粑 fa$^{55-31}$pa^{31}

糯米粑　糯米粑 no^{31}mi$^{213-24}$pa^{31}

小麦粑　小麦粑 ɕiau$^{213-24}$mɛ^{55}pa^{31}

糕　糕 kau^{31}

发糕　发糕 fa$^{55-31}$kau^{31}

花卷儿　花卷 xua^{31}tʂʮɛn^{213}

饺子饺子的总称　饺子 tɕiau$^{213-21}$tsɿ^{0}

（饺子）馅儿　心子 ɕiən^{31}tsɿ^{0}

馄饨　馄饨 xuən$^{213-24}$tən^{53}

烧卖　烧卖 ʂau^{31}mai^{31}

蛋糕老式小圆形的　鸡蛋糕 tɕi^{31}tʰan^{31}kau^{31}

元宵　元宵 ʮɛn^{24}ɕiau^{31}

　欢喜团 xon^{31}ɕi^{0}tʰon^{24}糯米粉制作，包馅后外面裹一层糯米，蒸熟后食用

月饼　月饼 ʮɛ$^{55-31}$piən^{213}

饼干　饼干 piən$^{213-24}$kon^{31}

酵子发酵用的面团　告$^{=}$子 kau^{53}tsɿ^{0}

（4）肉、蛋

肉丁　肉丁子 ʐəu$^{55-31}$tiən^{31}tsɿ^{0}

肉片　肉片 ʐəu^{55}pʰiɛn^{53}

肉丝　肉丝子 ʐəu$^{55-31}$sɿ^{31}tsɿ^{0}

肉皮　肉皮 ʐəu$^{55-31}$pʰi^{24}

肉松　肉松 ʐəu$^{55-31}$soŋ^{31}

米粉肉 □肉tʂa$^{213-24}$ʐəu^{55}

肘子猪腿靠近身体的部位 蹄髈 t^{h}i^{24}paŋ^{213}

猪蹄儿 猪脚tʂʮ^{31}tɕio^{55}

里脊 里脊肉 li$^{213-24}$tɕi^{55}ʐəu^{55}

蹄筋 蹄筋 t^{h}i^{24}tciən^{31}

牛舌头 牛舌条 ȵiəu^{24}ʂɛ^{31}t^{h}iau^{24}

猪舌头 猪舌条tʂʮ^{31}ʂɛ^{31}t^{h}iau^{24}

下水猪牛羊的内脏 下水 xa^{31}ʂuei^{213}

肺猪的 猪心肺tʂʮ^{31}ɕiən^{31}fei^{53}

肠子猪的 猪肠子tʂʮ^{31}tʂ^{h}aŋ^{24}tsɿ^{0}

排骨猪的 排骨 p^{h}ai^{24}ku^{55}

牛肚儿带毛状物的 牛肚子 ȵiəu^{24}təu^{213}tsɿ^{0}

猪心 猪心子tʂʮ^{31}ɕiən^{31}tsɿ^{213}

肝猪的 猪肝tʂʮ^{31}kon^{31}

肾猪的 猪腰子tʂʮ^{31}iau^{31}tsɿ^{0}

鸡杂儿 鸡杂 tɕi^{31}tsa^{55}

鸡肫 鸡肫 tɕi^{31}tʂʮ^{31}

猪血 猪衁子tʂʮ^{31}xuaŋ^{31}tsɿ^{0}

鸡血 鸡衁子 tɕi^{31}xuaŋ^{31}tsɿ^{0}

咸肉 腌肉 iɛn^{31}ʐəu^{55}/咸肉 xan^{24}ʐəu^{55}

咸鸡 腌鸡 iɛn^{31}tɕi^{31}

咸鸭 腌鸭 iɛn^{31}ŋa^{55}

煮鸡蛋带壳煮 煮鸡子tʂʮ^{213}tɕi^{31}tsɿ^{213}/炆鸡子 uən^{24}tɕi^{31}tsɿ^{213}

蛋羹加水调匀蒸 炖鸡子 tən^{53}tɕi^{31}tsɿ^{213}

松花蛋 皮蛋 p^{h}i^{24}t^{h}an^{31}

咸鸡蛋 腌鸡子 iɛn^{31}tɕi^{31}t^{h}an^{31}

咸鸭蛋 腌鸭子 iɛn^{31}ŋa^{55}t^{h}an^{31}

香肠 香肠 ɕiaŋ^{31}tʂ^{h}aŋ^{24}

(5) 菜

素菜	素菜 səu^{53}ts^{h}ai^{53}
荤菜	荤菜 xuən^{31}ts^{h}ai^{53}
咸菜	腌菜 iɛn^{31}ts^{h}ai^{53}
豆腐	豆腐 t^{h}əu^{31}fu^{31}
豆腐皮可以用来做腐竹的	豆皮 t^{h}əu^{31}p^{h}i^{213}
腐竹	腐竹 fu^{213}tʂʮ^{55}
千张	千张 tɕ^{h}iɛn^{31}tʂ^{h}aŋ^{31}
豆腐干儿	豆干子 t^{h}əu^{31}kon^{31}tsɿ^{0}
豆腐泡儿	生腐 sən^{31}fu^{55}
豆腐脑儿	豆腐脑 t^{h}əu^{31}fu^{0}nau^{213}tsɿ^{0}
豆浆	豆腐浆 t^{h}əu^{31}fu^{0}tɕiaŋ^{31}
豆腐乳	豆腐乳 t^{h}əu^{31}fu^{31}ʮ^{213}
粉丝	粉丝 fən^{213}sɿ^{0}
山芋粉	山粉 ʂan^{31}fən^{213}
藕粉	藕粉 ŋiəu^{213}fən^{213}
豆豉	豆豉 t^{h}əu^{31}tʂ^{h}ʅ^{55}
芡粉	芡粉 çiɛn^{53}fən^{213}
木耳	耳子 ʐo^{213}tsɿ^{0}
银耳	银耳 iən^{24}ʐo^{213}
金针	金针菇 tɕiən^{31}tʂən^{31}ku^{31}
海参	海参 xai$^{213-24}$sən^{31}
海带	海带皮 xai$^{213-24}$tai^{53}p^{h}i^{24}

(6) 油盐作料

味道	味道 uei^{31}t^{h}au^{0}
气味	味道 uei^{31}t^{h}au^{0}
颜色	颜色 iɛn^{24}sɛ^{55}
猪油	猪油tʂʮ^{31}iəu^{24}
花生油	花生油 xua^{31}sən^{31}iəu^{24}

菜籽油　香油 ɕiaŋ^{31}iəu^{24}

芝麻油　麻油 ma^{24}iəu^{24}

盐　盐 iɛn^{24}

粗盐　粗盐 tsʰəu^{31}iɛn^{24}

精盐　细盐 ɕi$^{53-24}$iɛn^{24}

酱油　酱油 tɕiaŋ$^{53-24}$iəu^{24}

辣酱　大辣椒酱 ta^{31}tɕiau^{31}tɕiaŋ^{53}/辣椒酱 la^{31}tɕiau^{31}tɕiaŋ^{53}

醋　醋 tsʰəu^{53}

料酒　黄酒 xuaŋ^{24}tɕiəu^{213}

红糖　红糖 xoŋ^{24}tʰaŋ^{24}

白糖　白糖 pʰɛ^{31}tʰaŋ^{24}

冰糖　冰糖 piən^{31}tʰaŋ^{24}

水果糖　水果糖 ʂʮei$^{213-24}$ko^{213}tʰaŋ^{24}

花生糖　花生糖 xua^{31}sən^{31}tʰaŋ^{24}

麦芽糖　米糖 mi$^{213-24}$tʰaŋ^{24}

作料　作料 tso^{31}liau^{31}

八角　八角 pa^{55}ko^{55}

桂皮　桂皮 kuei$^{53-24}$pʰi^{24}

花椒　花椒 xua^{31}tɕiau^{31}

胡椒粉　胡椒粉 xu^{24}tɕiau^{31}fən^{213}

(7) 烟、茶、酒

烟　烟 iɛn^{31}

烟叶　烟叶子 iɛn^{31}iɛ^{55}tsɿ^{0}

烟丝　烟丝 iɛn^{31}sɿ^{31}

香烟　香烟 ɕiaŋ^{31}iɛn^{31}

旱烟　旱烟 xon^{31}iɛn^{31}

黄烟　黄烟 xuaŋ^{24}iɛn^{31}

水烟袋铜制的　水烟筒 sʮei^{213}iɛn^{31}tʰoŋ^{24}

旱烟袋细竹杆儿做的烟具　烟杆子 iɛn^{31}kon$^{213-21}$tsɿ^{0}/旱烟筒 xon^{31}iɛn^{31}tʰoŋ^{24}

烟盒装香烟的金属盒，有的还带打火机　烟盒 $\text{iɛn}^{31}\text{xo}^{31}$

烟灰　烟灰 $\text{iɛn}^{31}\text{xuei}^{31}$

火镰刀旧时取火用具　火镰刀 $\text{xo}^{213}\text{liɛn}^{24}\text{tau}^{31}$

火石用火镰取火的石头　火石 $\text{xo}^{213-24}\text{ʂʅ}^{31}$

纸煤儿　媒子 $\text{mei}^{24}\text{tsɿ}^{0}$

（沏好的）茶　茶 $\text{tʂ}^{h}\text{a}^{24}$

茶叶　茶叶 $\text{tʂ}^{h}\text{a}^{24}\text{iɛ}^{55}$

开水　开水 $\text{khai}^{31}\text{ʂuei}^{213}$

沏茶动宾　泡茶 $\text{pau}^{53-24}\text{tʂ}^{h}\text{a}^{24}$

倒茶　倒茶 $\text{tau}^{53}\text{tʂ}^{h}\text{a}^{24}$

白酒　白酒 $\text{p}^{h}\text{ɛ}^{31}\text{tɕiəu}^{213}$

江米酒　米酒 $\text{mi}^{213-24}\text{tɕiəu}^{213}$

黄酒　黄酒 $\text{xuaŋ}^{24}\text{tɕiəu}^{213}$

甜酒　酒糟 $\text{tɕiəu}^{213-24}\text{tsau}^{31}$

拾伍　红白大事

（1）婚姻、生育

亲事　亲事 $\text{ɕiən}^{31}\text{sɿ}^{0}$

做媒　做媒 $\text{tʂo}^{53-24}\text{mei}^{24}$

媒人　媒佬 $\text{mei}^{24}\text{lau}^{213}$/媒爹 $\text{mei}^{24}\text{tiɛ}^{31}$

相亲男女双方见面、看是否合意　看亲 $\text{kon}^{53-24}\text{tɕ}^{h}\text{iən}^{31}$/讲人家 $\text{kaŋ}^{213}\text{ʐən}^{24}\text{ka}^{0}$/看婆家 $\text{kon}^{53}\text{p}^{h}\text{o}^{24}\text{ka}^{0}$

相貌　样子 $\text{iaŋ}^{31}\text{tsɿ}^{0}$

年龄　年纪 $\text{ȵiɛn}^{24}\text{tɕi}^{0}$

订婚　订亲 $\text{t}^{h}\text{iən}^{31}\text{tɕ}^{h}\text{iən}^{31}$/订茶 $\text{t}^{h}\text{iən}^{31}\text{tʂ}^{h}\text{a}^{24}$

认亲 $\text{ʐən}^{31}\text{tɕ}^{h}\text{iən}^{31}$定亲后通知所有亲戚～

看日子 $\text{kon}^{53-24}\text{ʐʅ}^{55}\text{tsɿ}^{0}$认亲后选择结婚日期

送日子 $\text{soŋ}^{53-24}\text{ʐʅ}^{55}\text{tsɿ}^{0}$结婚日期定下后男方请媒人到女方家告知结婚日期

下聘礼　打彩礼 $\text{ta}^{213-24}\text{ts}^{h}\text{ai}^{213-24}\text{li}^{213}$

	囵猪担米 lən^{24} tʂʮ^{31} tan^{53} mi^{213} 彩礼：一头猪一担米
	边猪头米 piɛn^{31} tʂʮ^{31} tʰəu^{24} mi^{213} 彩礼：半边猪半担米
喜期 结婚的日子	喜日子 ɕi^{213} ʐʅ^{55} tsɿ^{0}
喜酒	喜酒 ɕi$^{213-24}$ tɕiən^{213}
过嫁妆	办嫁妆 pʰan^{31} ka$^{53-24}$ tʂʮaŋ^{31}
（男子）娶亲	讨媳妇 tʰau^{213} ɕi^{55} fu^{0}／接亲 tɕiɛ^{31} tɕʰiən^{31}
	／接新娘子 tɕiɛ^{31} ɕiən^{31} ȵiaŋ^{0} tsɿ^{0}
（女子）出嫁	出嫁 tʂʮ^{55} ka^{55}
嫁闺女	嫁女 ka$^{53-24}$ ȵʮ^{213}
结婚	结婚 tɕiɛ$^{55-31}$ xuən^{31}
花轿	轿子 tɕʰiau^{31} tsɿ^{0}
拜堂	拜堂 pai$^{53-24}$ tʰaŋ^{24}
新郎	新娘官 ɕiən^{31} ȵiaŋ^{0} kon^{31}
新娘	新娘子 ɕiən^{31} ȵiaŋ^{0} tsɿ^{0}
新房	新房 ɕiən^{31} faŋ^{24}
交杯酒	交杯酒 tɕiau^{31} pei^{31} tɕiəu^{213}
回门	回门 xuei^{24} mən^{24}
再醮 寡妇再嫁	改嫁 kai$^{213-24}$ ɕia^{55}
填房 从女方说	填房 tʰiɛn^{24} faŋ^{24}
怀孕了	有喜 iəu$^{213-24}$ ɕi^{213}
孕妇	大肚子 ta^{31} təu$^{213-21}$ tsɿ^{0}
小产	小产 ɕiau$^{213-24}$ tʂʰan^{213}
生孩子	生伢 sən^{31} ŋa^{24}
接生	接生 tɕiɛ$^{55-31}$ sən^{31}
胎盘	胞衣 pau^{31} i^{31}
坐月子	坐月子 tso$^{53-24}$ ʮɛ^{55} tsɿ^{0}／过月子 ko$^{53-24}$ ʮɛ^{55} tsɿ^{0}
满月	满月 mon$^{213-24}$ ʮɛ^{55}
头胎	头胎 təu^{24} tʰai^{31}

双胞胎	双生子 ʂɥaŋ^{31} sən^{31} tsɿ^{0}
打胎	打胎 ta$^{213-24}$ t^{h}ai^{31}
吃奶	喝奶 xo$^{55-31}$ nai^{213}
奶头	奶嘴子 nai$^{213-24}$ tsei$^{213-21}$ tsɿ^{0}
（小孩子）尿床	赖尿 lai^{24} ȵiau^{31}
洗三朝小孩出生第三天用艾水洗澡	洗三朝 ɕi$^{213-24}$ san^{31} tʂau^{31} / 做三朝 ʐo$^{53-24}$ san^{31} tʂau^{31}
月子礼	月子礼 ɥɛ^{31} tsɿ^{0} li^{213}

（2）寿辰、丧葬

生日	生日 sən^{31} ʐʅ^{0}
做寿	过生日 ko$^{53-24}$ sən^{31} ʐʅ^{0}
祝寿	拜寿 pai^{53} ʂəu^{31} / 祝寿 tʂɥ^{31} ʂəu^{31}
寿星	寿星佬 ʂəu^{31} ɕiən^{31} lau^{213}
丧事	丧事 saŋ^{31} sɿ^{0}
白喜事	白喜事 p^{h}ɛ^{31} ɕi$^{213-24}$ sɿ^{31}
红喜事	红喜事 xoŋ^{24} ɕi$^{213-24}$ sɿ^{31}
死了	死着 sɿ$^{213-21}$ tʂo^{0} / 老着人 lau$^{213-21}$ tʂo^{0} ʐən^{24} / 走着 tsəu$^{213-21}$ tʂo^{0}
灵床	灵板 liən^{24} pan^{213} / 停板 t^{h}iən^{24} pan^{213}
棺材	棺材 kon^{31} ts^{h}ai^{0}
寿材生前预制的棺材	寿材 ʂəu^{31} ts^{h}ai^{24}
寿料制作棺材的木料	寿料 ʂəu^{31} liau^{31}制作棺材的木料
入殓	入棺 ɥ$^{55-31}$ kon^{31}
灵屋	灵屋 liən^{24} u^{55}
灵堂	灵堂 liən^{24} t^{h}aŋ^{24}
守灵	守夜 ʂəu^{213} liən^{24}
做七	做七 tso$^{53-24}$ tɕhi^{55}
头七	头七 t^{h}əu^{24} tɕ^{h}i^{55}
二七	二七 ʐo^{31} tɕ^{h}i^{55}

三七　三七 san^{31}tɕ^{h}i^{55}

四七　四七 sɿ$^{53-24}$tɕ^{h}i^{55}

五七　五七 u^{213}tɕ^{h}i^{55}

六七　六七 ləu^{55}tɕ^{h}i^{55}

七七　七七 tɕ^{h}i^{55}tɕ^{h}i^{55}满七

守孝　守孝 ʂəu$^{213-24}$ɕiau^{53}

带孝　带孝 tai$^{53-24}$ɕiau^{53}

孝子　孝子 ɕiau$^{53-24}$tsɿ^{213}

孝孙　孝孙 ɕiau$^{53-24}$sən^{31}

出殡　出棺 tʂ^{h}ʮ$^{55-31}$kon^{31}

送葬　送葬 soŋ$^{53-24}$tsaŋ^{53}

纸扎用纸扎的人、马、房子等　纸扎 tʂʅ$^{213-24}$tʂa^{55}

纸钱　纸钱 tʂʅ$^{213-24}$tɕiɛn^{24}

坟地坟墓所在的地方　坟山 fən^{24}ʂan^{31}

坟墓　坟包 fən^{24}pau^{31}

碑不单指墓碑　石碑 ʂʅ^{24}pei^{31}

上坟　上坟 ʂaŋ^{31}fən^{24}

自杀　自缢 ts^{h}ɿ^{31}i^{24}／寻死 tɕ^{h}iən^{24}sɿ^{213}

投水自尽　投水 t^{h}əu^{24}ʂʮei^{213}

上吊　吊颈 tiau$^{53-24}$tɕiən^{213}

（3）迷信

老天爷　老天（爷）lau$^{213-24}$t^{h}iɛn^{31}（iɛ^{24}）

灶王爷　灶吗$^{=}$老爷 tsau^{53}ma^{0}lau$^{213-21}$iɛ^{0}

佛　灶王爷 fu^{24}

开路神　开路神 k^{h}ai^{31}ləu^{31}ʂən^{24}

受惊　戳$^{=}$吓 tʂ^{h}o^{55}xɛ^{55}

出吓 tʂ^{h}ʮ^{55}xɛ^{55}（将筷子立在装满水的碗里）消除受到惊吓后不良反应

喊魂　□魂 ŋau^{31}xuən^{24}

沾染煞气	汤$^{=}$煞 t^{h}aŋ^{31}ʂa^{55}
菩萨	菩萨 p^{h}u^{24}sa^{0}
观世音	观音菩萨 kon^{31}iən^{31}p^{h}u^{24}sa^{0}
土地庙	土地庙 t^{h}əu^{213}t^{h}i^{31}miau^{31}
城隍庙	城隍庙ʈʂ^{h}ən^{24}xuaŋ^{24}miau^{31}
阎王	阎王爷 iɛn^{24}uaŋ^{24}iɛ^{24}
祠堂	祠堂 ts^{h}ɿ^{24}t^{h}aŋ^{24}
佛龛	佛龛 fo^{24}k^{h}an^{31}/菩萨龛 p^{h}u^{24}sa^{0}k^{h}an^{31}/神龛 ʂən^{24} k^{h}an^{31}
香案	香案 ɕiaŋ^{31}ŋon^{51}
上供	上供 ʂaŋ^{31}kon^{53}
烛台	烛台ʈʂʮ$^{55-31}$t^{h}ai^{24}
香炉	香炉 ɕiaŋ^{31}ləu^{24}
烧香动宾	烧香 ʂau^{31}ɕiaŋ^{31}
签诗印有谈吉凶的诗文的纸条	签诗 tɕ^{h}iɛn^{31}ʂʅ^{31}
求签	求签 ɕiəu^{24}tɕ^{h}iɛn^{31}
	讨告子 t^{h}au$^{213-24}$kau^{53}tsɿ^{0}
打卦	问卦 uən^{31}kua^{53}/卜卦 p^{h}u^{31}kua^{53}
珓占卜用，通常用一正一反两片竹片制成	告子 kau^{53}tsɿ^{0}
阴珓两面都朝下	阴告 iən^{31}kau^{53}
阳珓两面都朝上	阴告 iən^{31}kau^{53}
圣一正一反	阳告 iaŋ^{24}kau^{53}
庙会	庙会 miau^{31}xuei^{31}
做道场	做道场 tso$^{53-24}$t^{h}au^{31}ʈʂ^{h}aŋ^{213}/做法事 tso$^{53-24}$fa^{55} sɿ^{53}/请菩萨 tɕ^{h}iən^{213}p^{h}u^{24}sa^{0}
念经	念经 ȵiɛn^{31}tɕiən^{31}
测字	测字ʈʂ^{h}ɛ$^{55-31}$ts^{h}ɿ^{31}
看风水	地理 t^{h}i^{31}li^{213}

算命　算命 son$^{53-24}$miən^{31}

算命先生　算命先生 son$^{53-24}$miən^{31}ɕiɛn^{31}sən^{0}

相面先生　看相的 kon$^{53-24}$ɕiaŋ^{53}ti^{0}

巫婆　巫婆 u^{31}p^{h}o^{24}

许愿　许愿 ʂʮ$^{213-24}$ʮɛn^{31}

还愿　还愿 xuan^{24}ʮɛn^{31}

拾陆　日常生活

(1) 衣

穿衣服　穿衣tʂ^{h}ʮɛn^{31}i^{31}

脱衣服　脱衣 t^{h}o$^{55-31}$i^{31}

脱鞋　脱鞋 t^{h}o$^{55-31}$xai^{24}

量衣服　量衣 liaŋ^{24}i^{31}

做衣服　做衣 tso$^{53-24}$i^{31}

贴边缝在衣服里子边上的窄条　贴边 t^{h}iɛ$^{55-31}$piɛn^{213}

绲边在衣服、布鞋等的边缘特别缝制的一种圆棱的边儿　绲边 kuan$^{213-24}$piɛn^{213}

缲边儿　锁边 so$^{213-24}$piɛn^{213}用缝纫机缲边/撬边 tɕ^{h}iau^{31}piɛn^{213}手工缲边

鞔鞋帮儿　缉鞋帮子 tɕ^{h}i$^{55-31}$xai^{24}paŋ^{31}tsɿ^{0}

纳鞋底　打鞋底 ta^{213}xai^{24}ti^{213}

钉扣子　钉扣子 tiən$^{53-24}$kiəu^{53}tsɿ^{0}

绣花儿　绣花 ɕiəu$^{53-24}$xua^{31}

打补丁　打补巴 ta^{213}pu$^{213-24}$pa^{31}/补补巴 pu^{213}pu$^{213-24}$pa^{31}

做被卧　做被幠 tso$^{53-24}$p^{h}ei^{31}u^{31}

洗衣服　洗衣 ɕi^{213}i^{31}

洗一水一次　洗一水 ɕi^{213}i^{0}ʂʮei^{213}

投用清水漂洗　投水 t^{h}əu^{213}ʂʮei^{213}

晒衣服　晒衣 ʂai$^{53-24}$i^{31}

晾衣服　晾衣裳 laŋ^{31}i^{31}ʂaŋ^{0}

浆衣服　浆衣裳 tɕiaŋ^{31}i^{31}ʂaŋ^{0}

熨衣服	熨衣裳 t^{h}aŋ$^{53-24}$i^{31}ʂaŋ^{0}

(2) 食

生火	生火 sən^{31}xo^{213}/兴$^{=}$火 ɕiən^{31}xo^{213}
做饭 总称	烧饭 ʂau^{31}fan^{31}/煮饭 tʂu^{213}fan^{31}
淘米	洗米 ɕi$^{213-24}$mi^{213}
和面	和面 xo^{24}miɛn^{31}
揉面	揉面 ȵiəu^{24}miɛn^{31}
擀面条	擀面 kon$^{213-24}$miɛn^{31}
抻面条	扯面 tʂ^{h}ɛ$^{213-24}$miɛn^{31}
蒸馒头	蒸馍馍 tʂən^{31}mo^{24}mo^{0}
择菜	拣菜 kan$^{213-24}$ts^{h}ai^{53}
做菜 总称	烧菜 ʂau^{31}ts^{h}ai^{53}
做汤	烧汤 ʂau^{31}t^{h}aŋ^{31}/打汤 ta^{213}t^{h}aŋ^{31}
饭好了 包括饭菜	饭熟了 fan^{31}ʂʮ^{31}tso^{0}
(饭)生	夹生 ka$^{55-31}$sən^{31}
开饭	开席 k^{h}ai^{31}ɕi^{31} 正式场合/吃饭了 tɕ^{h}i^{31}fan^{31}liau^{0} 非正式场合
盛饭	盛饭 tʂ^{h}ən^{24}fan^{31}
端	端饭 ton^{31}fan^{31}
吃饭	吃饭 tɕ^{h}i^{31}fan^{31}
搛菜	搛菜 kan^{31}ts^{h}ai^{53}
舀汤	盛汤 tʂ^{h}ən^{24}t^{h}aŋ^{31}
吃早饭	吃早饭 tɕ^{h}i$^{55-31}$tsau$^{213-21}$fan^{0}
吃午饭	吃中饭 tɕ^{h}i$^{55-31}$tʂoŋ^{31}fan^{0}
吃晚饭	吃晚饭 tɕ^{h}i$^{55-31}$uan$^{213-21}$fan^{0}
吃零食	吃零嘴 tɕ^{h}i$^{55-31}$liən^{24}tsei^{213}
使筷子	用筷子 ioŋ^{31}k^{h}uai^{53}tsɿ^{0}
肉不烂	肉[没有]烂 ʐəu^{55}miəu^{213}lan^{31}
嚼不动	嚼不动 tɕ^{h}io^{31}pu^{0}t^{h}oŋ^{31}/咬不动 ŋau$^{213-21}$pu^{0}t^{h}oŋ^{31}

（吃饭）噎住了　　哽着 kən$^{213-21}$tʂo^{0}

打嗝儿吃饭后　　打饱嗝 ta$^{213-24}$pau$^{213-21}$kiɛ^{0}

（吃得太多了）撑着了　　胀着tʂaŋ^{53}tʂo^{0}

嘴没味儿　　嘴［没有］得味 tsei^{213}miəu^{213}tɛ^{55}uei^{31}

喝茶　　喝茶 xo$^{55-31}$tʂʰa^{24}

喝酒　　喝酒 xo$^{55-31}$tɕiəu^{213}

抽烟　　吃烟 tɕi$^{55-31}$iɛn^{31}

饿了　　饿着 ŋo^{31}tʂo^{0}

（3）住

起床　　起来 tɕʰi$^{213-21}$lai^{0}

洗手　　洗手 ɕʰi$^{213-24}$ʂəu^{213}

洗脸　　洗脸 ɕʰi$^{213-24}$liɛn^{213}

漱口　　顾=嘴 ku^{53}tsei^{213}

刷牙　　洗嘴 ɕʰi$^{213-24}$tsei^{213}/刷牙 ʂʮ$^{55-31}$ia^{24}

梳头　　梳头 səu^{31}tʰəu^{24}

梳辫子　　梳辫子 səu^{31}pʰiɛn^{31}tsɿ^{0}

扎辫子　　扎辫子tʂa^{55}pʰiɛn^{31}tsɿ^{0}

梳髻　　梳巴巴髻 səu^{31}pa^{31}pa^{31}tɕiəu^{31}

剪指甲　　剪指崁 tɕiɛn^{213}tʂʅ^{31}kʰan^{24}/剪指甲 tɕiɛn^{213}tʂʅ^{31}kʰa^{55}

掏耳朵　　掏耳刀 tʰau^{31}ʐo$^{213-24}$tau^{31}

洗澡　　洗澡 ɕi$^{213-24}$tsau^{213}

擦澡　　抹澡 ma^{31}tsau^{213}

小便动词　　屙尿 uo^{31}niau^{31}/解小手 kai^{213}ɕiau$^{213-24}$ʂəu^{213}

大便动词　　屙屎 uo^{31}ʂʅ^{213}/解大手 kai^{213}ta^{31}ʂəu^{213}

乘凉　　乘凉tʂʰən^{24}liaŋ^{24}

晒太阳　　晒太阳 ʂai$^{53-24}$tʰai^{53}iaŋ^{0}

烤火（取暖）　　烘火 xoŋ^{31}xo^{213}

点灯　　点灯 tiɛn$^{213-24}$tən^{31}

熄灯　　吹灯tʂʰɥei^{31}tən^{31}

歇歇休息一会儿　　歇下子 ɕiɛ^{55}xa^{0}tsɿ^{0}

打盹儿　　参⁼恶⁼tsʰon^{31}ŋo^{55}

打哈欠　　打咋呼子 ta$^{213-24}$tʂa^{31}xu^{0}tsɿ^{0}

铺床　　铺床 pʰu^{31}tʂʰɥaŋ^{24}

躺下　　困着 kʰuən^{53}tsɿ^{0}

躺下来　　困下来 kʰuən^{53}xa^{0}lai^{0}

睡着了　　困着着 kʰuən$^{53-24}$tʂʰo^{31}tsɿ^{0}

打呼　　打呼 ta$^{213-24}$xu^{31}

睡不着　　困不着 kuən^{53}pu^{24}tʂʰo^{31}

睡午觉　　午睡 u$^{213-24}$ʂɥei^{24}

仰面睡　　仰着困 ȵiaŋ$^{213-21}$tʂo^{0}kʰuən^{53}

侧着睡　　侧着困tʂʰɛ^{55}tʂo^{0}kʰuən^{53}

趴着睡　　趴着困 pʰa^{31}tʂo^{0}kʰuən^{53}

抽筋了　　抽筋tʂʰəu^{31}tɕiən^{31}/救⁼筋 tɕiən$^{53-24}$tɕiən^{31}

做梦　　梦梦 tso$^{53-24}$moŋ^{31}

说梦话　　讲梦话 kaŋ^{213}moŋ^{31}xua^{31}

魇住了　　鬼压着 kuei^{213}kʰa^{55}tso^{0}

熬夜　　熬夜 ŋau^{24}iɛ^{31}

开夜车　　开夜车 kʰai^{31}iɛ^{31}tʂʰɛ^{31}

(4) 行

下地去地里干活　　做事 tso$^{53-24}$sɿ^{31}

上工　　上工 ʂaŋ^{31}koŋ^{31}

收工　　收工 ʂəu^{31}koŋ^{31}

出去了　　出去着tʂɥ^{55}tɕi^{0}tʂo^{0}

回家了　　家来着 ka^{31}lai^{0}tʂo^{0}

逛街　　上街 ʂaŋ^{31}kai^{31}

散步　　散步 san^{53}p^{h}u^{31}

拾柒　讼事

打官司　　打官司 ta$^{213-24}$kon^{31}sɿ^{0}

告状动宾　　告状 kau$^{53-24}$tʂ^{h}ɥaŋ^{31}

原告　　原告 ɥɛn^{24}kau^{53}

被告　　被告 p^{h}ei^{31}kau^{53}

状纸　　状子 tʂ^{h}ɥaŋ^{31}tsɿ^{0}

坐堂　　坐堂 ts^{h}o^{31}t^{h}aŋ^{24}

退堂　　退堂 t^{h}ei$^{53-24}$t^{h}aŋ^{24}

问案　　问案 uən^{31}ŋon^{53}

过堂　　过堂 ko$^{53-24}$t^{h}aŋ^{24}

证人　　证人 tʂən^{53}ʐən^{0}

人证　　人证 ʐən^{24}tʂən^{53}

物证　　物证 uɛ^{55}tʂən^{53}

对证　　对质 tei$^{53-24}$tʂʅ^{55}

刑事　　刑事 ɕiən^{24}sɿ^{31}

民事　　民事 miən^{24}sɿ^{31}

家务事清官难断~　　家务事 tɕia^{31}u^{0}sɿ^{0}

律师　　律师 li$^{53-24}$sɿ^{31}

笔刀　　笔刀 pi$^{55-31}$tau^{31}

服　　服 fu^{31}

不服　　不服 pu$^{55-31}$fu^{31}

上诉　　上诉 ʂaŋ^{31}səu^{53}

宣判　　宣判 ɕiɛn^{31}p^{h}on^{53}

招认　　招供 tʂau^{31}koŋ^{53}

口供　　口供 kiəu$^{213-24}$koŋ^{53}

供~出同谋　　供 koŋ^{31}

同谋　　伙里 xo$^{213-24}$li^{213}

犯法	犯法 fan^{31}fa^{55}
犯罪	犯罪 fan^{31}ts^{h}ei^{31}
诬告	诬告 u^{31}kau^{53}
连坐	连坐 liɛn^{24}ts^{h}o^{31}
保释	保释 pau$^{213-24}$ʂʅ^{55}
取保	取保 ʨ^{h}i$^{213-24}$pau^{213}
逮捕	逮捕 tai$^{213-24}$p^{h}u^{213}
押解	押解 ia$^{55-31}$ʨiai^{213}
囚车	囚车 ʨ^{h}iəu^{24}ʈʂ^{h}ɛ^{31}
贪官	贪官 t^{h}oŋ^{31}kon^{31}
受贿	受贿 səu^{31}xuei^{31}
行贿	行贿 ɕiən^{24}xuei^{31}
罚款	罚款 fa^{31}k^{h}on^{213}
斩首	杀头 ʂa^{31}t^{h}əu^{24}
枪毙	枪毙 ʨiaŋ^{31}pi^{24}/枪决 ʨiaŋ^{31}ʈʂʯɛ^{55}
斩条插在死囚背后验明正身的木条	生死牌 sən^{31}sɿ^{213}p^{h}ai^{24}
拷打	打 ta^{213}
打屁股旧时刑罚	打板子 ta$^{213-24}$pan$^{213-21}$tsɿ^{0}
上枷	夹板 ka$^{55-31}$pan^{213}
手铐	手镣 ʂəu$^{213-24}$liau^{24}
脚镣	脚镣 ʨio$^{55-31}$liau^{24}
绑起来	捆起来 kuən$^{213-21}$ʨi^{0}lai^{0}
囚禁起来	关起来 kuan^{31}ʨi^{0}lai^{0}
坐牢	坐牢 ts^{h}o^{31}lau^{24}/坐班房 ts^{h}o^{31}pan^{31}fan^{24}
探监	探监 t^{h}on$^{53-24}$ʨiɛn^{31}
立字据	立字据 li^{31}ts^{h}ɿ^{31}ʈʂʯ^{53}
画押	画押 xua^{31}ia^{55}
按手印	捺手腥 na^{55}ʂəu$^{213-24}$lo^{24}/按手印 ŋan^{53}ʂəu$^{213-24}$iən^{53}
收租	收租 ʂəu^{31}tsəu^{31}

地租	地租 t^{h}i^{31}tsəu^{31}
地契	地契 t^{h}i^{31}tɕ^{h}i^{55}
纳税	交税 tɕiau^{31}ʂɥei^{53}
执照	执照tʂʅ^{55}tʂau^{53}
告示	告示 kau^{53}ʂʅ^{55}
通知	通知 t^{h}oŋ^{31}tʂʅ^{31}
路条	路条 ləu^{31}t^{h}iau^{24}
命令	命令 miən^{31}liən^{31}
印官方图章	官印 kon^{31}iən^{53}
交代把经手的事务移交给接替的人	交代 tɕiau^{31}t^{h}ai^{0}
上任	上任 ʂaŋ^{31}ʐən^{31}
罢免	罢官 pa$^{55-31}$kon^{31}
案卷	案卷 ŋon$^{53-24}$tʂɥɛn^{213}
传票	传票tʂ^{h}ɥɛn^{24}p^{h}iau^{53}

拾捌　交际

应酬	应酬 iən^{53}tʂ^{h}əu^{0}
来往	来往 lai^{24}uaŋ^{213}
探视去看望人	看人 k^{h}on$^{53-24}$ʐən^{24}
拜访	拜访 pai$^{53-24}$faŋ^{213}
客人	客人 k^{h}iɛ^{55}ʐən^{0}
请客	请客 tɕ^{h}iən$^{213-24}$k^{h}iɛ^{55}
招待	招待tʂau^{31}t^{h}ai^{0}
男客	男客 non^{24}k^{h}iɛ^{55}
女客	女客 ȵɥ^{213}k^{h}iɛ^{55}
送礼	送礼 soŋ$^{53-24}$li^{213}
人情	人情 ʐən^{24}tɕ^{h}iən^{24}
做客	做客 ʐo$^{53-24}$k^{h}iɛ^{55}
陪客动宾	陪客 p^{h}ei^{24}k^{h}iɛ^{55}

送客	送客 soŋ$^{53-24}$k^{h}iɛ^{55}
不送了主人说的客气话	不送了 pu^{55}soŋ^{53}liau^{0}
谢谢	难为 nan^{24}uei^{31}
不客气	莫客气 mo^{31}k^{h}iɛ^{55}tɕ^{h}i^{0}
摆酒席	办酒席 p^{h}an^{31}tɕiəu$^{213-24}$ɕi^{31}
一桌酒席	一桌饭 i$^{55-31}$tʂo$^{55-31}$fan^{31}搞～/一桌酒 i$^{55-31}$tʂo$^{55-31}$tɕiəu^{213}办～
请帖	请帖 tɕ^{h}iən$^{213-24}$t^{h}iɛ^{55}/帖子 t^{h}iɛ^{55}tsɿ^{0}
下请帖	下帖子 ɕia^{53}t^{h}iɛ^{55}tsɿ^{0}
入席	入席 ɥ$^{55-31}$ɕi^{31}/上席 ʂaŋ^{31}ɕi^{31}
上菜	上菜 ʂaŋ^{31}ts^{h}ai^{53}
斟酒	筛酒 ʂai^{31}tɕiəu^{213}
劝酒	劝酒tʂ^{h}ɥɛn$^{53-24}$tɕiəu^{213}/攮$^{=}$酒 naŋ^{31}tɕiəu^{213}
干杯	喝干 xo$^{55-31}$kon^{31}/干杯 kon^{31}pei^{31}
行酒令	划拳 xua^{24}tʂ^{h}ɥɛn^{24}
（他们两人）不和	对头 tei^{53}t^{h}əu^{0}
冤枉	冤枉 ɥaŋ^{31}uaŋ^{0}
插嘴	插嘴tʂ^{h}a$^{55-31}$tsei^{213}
摆架子	端架子 ton^{31}ka^{53}tsɿ^{0}
装傻	装佯tʂɥaŋ^{31}iaŋ^{24}
出洋相	出洋相tʂ^{h}ɥ$^{55-31}$iaŋ^{24}ɕiaŋ^{53}
丢人	丢人 tiəu^{31}ʐən^{24}
巴结	巴结 pa^{31}tɕi^{0}
看得起	看得起 k^{h}on^{53}tɛ^{0}tɕi^{213}
看不起	看不起 k^{h}on^{53}pu^{0}tɕi^{213}
合伙儿	□伙tʂ^{h}a$^{213-24}$xo^{213}
答应	答应 ta^{55}iən^{0}
不答应	不答应 pu$^{55-31}$tai^{55}iən^{0}
撵出去	撵走 ȵiɛn$^{213-24}$tsəu^{213}/赶走 kon$^{213-24}$tsəu^{213}

浮夸	呵卵脬 $xo^{31}lon^{213-24}p^{h}au^{31}$

拾玖　商业、交通

(1) 经商行业

招牌	牌子 $p^{h}ai^{24}ts\eta^{0}$
广告	广告 $kua\eta^{213-24}kau^{53}$
开铺子	开店 $k^{h}ai^{31}ti\varepsilon n^{53}$
铺面商店的门面	门面 $m\partial n^{24}mi\varepsilon n^{31}$
摆摊子	摆摊子 $pai^{213-24}t^{h}an^{31}ts\eta^{0}$
柜台	柜台 $k^{h}uei^{31}t^{h}ai^{24}$
做生意	做生意 $tso^{53}s\partial n^{31}i^{0}$
旅店	旅社 ɥ$^{213-24}$ʂɛ^{31}
饭馆	饭店 $fan^{31-33}ti\varepsilon n^{53}$
堂倌儿	跑堂的 $p^{h}au^{24}t^{h}a\eta^{24}ti^{0}$
布店	布店 $pu^{53-24}ti\varepsilon n^{53}$
百货店	百货店 $p\varepsilon^{55}xo^{53}ti\varepsilon n^{53}$
杂货店	杂货店 $tsa^{55}xo^{53}ti\varepsilon n^{53}$
粮站	粮站 liaŋ^{24}tʂan^{53}
理发店	剃头店 $t^{h}i^{53-24}t^{h}\partial u^{24}ti\varepsilon n^{53}$
理发	剃头 $t^{h}i^{53-24}t^{h}\partial u^{24}$
刮胡子	刮胡子 $kua^{55-31}xu^{24}ts\eta^{0}$
肉铺	肉店 ʐəu^{55}tiɛn^{53}
杀猪	杀猪 ʂa^{31}tʂɥ^{31}
油坊	油坊 $i\partial u^{24}fa\eta^{31}$
租房子	租屋 $ts\partial u^{31}u^{55}$

(2) 经营、交易

开业	开张 $k^{h}ai^{31}$tʂaŋ^{31}/开业 $k^{h}ai^{31}$ȵiɛ^{55}
停业	歇业 ɕiɛ^{55}ȵiɛ^{55}/停业 $t^{h}i\partial n^{24}$ȵiɛ^{55}
盘点	盘点 $p^{h}on^{24}ti\varepsilon n^{213}$

柜台	柜台 k^{h}uei^{31}t^{h}ai^{24}
开价	开价 k^{h}ai^{31}tɕia^{53}/出价tʂ^{h}ʮ^{31}tɕia^{53}
还价	还价 xuai^{24}tɕia^{53}
(价钱)便宜	巧 ɕiau^{213}
(价钱)贵	贵 kuei^{53}
买卖好	生意好 sən^{31}i^{0}xau^{213}
工钱	工钱 koŋ^{31}tɕ^{h}iɛn^{0}古/工资 koŋ^{31}tsɿ^{31}今
本钱	本钱 pən$^{213-24}$tɕ^{h}iɛn^{0}
保本	保本 pau^{213}pən^{213}
赚钱	赚钱tʂʮɛn$^{53-24}$tɕ^{h}iɛn^{24}
亏本	赔钱 p^{h}ei^{24}tɕ^{h}iɛn^{24}/折本 ʂɛ^{31}pən^{213}
路费	盘缠 pon^{24}tʂ^{h}an^{0}
利息	利息 li^{31}ɕi^{55}
欠 ~他三元钱	差tʂ^{h}a^{31}
差 ~五角十元,即九元五角	差tʂ^{h}a^{31}
押金	押金 ia$^{55-31}$tɕiən^{31}

(3) 账目、度量衡

账房	账房tʂaŋ$^{53-24}$faŋ^{24}
开支	开销 k^{h}ai^{31}ɕiau^{31}/开支 k^{h}ai^{31}tʂʅ^{31}
收账 记收入的账	进账 tɕiən$^{53-24}$tʂaŋ^{53}
出账 记付出的账	出账tʂ^{h}ʮ$^{55-31}$tʂaŋ^{53}
欠账	欠账 tɕ^{h}iɛn$^{53-24}$tʂaŋ^{53}
要账	讨债 t^{h}au$^{213-24}$tʂai^{53}/收账 ʂəu^{31}tʂaŋ^{53}
烂账 要不回来的账	烂账 lan^{31}tʂaŋ^{53}/死账 sɿ^{213}tʂaŋ^{53}
发票	发票 fa$^{55-31}$p^{h}iau^{53}
收据	收据 ʂəu^{31}tʂʮ^{53}
存款	存款 ts^{h}ən^{24}k^{h}on^{213}
整钱	整钱tʂən^{213}tɕ^{h}iɛn^{24}

零钱　零钱 liən^{24}tɕ^{h}iɛn^{24}

票$_{\text{纸币}}$　纸票子 tʂʅ^{213}p^{h}iau^{53}tsɿ^{0}

硬币　角子 ko^{55}tsɿ^{0}

铜板儿　铜钱 t^{h}oŋ^{24}tɕ^{h}iɛn^{24}/铜钞 t^{h}oŋ^{24}tʂ^{h}au^{53}

银元　光洋 iəu^{24}ɥɛn^{24}/袁大头 ɥɛn^{24}ta$^{31-33}$t^{h}əu^{24}

一分钱　一分钱 i$^{55-31}$fən^{31}tɕ^{h}iɛn^{24}

一角钱　一毛钱 i$^{55-31}$mau^{24}tɕ^{h}iɛn^{24}

一块钱　一块钱 i$^{55-31}$k^{h}uai$^{53-24}$tɕ^{h}iɛn^{24}

十块钱　十块钱 ʂʅ^{31}k^{h}uai$^{53-24}$tɕ^{h}iɛn^{24}

一百块钱　一百块钱 i$^{55-31}$pɛ^{55}k^{h}uai$^{53-24}$tɕ^{h}iɛn^{24}

算盘　算盘 soŋ^{53}pon^{24}

天平　天平 t^{h}iɛn^{31}p^{h}iən^{24}

戥子$_{\text{等子}}$　等子 tən^{31}tsɿ^{0}

秤　秤 tʂ^{h}ən^{53}

磅秤　磅秤 paŋ$^{53-24}$tʂ^{h}ən^{53}

秤盘　秤盘 tʂ^{h}ən$^{53-24}$p^{h}on^{24}

秤星儿　秤星 tʂ^{h}ən$^{53-24}$ɕiən^{31}

秤杆儿　秤杆子 tʂ^{h}ən$^{53-24}$kon$^{213-21}$tsɿ^{0}

秤钩　秤钩子 tʂ^{h}ən$^{53-24}$kiəu^{31}tsɿ^{0}

秤锤　秤锤 tʂ^{h}ən^{53}t^{h}o^{24}

（称物时）秤尾高　翘 tɕ^{h}iau^{53}/红 xoŋ^{24}

（称物时）秤尾低　溜 liəu^{31}

（4）交通

火车　火车 xo$^{213-24}$tʂ^{h}ɛ^{31}

火车站　火车站 xo$^{213-24}$tʂ^{h}ɛ^{31}tʂan^{53}

公路　公路 koŋ^{31}ləu^{31}/马路 ma^{213}ləu^{31}

汽车　汽车 tɕ^{h}i$^{53-24}$tʂ^{h}ɛ^{31}

客车　客车 k^{h}iɛ$^{55-31}$tʂ^{h}ɛ^{31}

货车　货车 xo$^{53-24}$tʂ^{h}ɛ^{31}

小轿车　　轿车 tɕ^{h}iau^{31}tʂ^{h}ɛ^{31}

摩托车　　摩托车 mo^{24}t^{h}o^{55}tʂ^{h}ɛ^{31}

三轮车载人的　　三轮车 san^{31}lən^{24}tʂ^{h}ɛ^{31}

平板三轮车拉货的　　三轮车 san^{31}lən^{24}tʂ^{h}ɛ^{31}

自行车　　自行车 ts^{h}ɿ^{31}ɕiən^{24}tʂ^{h}ɛ^{31}

轮船　　轮船 lən^{24}tʂ^{h}ʯɛn^{24}

过摆渡坐船过河　　过渡 ko$^{53-24}$t^{h}əu^{31}

渡口　　渡口 t^{h}əu^{31}k^{h}iəu^{213}

渡船　　渡船 t^{h}əu^{31}tʂ^{h}ʯɛn^{24}

贰拾　文化教育

（1）学校

学校　　学堂 ɕio^{31}t^{h}aŋ^{24}

上学开始上小学　　念书 ȵiɛn^{53}ʂʯ^{31}

上学去学校上课　　到学 tau$^{53-24}$ɕio^{31}

放学上完课回家　　放学 faŋ$^{53-24}$ɕio^{31}

逃学　　逃学 t^{h}au^{24}ɕio^{31}

托儿所　　托儿所 t^{h}o$^{55-31}$ʐo^{24}so^{213}

私塾　　私塾 sɿ^{31}ʂʯ^{53}

学费　　学费 ɕio^{31}fei^{53}

放假　　放假 faŋ$^{53-24}$tɕia^{213}

暑假　　暑假 ʂʯ$^{213-24}$tɕia^{213}

寒假　　寒假 xon^{24}tɕia^{213}

请假　　请假 tɕ^{h}iən$^{213-24}$tɕia^{213}

（2）教室、文具

教室　　教室 tɕiau$^{53-24}$ʂʅ^{53}

上课　　上课 ʂaŋ^{31}k^{h}o^{53}

下课　　下课 xia^{31}k^{h}o^{53}

讲台　　讲台 tɕiaŋ$^{213-24}$t^{h}ai^{24}

黑板　黑板 xε$^{55-31}$pan^{213}

粉笔　粉笔 fən$^{213-24}$pi^{55}

板擦儿　黑板擦 xε$^{55-31}$pan^{213}ts^{h}a^{55}

点名册　点名簿 tiεn$^{213-24}$miən^{24}p^{h}u^{31}

戒尺　戒尺 kai$^{53-24}$ʈʂʅ^{55}

笔记本　笔记簿 pi$^{55-31}$tɕi$^{53-24}$pən^{213}

课本　课本 k^{h}o^{24}pən^{213}/书本 ʂɥ^{31}pən^{213}

铅笔　铅笔 k^{h}an^{31}pi^{55}

橡皮　橡皮 ɕiaŋ$^{53-24}$p^{h}i^{24}

卷笔刀　绞笔刀 tɕiau$^{213-24}$pi^{55}tau^{31}

圆规　圆规 ɥεn^{24}kuei^{31}

三角尺　三角尺 san^{31}ko^{55}ʈʂ^{h}ʅ^{55}

作文本　作文本 ʐo$^{55-31}$uən^{24}pən^{213}/作文簿 ʐo$^{55-31}$uən^{24}p^{h}u^{31}/作业本子 ʐo^{55}ȵiε^{55}pən$^{213-21}$tsʅ^{0}

大字本　大字簿 ta^{31}ts^{h}ʅ$^{31-33}$p^{h}u^{31}

描红本　描红本子 miau^{24}xoŋ^{24}pən$^{213-21}$tsʅ^{0}

钢笔　水笔 ʂɥei$^{213-24}$pi^{55}

毛笔　毛笔 mau^{24}pi^{55}

笔帽保护毛笔头的　笔套子 pi$^{55-31}$t^{h}au^{53}tsʅ^{0}

笔筒子　笔筒子 pi$^{55-31}$t^{h}oŋ^{24}tsʅ^{0}

砚台　砚台 ȵiεn$^{53-24}$t^{h}ai^{24}/砚池 ȵiεn$^{53-24}$ʈʂ^{h}ʅ^{24}

研墨动宾　磨墨 mo^{24}mε^{55}

墨盒儿　墨盒子 mε$^{55-31}$xo^{31}tsʅ^{0}

墨汁　墨汁 mε^{55}ʈʂʅ^{55}

掭笔动宾　掭笔 t^{h}iεn$^{213-24}$pi^{55}

墨水儿　墨水 mε$^{55-31}$ʂɥei^{213}

书包　书包 ʂɥ^{31}pau^{31}

圆珠笔　油笔 iəu^{24}pi^{55}/圆子笔 ɥεn^{24}tsʅ^{213}pi^{55}

(3) 读书识字

读书人　念书的 ȵiɛn^{31}ʂɥ^{31}ti^{0}
识字的　识字的 ʂʅ^{31}ts^{h}ʅ^{31}ti^{0}
读书　念书 ȵiɛn^{31}ʂɥ^{31}
背书　背书 p^{h}ei^{31}ʂɥ^{31}
考试　考试 k^{h}au$^{213-24}$ʂʅ^{53}
考卷　试卷 ʂʅ$^{53-24}$tʂɥɛn^{53}
满分　满分 mon$^{213-24}$fən^{31}
零分　零分 liən^{24}fən^{31}/零蛋 liən^{24}tan^{53}
头名　第一名 t^{h}i^{31}i^{55}miən^{24}
末名　倒数第一 tau$^{53-24}$səu^{213}t^{h}i^{31}i^{55}
毕业　毕业 pi^{55}ȵiɛ^{55}
肄业　肄业 i$^{53-24}$ȵiɛ^{55}
文凭　文凭 uən^{24}p^{h}iən^{24}

(4) 写字

大楷　大楷 ta^{31}k^{h}ai^{213}
小楷　小楷 ɕiau$^{213-24}$k^{h}ai^{213}
字帖　字帖 ts^{h}ʅ^{31}t^{h}iɛ^{55}
错别字　白字 p^{h}ɛ^{31}ts^{h}ʅ^{31}
草稿　草稿 ts^{h}au$^{213-24}$kau^{213}
誊　誊 t^{h}ən^{24}
一点　一点 i$^{55-31}$tiɛn^{213}
一横　一横 i$^{55-31}$xuən^{24}
一竖　一竖 i$^{55-31}$tʂ^{h}ʅ^{31}
一撇　一撇 i^{55}p^{h}iɛ^{213}
一捺　一捺 i^{55}na^{53}
一勾　一勾 i$^{55-31}$kiəu^{31}
一挑（提）　一提 i^{55}t^{h}i^{55}
一画　一画 i$^{55-31}$xua^{31}

偏旁儿	偏旁 p^{h}iɛn^{31}p^{h}aŋ^{24}
立人儿（亻）	单人旁 tan^{31}ʐən^{24}p^{h}aŋ^{24}
双立人儿（彳）	双人旁 ʂʮaŋ^{31}ʐən^{24}p^{h}aŋ^{24}
宝盖儿（宀）	宝盖头 pau^{213}kai$^{53-24}$t^{h}əu^{24}
竖心旁（忄）	竖心旁 ʂʮ^{31}ɕiən^{31}p^{h}aŋ^{24}
四点水（灬）	四点水 sɿ^{53}tiɛn$^{213-24}$ʂʮei^{213}
三点水	三点水 san^{31}tiɛn$^{213-24}$ʂʮei^{213}
两点水	两点水 liaŋ$^{213-24}$tiɛn$^{213-24}$ʂʮei^{213}
病旁儿（疒）	病字头 p^{h}iən^{31}ts^{h}ɿ^{0}t^{h}əu^{24}
走之儿（辶）	走之旁 tsəu$^{213-24}$tʂʅ^{31}p^{h}aŋ^{24}
绞丝旁（纟）	绞丝旁 tɕiau$^{213-24}$sɿ^{31}p^{h}aŋ^{24}
提手旁（扌）	提手旁 t^{h}i^{24}ʂəu^{213}p^{h}aŋ^{24}
草字头（艹）	草字头 ts^{h}au$^{213-21}$ts^{h}ɿ^{0}t^{h}əu^{24}

贰拾壹　文体活动

（1）游戏、玩具

风筝	风筝 foŋ^{31}tsən^{31}
捉迷藏	躲猫 to$^{213-24}$mau^{31}
踢毽儿	踢燕子 t^{h}i^{55}iɛn^{53}tsɿ^{0}
抓子儿用几个石子儿，扔起其一，做规定动作后再接住	打子 ta$^{213-24}$tsɿ^{213}
打水漂儿在水面上掷瓦片	打水漂子 ta^{213}ʂʮei$^{213-24}$p^{h}iau^{31}tsɿ^{0}
跳房子	跳房子 t^{h}iau$^{53-24}$faŋ^{24}tsɿ^{0}
翻绳两人轮换翻动手指头上的细绳，变出各种花样	翻鼓 fan^{31}ku^{213}
出谜语	打妹子 ta$^{213-24}$mei^{31}tsɿ^{0}
猜谜儿	猜妹子 ts^{h}ai^{31}mei^{31}tsɿ^{0}
打纸板	砸瘪$^{=}$ tsa^{55}piɛ^{55}/打纸壳子 ta$^{213-24}$tʂʅ$^{213-24}$k^{h}o^{55}tsɿ^{0}
牌九	牌九 p^{h}ai^{24}tɕiəu^{213}
麻将	麻将 ma^{24}tɕiaŋ^{53}
掷色子	掷色子 tʂʅ^{55}sɛ^{55}tsɿ^{0}

打陀螺　　打陀螺 ta$^{213-24}$t^{h}o^{24}lo^{24}

押宝　　押宝 ŋa$^{55-31}$pau^{213}

爆竹　　火炮 xo$^{213-24}$p^{h}au^{53}

放鞭炮　　放鞭 faŋ$^{53-24}$piɛn^{31}

烟火　　烟花 iɛn^{31}xua^{31}

放花炮　　放烟花 faŋ^{53}iɛn^{31}xua^{31}

双手食指对碰再分开　　斗虫飞 təu$^{53-24}$ʈʂ^{h}oŋ^{24}fei^{31}/斗斗虫 təu$^{53-24}$təu$^{53-24}$ʈʂ^{h}oŋ^{24}

弹玻璃球　　打弹子 ta^{213}t^{h}an^{31}tsi^{213}

弹弓　　皮弹弓 p^{h}i^{24}t^{h}an^{24}koŋ^{31}

变魔术　　玩把戏 uan^{24}pa$^{213-21}$ɕi^{0}/掩眼法 iɛn$^{213-24}$ŋan^{213}fa^{55}

（2）体育

象棋　　象棋 ɕiaŋ^{53}tɕ^{h}i^{24}

下棋　　下棋 ɕia^{53}tɕ^{h}i^{24}

将/帅　　将 tɕiaŋ^{53}/帅 ʂɥai^{53}

士　　士 sɿ^{55}

象（相）　　象（相）ɕiaŋ^{53}

车　　车ʈʂɥ^{53}

马　　马 ma^{213}

炮　　炮 p^{h}au^{53}

兵/卒　　兵 piən^{31}/卒 tsəu^{53}

拱卒　　拱卒 koŋ$^{213-24}$tsəu^{53}

上士　　撑士 ts^{h}ən^{31}sɿ^{55}

落士　　落士 lo$^{55-31}$sɿ^{31}

飞象　　飞象 fei^{31}ɕiaŋ^{53}

将军　　将军 tɕiaŋ^{31}ʈʂɥən^{31}

和棋　　和棋 xo^{24}tɕ^{h}i^{24}

拔河　　拔河 p^{h}a^{31}xo^{24}

游泳　　洗冷水澡 ɕi$^{213-24}$nən$^{213-24}$ʂɥ$^{213-24}$tsau^{213}

仰泳　　仰着划 ȵiaŋ^{213} tʂo^{0} xua^{24}

蛙泳　　趴着划 pʰa^{31} tʂo^{0} xua^{24}

潜水　　□水 lei^{31} ʂɥei^{213}/刷$^{=}$水咪子 ʂɥa$^{55-31}$ ʂɥei$^{213-24}$ mi^{31} tsɿ^{0}

踩水像站在水中一样　　踩水 tsʰai$^{213-24}$ ʂɥei^{213}

划水　　划水 xua^{24} ʂɥei^{213}

打球　　打球 ta$^{213-24}$ tɕʰiəu^{24}

乒乓球　　乒乓球 pʰiən^{31} pʰaŋ^{31} tɕʰiəu^{24}

篮球　　篮球 lan^{24} tɕʰiəu^{24}

排球　　排球 pʰai^{24} tɕʰiəu^{24}

足球　　足球 tsəu^{53} tɕʰiəu^{24}

羽毛球　　羽毛球 ɥ$^{213-24}$ mau^{24} tɕʰiəu^{24}

跳远　　跳远 tʰiau$^{53-24}$ ɥɛn^{213}

跳高　　跳高 tʰiau$^{53-24}$ kau^{31}

（3）武术、舞蹈

翻跟头前后翻滚　　翻跟头 fan^{31} kən^{31} tʰəu^{24}

侧翻跟头　　刷$^{=}$腰子 ʂɥa$^{55-31}$ iau^{31} tsɿ^{0}

倒立　　竖蜻蜓 ʂɥ^{31} ɕiən^{31} tʰiən^{24}

舞狮子　　舞狮子 u$^{213-24}$ sɿ^{31} tsɿ^{0}

舞龙灯　　舞龙灯 u$^{213-24}$ loŋ^{24} tən^{31}

踩高跷　　踩高跷 tsʰai$^{213-24}$ kau^{31} tɕʰiau^{24}

耍流星　　刷$^{=}$流星 ʂɥa$^{55-31}$ liəu^{24} ɕiən^{31}

扭秧歌儿　　扭秧歌 niəu^{31} iaŋ^{31} ko^{31}

打腰鼓　　打腰鼓 ta$^{213-24}$ iau^{31} ku^{213}

跳舞　　跳舞 tʰiau$^{53-24}$ u^{213}

突然　　□猛子 tsʰoŋ^{213} moŋ$^{213-21}$ tsɿ^{0}

（4）戏剧

木偶戏　　木偶戏 mu$^{55-31}$ ŋiəu^{213} ɕi^{55}

皮影戏　　皮影戏 pʰi^{24} iən^{213} ɕi^{55}

大戏大型戏曲，角色多、乐器多、演唱内容复杂　　大戏 ta^{31}ɕi^{53}

京剧　　京剧 tɕiən^{31}tʂʮ^{53}

话剧　　话剧 xua$^{53-24}$tʂʮ^{53}

戏院　　戏院子 ɕi$^{53-24}$ʮɛn^{31}tsʅ^{0}

戏台　　戏台子 ɕi$^{53-24}$t^{h}ai^{24}tsʅ^{0}

演员　　唱戏的 tʂ^{h}aŋ$^{53-24}$ɕi^{53}ti^{0}／戏子 ɕi^{53}tsʅ^{0}

跑龙套的　　跑龙套的 p^{h}au^{24}loŋ^{24}t^{h}au^{53}ti^{0}

黄梅戏　　黄梅戏 xuaŋ^{24}mei^{24}ɕi^{53}

目连戏　　目连戏 mo$^{55-31}$liɛn^{24}ɕi^{53}

丑角　　三花 san^{31}xua^{31}

十番锣鼓　　十番锣鼓 ʂʅ^{31}fan^{31}lo^{24}ku^{213}

贰拾贰　动作

（1）一般动作

站　　站 tʂan^{53}

蹲　　蹲 tən^{31}

跌倒了　　跶倒着 ta^{55}tau^{0}tʂo^{0}／参$^{=}$倒着 ts^{h}on^{31}tau^{0}tʂo^{0}

爬起来　　爬起来 p^{h}a^{24}tɕ^{h}ai^{0}lai^{0}

摇头　　摇头 iau^{24}t^{h}əu^{24}

点头　　点头 tiɛn$^{213-24}$t^{h}əu^{24}

抬头　　抬头 t^{h}ai^{24}t^{h}əu^{24}／昂头 ŋaŋ^{24}t^{h}əu^{24}／仰头 ȵiaŋ^{31}t^{h}əu^{24}

低头　　低头 ti^{31}t^{h}əu^{24}

回头　　回头 xuei^{24}t^{h}əu^{24}

脸转过去　　脸车过去 liɛn^{213}tʂ^{h}ɛ^{31}ko^{0}tɕi^{0}

睁眼　　睁着眼睛 tsən^{31}tʂo^{0}ŋan$^{213-24}$tɕiən^{31}

闭眼　　闭着眼睛 pi^{53}tʂo^{0}ŋan$^{213-24}$tɕiən^{31}

眨眼　　夹眼睛 ka$^{55-31}$ŋan$^{213-24}$tɕiən^{31}

遇见　　碰到 p^{h}oŋ^{53}tau^{0}

看　　看 kan^{53}

瞧	呲 tsʰɿ^{31}
亲嘴	痛嘴 tʰoŋ$^{53-24}$tsei^{213}
嘴巴歪	□嘴 liɛ^{31}tsei^{213}
眼睛乱转	眼睛子乱转 ŋan$^{213-24}$tɕiən^{31}tsɿ^{213}lon^{31}tʂuan^{53}
流眼泪	淌眼睛水 tʰaŋ^{213}ŋan$^{213-24}$tɕiən^{31}ʂuei^{213}
张嘴	咋嘴tʂa^{31}tsei^{213}
闭嘴	抿嘴 miən$^{213-24}$tsei^{213}
噘嘴	翘嘴 tɕʰiau$^{53-24}$tsei^{213}
举手	举手tʂʮ$^{213-24}$ʂəu^{213}
摆手	摇手 iau^{24}ʂəu^{213}
撒手	放手 faŋ$^{53-24}$ʂəu^{213}
伸手	抻手tʂʰʮən^{31}ʂəu^{213}
动手只许动口,不许~	动手 tʰoŋ^{31}ʂəu^{213}
拍手	拍巴掌 pʰɛ$^{55-31}$pa^{31}tʂaŋ^{213}
背着手儿	靠着手 kʰau^{31}tʂo^{0}ʂəu^{213}
笼着手双手交叉伸到袖筒里	笼着手 loŋ$^{213-21}$tʂo^{0}ʂəu^{213}
拨拉	哈= xa^{31}
捂住	碗=起来 uon$^{213-21}$tɕi^{0}lai^{0}
摩挲用手~猫背	摸 mo^{31}
把屎抱持小儿双腿、哄他大便	把屎 pa$^{213-24}$ʂʅ^{213}
把尿	把尿 pa$^{213-24}$ȵiau^{31}
扶着	牵着 tɕʰiɛn^{31}tʂo^{0}
攥起拳头	捏拳子 ȵiɛ$^{55-31}$ tʂʰ uei^{24} tsɿ^{0}/捉拳子 tʂ o$^{55-31}$ tʂʰ uei^{24}tsɿ^{0}
跺脚	跺脚 to^{53}tɕio^{55}
踮脚	踮脚 tiɛn^{53}tɕio^{55}
跷二郎腿	反脚架顺腿 fan$^{213-24}$tɕio^{55}ka^{53}ʂuən$^{53-24}$tʰei^{213} /顺脚架反腿 ʂuən^{53}tɕio^{55}ka^{53}fan$^{213-24}$tʰei^{213}

蜷腿　盘腿 p^{h}on^{24}t^{h}ei^{213}

踢腿　踢腿 t^{h}i$^{55-31}$t^{h}ei^{213}

弯腰　弓着腰 koŋ^{31}ʈʂo^{0}iau^{31}/哈着腰 xa^{31}ʈʂo^{0}iau^{31}/勾着腰 kiəu^{31}ʈʂo^{0}iau^{31}

伸腰　抻腰ʈʂ^{h}ɥən^{31}iau^{31}

乱摸乱动　瞎手瞎捞的 xa$^{55-21}$ʂəu^{213}xa$^{55-31}$lau^{31}ti^{0}

撅屁股　翘屁股 ʨ^{h}iau^{53}p^{h}i$^{53-24}$ku^{213}

捶背　捶背ʈʂ^{h}uei^{24}pei^{53}

休息　歇火 çie$^{55-31}$xo^{213}

擤（鼻涕）　擤鼻子 çiən$^{213-24}$p^{h}i^{31}tsɿ^{0}

吸溜（鼻涕）　嗦鼻子 so^{55}p^{h}i^{31}tsɿ^{0}

打喷嚏　打嚏 ta$^{213-24}$t^{h}i^{53}

打呃　打呃 ta$^{213-24}$ŋiɛ^{55}

闻用鼻子～　哄 xoŋ^{53}

嫌弃　□着 ts^{h}ən$^{213-21}$ʈʂo^{0}

哭　哭 k^{h}u^{55}

扔把没用东西～了　甩 ʂuai^{213}

说　讲 kaŋ^{213}/□ɥɛ^{213}话多，水～/□ɥɛ^{31}发泄不满/唏 çi^{31}/□ɥɛ^{24}大声说

吮吸　嗍 so^{55}/裹 ko^{213}

吐　吐 t^{h}əu^{53}

笑　笑 çiau^{53}

痴笑　孬笑 nau^{31}çiau^{53}/痴笑ʈʂ^{h}ʅ^{31}çiau^{53}

跑　跑 p^{h}au^{24}

走　走 tsəu^{213}

给　把 pa^{213}

放～在桌上　搁 ko^{55}/放 faŋ^{53}

拿　搹 kiɛ^{31}

搀酒里～水　兑 tei^{53}/搀ʈʂ^{h}an^{31}

收拾（东西）	捡 tɕiɛn^{213}
选择	挑挑拣拣 t^{h}iau^{31}t^{h}iau^{31} tɕiɛn$^{213-24}$ tɕiɛn^{213}
提起（东西）	搉 kiɛ^{31}/拎 liən^{31}
擦掉	抹掉 ma^{55}tiau^{0}
丢失	丢掉 tiəu^{31}tiau^{0}/掉着 tiau^{53} tʂo^{0}
找着了	找到着tʂau$^{213-21}$ tau^{0} tʂo^{0}
(把东西）藏（起来）	园 k^{h}aŋ^{53}
(人）藏（起来）	躲 to^{213}
码（起来）	堆 tei^{31}
(小孩哼哼唧唧地)哭	哼哼呲呲 xən^{24}xən^{24}tsɿ^{31}tsɿ^{31}/呲呲啊啊 tsɿ^{31}tsɿ^{31} ŋa^{31}ŋa^{31}
呕吐	哇 ua^{213}
掰	扳 pan^{31}/□p^{h}iɛ^{213}
剥	剥 po^{55}
假哭	假吗哭 tɕia$^{213-24}$ma^{213}k^{h}u^{55}
摸	摸 mo^{31}
(做事）慢	摸 mo^{31}/摸摸索索 mo^{31}mo^{31}so^{55}so^{55}
抓	捉tʂo^{55}
揪	□liɛ^{31}
捏	捏 ȵiɛ^{55}
掐	掐 k^{h}a^{55}
解	解 kai^{213}
推	□naŋ^{213}
敲	敲 k^{h}au^{213}~门/凿 ts^{h}on^{31}~爆栗子，用指关节敲他人脑袋
拍	拍 p^{h}ɛ^{55}
抱	抱 p^{h}au^{31}/□k^{h}a^{31}
揉	揉 ȵiəu^{24}
捋	捋 lo^{213}
拧~开	转tʂɥɛn^{53}

捧	捧 pʰoŋ^{213}
搬	搬 pon^{31}
捺	捺 na^{53}
叠	拖$^{=}$ tʰo^{31}
掖$_{\sim被子}$	抄ʈʂʰau^{31}
扛	驮 tʰo^{24}
撬	撬 tɕʰiau^{31}／□xaŋ^{53}
（往上）扯、拉	拽ʈʂʯai^{53}／掀 ɕiɛn^{24}／□xaŋ$^{31}_{掀开一条小缝}$
折$_{\sim被子}$	折ʈʂɛ^{55}
扭$_{\sim弯}$	□nəu^{53}
夹	卡 kʰa^{213}
点燃	点着 tiɛn$^{213-24}$ ʈʂʰo^{31}
吹灭	吹乌ʈʂʰuei^{31} u^{31}
擦汗	抹汗 ma$^{55-31}$ xon^{31}
啃	□ŋiɛ^{31}
吃	吃 tɕʰi^{55}
喝	喝 xo^{55}／□mi$^{31}_{小口喝酒}$
玩	戏 ɕi^{53}
问	问 uən^{31}
打	打 ta^{213}
接	接 tɕiɛ^{55}
借	借 tɕiɛ^{53}
焯$_{\sim水}$	掸$^{=}$ tan^{213}
剁	□ʈʂan^{31}
（石头）硌脚	砊人 kʰaŋ^{31} ʐən^{0}
补	补 pu^{213}
撕	撕 sɿ^{31}
遗忘	卯$^{=}$ mau^{213}

呕吐	哇 ua^{213}

(2) 心理活动

知道	晓得 ɕiau$^{213-21}$tɛ^{0}
懂了	懂着 toŋ$^{213-21}$ʈʂo^{0}
会了	会着 xuei^{31}ʈʂo^{0}
认识	认得 ʐən^{31}tɛ^{0}
不认识	不认得 pu$^{55-31}$ʐən^{31}tɛ^{0}
识字	认字 ʐən^{31}tsʰɿ^{31}
想想	默默 mɛ^{55}mɛ^{0}
估量	估计 ku$^{213-24}$tɕi^{53}/估大猜 ku^{213}ta$^{53-24}$tsʰai^{31}
想主意	想法子 ɕiaŋ^{213}fa^{55}tsɿ^{0}
猜想	猜 tsʰai^{31}
相信	信 ɕin^{53}
害怕	怕 pʰa^{53}
吓着了	吓倒着 xɛ^{55}tau^{0}ʈʂo^{0}
着急	着急ʈʂau$^{213-24}$tɕi^{55}
挂念	想 ɕiaŋ^{213}
放心	放心 faŋ$^{53-24}$ɕiən^{31}
盼望	望 uaŋ^{31}
巴不得	巴儿不得 pa^{31}tɕi^{0}pu$^{55-31}$tɛ^{55}/巴不得 pa^{31}pu$^{55-31}$tɛ^{55}
记着不要忘	记得 tɕi^{53}tɛ^{0}
忘记了	忘时着 uaŋ^{31}ʂʅ^{0}ʈʂo^{0}
想起来了	想起来着 ɕiaŋ$^{21-213}$tɕʰi^{0}lai^{0}ʈʂo^{0}
谢谢	难为你 nan^{24}uei^{0}n^{213}
忌妒	眼红 ŋan^{213}xoŋ^{24}/妒忌 təu^{53}tɕi^{0}
讨厌	□tsʰən^{213}
讨人厌	得人□tɛ^{55}ʐən^{24}tsʰən^{213}
恨	恨 xən^{31}
怄气	怄气 ŋiəu$^{53-24}$tɕʰi^{55}

抱怨　　埋怨 man^{24}ɥɛn^{0}

生气　　起气 tɕ^{h}i$^{213-24}$tɕ^{h}i^{53}/搞恼着 kau$^{213-24}$nau$^{213-21}$tʂo^{0}

（对物）爱惜　　爱惜 ŋai^{53}ɕi^{0}

（对人）疼爱　　痛 t^{h}oŋ^{53}

喜欢　　欢喜 xon^{31}ɕi^{0}

娇惯　　惯 kuan^{53}

宠爱　　痛 t^{h}oŋ^{53}

心里知道　　有数 iəu$^{213-24}$səu^{53}

满意　　满意 mon$^{213-24}$i^{53}

害羞　　怕丑 p^{h}a$^{53-24}$tʂ^{h}əu^{213}

生怕　　生怕 sən^{31}p^{h}a^{53}

怕得很　　怕死着 p^{h}a^{53}sɿ$^{213-21}$tʂo^{0}

丢脸　　丢丑 tiəu^{31}tʂ^{h}əu^{213}/丢面子 tiəu^{31}miɛn^{53}tsɿ^{0}

发傻　　发孬 fa^{31}nau^{31}/发呆 fa^{31}tai^{53}

（3）语言动作

说话　　讲话 kaŋ$^{213-24}$xua^{31}

不说话　　不作声 pu$^{55-31}$tso$^{53-24}$ʂən^{31}

聊天　　谈白 t^{h}an^{24}p^{h}ɛ^{31}/呱白 kua^{31}p^{h}ɛ^{31}

搭茬儿　　接下巴角 tɕiɛ$^{55-31}$xa^{31}p^{h}a^{0}ko^{55}

骗我~你玩的，不是真的　　哄 xoŋ^{213}/逗 t^{h}əu^{53}

告诉　　跟渠讲 kən^{31}k^{h}iɛ^{24}kaŋ^{213}

抬杠　　吵嘴 tʂ^{h}au^{213}tsei^{213}

顶嘴　　回嘴 xuei^{24}tsei^{213}

吵架　　吵嘴 tʂ^{h}au^{213}tsei^{213}

打架　　打架 ta^{213}tɕia^{53}

挨打　　驮打 t^{h}o^{24}ta^{213}

骂破口骂　　骂 ma^{31}

挨骂　　驮拴 t^{h}o^{24}ʂɥɛn^{31}/驮骂 t^{h}o^{24}ma^{31}

挨说 挨批评　驮骂 t^{h}o^{24}ma^{31}

叨唠　絮叨 ʂʅ^{55}tau^{0}

喊 ~他来　吆 ŋau^{31}

诱惑　降 ɕiaŋ^{24}/撩 liau^{24}

驳斥　驳字眼子 po$^{55-31}$ts^{h}ʅ^{31}ŋan$^{213-21}$tsʅ^{0}

叫门　吆门 ŋau^{31}mən^{24}

难打交道　难缠 nan^{24}tʂ^{h}an^{24}

急着说　抢着讲 tɕ^{h}iaŋ$^{213-21}$tʂo^{0}kaŋ^{213}

不停地大声喊人　唏魂 ɕi^{31}xuən^{24} 比喻

贰拾叁　位置

上面　上头 ʂaŋ^{53}t^{h}əu^{0}/高头 kau^{31}t^{h}əu^{0}

下面　下头 xa^{31}t^{h}əu^{0}/底下 ti^{213}xa^{0}

地下 当心！别掉~了　地上 t^{h}i^{31}ʂaŋ^{0}/地下 t^{h}i^{31}xa^{0}

地上 ~脏极了　地下 t^{h}i^{31}xa^{31}

天上　天上 t^{h}iɛn^{31}ʂaŋ^{0}

山上　山上 ʂan^{31}ʂaŋ^{0}

路上　路上 ləu^{31}ʂaŋ^{0}

街上　街上 kai^{31}ʂaŋ^{0}

墙上　墙高头 tɕ^{h}iaŋ^{24}kau^{31}t^{h}əu^{0}

门上　门高头 mən^{24}kau^{31}t^{h}əu

桌上　桌子高头 tʂo^{55}tsʅ^{0}kau^{31}t^{h}əu

椅子上　椅子高头 i$^{213-21}$tsʅ^{0}kau^{31}t^{h}əu

边儿上　边下 piɛn^{31}xa^{31}

里面　里头 li$^{213-21}$t^{h}əu^{0}

外面　外头 uai^{31}t^{h}əu^{0}

手里　手里头 ʂəu^{213}li$^{213-21}$t^{h}əu^{0}

心里　心里头 ɕiən^{31}li$^{213-21}$t^{h}əu^{0}

野外　外头 uai^{31}t^{h}əu^{0}

大门外	大门外头 ta^{31}mən^{24}uai^{31}tʰəu^{0}
门儿外	门外头 mən^{24}uai^{31}tʰəu^{0}
墙外	墙外头 tɕʰiaŋ^{24}uai^{31}tʰəu^{0}
窗户外头	窗子外头 tʂʰuaŋ^{31}tsɿ^{0}uai^{31}tʰəu^{0}
车上~坐着人	车子高头 tʂʰɛ^{31}tsɿ^{0}kau^{31}tʰəu^{0}/车上 tʂʰɛ^{31}ʂaŋ^{0}
车外~下着雪	车子外头 tʂʰɛ^{31}tsɿ^{0}uai^{31}tʰəu^{0}
前边	前头 tɕʰiɛn^{24}tʰəu^{0}
后边	后头 xəu^{31}tʰəu^{0}
房后	屋后 u^{31}xəu^{31}
背后	后头 xəu^{31}tʰəu^{0}/背后 pei^{53}xəu^{31}
车前	车子前头 tʂʰɛ^{31}tsɿ^{0}tɕʰiɛn^{24}tʰəu^{0}
车后	车子后头 tʂʰɛ^{31}tsɿ^{0}xəu^{31}tʰəu^{0}
以前	前 tɕʰiɛn^{24}/之前 tʂʅ^{31}tɕʰiɛn^{24}
以后	后 xəu^{31}/之后 tʂʅ^{31}xəu^{31}
以上	以上 i$^{213-21}$ʂaŋ^{31}
以下	以下 i$^{213-21}$xa^{31}
东	东 toŋ^{31}
西	西 ɕi^{31}
南	南 non^{24}
北	北 pɛ^{55}
东南	东南 toŋ^{31}non^{24}
西南	西南 ɕi^{31}non^{24}
西北	西北 ɕi^{31}pɛ^{55}
路边儿	路边下 ləu^{31}piɛn^{31}xa^{0}
当间（儿）	中间 tʂoŋ^{31}kan^{31}
床底下	床㞘下 tʂʰʮaŋ^{24}təu^{53}xa^{0}
楼底下	楼㞘下 ləu^{24}təu^{53}xa^{0}
脚底下	脚底板下 tɕio$^{55-31}$ti^{213}pan$^{213-21}$xa^{0}
碗底儿	碗㞘 uon$^{213-24}$təu^{53}

锅底儿　　锅□ko^{31}tәu^{53}

缸底儿　　缸□kaŋ^{31}tәu^{53}

旁边　　边下 piɛn^{31}xa^{31}/边上 piɛn^{31}ʂaŋ^{31}

附近　　边下 piɛn^{31}xa^{31}/边上 piɛn^{31}ʂaŋ^{31}

跟前儿　　边下 piɛn^{31}xa^{31}

什么地方　　么场子 mo$^{213-24}$tʂ^{h}aŋ$^{213-21}$tsɿ^{0}/么位子 mo$^{213-24}$uei^{31}tsɿ^{0}

左边　　反边 fan$^{213-21}$piɛn^{0}

右边　　顺边 ʂʮәn^{31}piɛn^{0}

望里走　　朝里走tʂ^{h}au^{24}li^{213}tsәu^{213}/往里走 uaŋ^{31}li$^{213-24}$tsәu^{213}

望外走　　朝外走tʂ^{h}au^{24}uai^{31}tsәu^{213}/往外走 uaŋ^{31}uai^{31}tsәu^{213}

望东走　　朝东走tʂ^{h}au^{24}toŋ^{31}tsәu^{213}/往东走 uaŋ^{31}toŋ^{31}tsәu^{213}

望西走　　朝西走tʂ^{h}au^{24}ɕi^{31}tsәu^{213}/往西走 uaŋ^{31}ɕi^{31}tsәu^{213}

望回走　　往回走 uaŋ^{31}xuei^{24}tsәu^{213}

望前走　　朝前走tʂ^{h}au^{24}tɕ^{h}iɛn^{24}tsәu^{213}/往前走 uaŋ^{31}tɕ^{h}iɛn^{24}tsәu^{213}

床头　　床头埂$^{=}$tʂ^{h}ʮaŋ^{24}t^{h}әu^{24}kәn^{214}

面前　　跟前 kәn^{31}tɕ^{h}iɛn^{0}/跟头 kәn^{31}t^{h}әu^{0}

贰拾肆　代词等

我　　我 ŋo^{213}

你　　你 n^{213}

他　　渠 k^{h}iɛ^{24}

我们　　我大氏 ŋo^{213}ta^{31}ʂʅ^{0}/我几 ŋo$^{213-21}$tɕi^{0}

你们　　你大氏 n^{213}ta^{31}ʂʅ^{0}/你几 n$^{213-21}$tɕi^{0}

他们　　渠大氏 k^{h}iɛ^{24}ta^{31}ʂʅ^{0}/渠几 k^{h}iɛ^{24}tɕi^{0}

别人　　人家 ʐәn^{24}ka^{0}/旁人 p^{h}aŋ^{24}ʐәn0

大家　　大伙 ta^{31}xo^{213}

谁　　哪个 na$^{213-24}$ko^{53}

这个　　□个 tɛ^{53}ko^{0}

那个	嗯$^{=}$个 n^{53}ko^{0}/兀$^{=}$个 u^{53}ko^{0}/喂$^{=}$个 uei^{53}ko^{0}
哪个	哪个 na$^{213-24}$ko^{53}
这些	□些 tɛ^{53}ɕiɛ^{0}
那些	嗯$^{=}$些 n^{53}ɕiɛ^{0}/兀$^{=}$些 u^{53}ɕiɛ^{0}/喂$^{=}$些 uei^{53}ɕiɛ^{0}
哪些	哪些 na$^{213-21}$ɕiɛ^{0}
这里	□里 tɛ^{53}li^{0}
那里	嗯$^{=}$里 n^{53}li^{0}/兀$^{=}$里 u^{53}li^{0}/喂$^{=}$里 uei^{53}li^{0}
哪里?	哪里 na$^{213-24}$li^{213}
这么（高）	你$^{=}$大（高的）n^{213}ta^{0}（kau^{31}ti^{0}）
这么（做）	□么（做）tɛ^{53}·iaŋ^{31}（tso^{53}）
那么（高）	兀老（高的）u$^{53-24}$（lau$^{213-24}$kau^{31}ti^{0}）
那么（做）	嗯$^{=}$样 n^{53}iaŋ^{31}
怎么（做）?	么样 mo$^{213-24}$·iaŋ^{31}
怎么办?	么样搞 mo$^{213-24}$iaŋ^{31}kau^{213}
为什么?	么话 mo$^{213-24}$xua^{31}/为么事 uei^{53}mo$^{213-24}$sɿ^{31}
什么?	么东子 mo$^{213-24}$toŋ^{31}tsɿ^{0}
多少~钱	几多 tɕi$^{213-24}$to^{31}
多~久、~高、~大、~厚、~重	几 tɕi^{213}
我们俩	我两人 ŋo^{213}liaŋ$^{213-21}$ʐən^{0}
你们俩	尔两人 n^{213}liaŋ$^{213-21}$ʐən^{0}
他们俩	渠两人 k^{h}iɛ^{24}liaŋ$^{213-21}$ʐən^{0}
夫妻俩	夫妻两人 fu^{31}tɕ^{h}i^{31}liaŋ$^{213-21}$ʐən^{0}
娘儿俩母亲和子女	娘儿两人 ȵiaŋ^{24}ʐo^{24}liaŋ$^{213-21}$ʐən^{0}
爷儿俩父亲和子女	父子两人 fu^{31}tsɿ^{213}liaŋ^{213}ʐən^{0}
爷孙俩	爹孙两人 tiɛ^{31}sən^{31}liaŋ$^{213-21}$ʐən^{0}
	奶孙两人 nai^{31}sən^{31}liaŋ$^{213-21}$ʐən^{0}
妯娌俩	处$^{=}$娌两人 tʂ^{h}ʮ$^{213-21}$li^{0}liaŋ$^{213-21}$ʐən^{0}
姑嫂俩	姑嫂两人 ku^{31}sau^{213}liaŋ$^{213-21}$ʐən^{0}

婆媳俩	婆媳两人 p^{h}o^{24} çi^{55} liaŋ$^{213-21}$ ʐən^{0}
兄弟俩	弟兄两人 t^{h}i^{31} çioŋ^{31} liaŋ$^{213-21}$ ʐən^{0}
姐儿俩	姊妹两人 tsɿ$^{213-21}$ mei^{0} liaŋ$^{213-21}$ ʐən^{0}
兄妹俩	姊妹两人 tsɿ$^{213-21}$ mei^{0} liaŋ$^{213-21}$ ʐən^{0}
叔侄俩	叔侄两人 ʂɥ^{55} tʂʅ^{55} liaŋ$^{213-21}$ ʐən^{0}
师徒俩	师徒两人 sɿ^{31} t^{h}əu^{24} liaŋ$^{213-21}$ ʐən^{0}
人们	尔$^{=}$些人 n$^{213-24}$ çiɛ^{31} ʐən^{0}/许多人 ʂɥ$^{213-24}$ to^{31} ʐən^{0}
妯娌们	处$^{=}$娌伙子 tʂ^{h}ɥ$^{213-21}$ li^{0} xo^{213} tsɿ^{0}
弟兄们	弟兄伙子 t^{h}i^{31} çioŋ^{31} xo^{213} tsɿ^{0}
姊妹们	姊妹伙子 tsɿ$^{213-21}$ mei^{0} xo^{213} tsɿ^{0}

贰拾伍　形容词

好这个比那个～些	好 xau^{213}
不错颇好之意	还好 xa^{24} xau^{213}/还要的 xa^{24} iau^{53} tɛ^{0}
差差劲;软弱无能	□xa^{213}
差不多	大差不差 ta^{31} tʂ^{h}a^{31} pu$^{55-33}$ tʂ^{h}a^{31}/差不多 tʂ^{h}a^{31} pu$^{55-31}$ to^{31}
不怎么样	不大好 pu$^{55-31}$ ta$^{53-24}$ xau^{213}/不大么好 pu$^{55-31}$ ta^{31} mo^{0} xau^{213}
不顶事	不经用 pu$^{55-31}$ tɕi^{31} ioŋ^{31}
坏不好	坏 xuai^{31}
次人头儿很～丨东西很～	差 tʂ^{h}a^{31}
美	标致 piau^{31} tʂʅ^{0}/漂亮 p^{h}iau^{53} liaŋ^{0}/好看 xau$^{213-24}$ k^{h}on^{53}一般用于女性/齐整 tɕ^{h}i^{24} tʂən^{0}一般用于男性
丑难看	丑 tʂ^{h}əu^{213}/丑着喝人 tʂ^{h}əu$^{213-21}$ tʂo^{0} xo^{55} ʐən^{0}很丑
热闹	热闹 ɥɛ^{55} nau^{0}
坚固	扎实 tʂa^{55} ʂʅ^{0}
结实	结实 tɕiɛ^{55} ʂʅ^{0}/扎实 tʂa^{55} ʂʅ^{0}/硬朗 ŋiən^{31} laŋ^{0}一般指老年人身体结实

硬	硬 ŋiən^{31}
	铁硬的 tʰiɛ^{55} ŋiən^{31} ti^{0}/邦硬的 paŋ^{31} ŋiən^{31} ti^{0}/硬邦邦的 ŋiən^{31} paŋ^{31} paŋ^{31} ti^{0}
软	□noŋ^{53}/软 ɥɛn^{213}/软和 ɥɛn$^{213-21}$ xo^{0}
	猫软的 mau^{31} ɥɛn^{213} ti^{0}/稀软的 ɕi^{31} ɥɛn^{213} ti^{0}
干净	干净 kon^{31} tɕʰiən^{0}
脏不干净	赖⁼赖⁼ lai^{31} lai^{0}
咸	咸 xan^{24}
	生咸的 sən^{31} xan^{24} ti^{0}
淡不咸	淡 tʰan^{31}
	淡□□的 tʰan^{31} ɥɛ^{31} ɥɛ^{31} ti^{0}程度比淡重，比精淡轻/精淡 tɕiən^{31} tʰan^{31}～无味/精淡的 tɕiən^{31} tʰan^{31} ti^{0}菜～
香	香 ɕiaŋ^{31}
	喷香的 pʰoŋ$^{53-24}$ ɕiaŋ^{31} ti^{0}/香喷喷的 ɕiaŋ^{31} pʰoŋ$^{53-24}$ pʰoŋ^{53} ti^{0}
臭	臭 tʂəu^{53}
	温臭的 uən^{31} tʂəu^{53}/臭死人的 tʂəu^{53} sɿ^{0} ʐən^{24} ti^{0}
酸	酸 son^{31}
	酸叽叽的 son^{31} tɕi^{31} tɕi^{31} ti^{0}多用于人身体，程度比酸重/酸溜溜的 son^{31} liəu^{31} liəu^{31} ti多用于食物。程度比酸重，比温酸轻/温酸的 uən^{31} son^{31} ti^{0}多用于食物
甜	甜 tʰiɛn^{24}
	鲜甜的 ɕiɛn^{31} tʰiɛn^{24}/甜□□的 tʰiɛn^{24} ɥa^{31} ɥa^{31} ti^{0}甜很着
苦	苦 kʰu^{213}
	苦阴阴的 kʰu$^{213-24}$ iən^{31} iən^{31} ti^{0}程度比苦重，比温苦轻
	温苦的 uən^{31} kʰu^{213} ti^{0}/苦得死的 kʰu^{213} tɛ^{0} sɿ^{213} ti^{0}
辣	辣 la^{55}
	辣呵呵的 la^{55} xo^{31} xo^{31} ti^{0}

	太辣 $t^{h}ai^{53-24}la^{55}$/辣很着 $la^{31}xən^{213}tʂo^{0}$/辣得死 $la^{31}tɛ^{0}sɿ^{213}$
冷	冷 $nən^{213}$
	死冷 $sɿ^{213-24}nən^{213}$/冰冷 $piən^{31}nən^{213}$/冷得死 $nən^{213-21}tɛ^{0}sɿ^{213}$比"死"语义重
稀粥太~了	稀 $ɕi^{31}$
	稀溜溜 $ɕi^{31}liəu^{31}liəu^{31}$/稀汤汤 $ɕi^{31}t^{h}aŋ^{31}t^{h}aŋ^{31}$比"稀"语义重
稠粥太~了	硬 $ŋiən^{31}$/浓 $ioŋ^{24}$
稀不密	稀 $ɕi^{31}$
	稀拉拉 $ɕi^{31}la^{31}la^{31}$/稀稀拉拉 $ɕi^{31}ɕi^{0}la^{31}la^{31}$比"稀"语义重
密	□$mən^{213}$/□很着 $mən^{213}xən^{213}tʂo^{0}$比"~"语义重
肥指动物：鸡很~	肥 fei^{24}/壮 $tʂɥaŋ^{53}$
胖指人	胖 $p^{h}aŋ^{53}$
瘦不肥，不胖	瘦 $səu^{53}$
瘦指肉	精 $tɕiən^{31}$
舒服	舒服 $ʂɥ^{31}fu^{0}$
难受	不好过 $pu^{31}xau^{213-24}ko^{53}$/难过 $nan^{24}ko^{53}$
腼腆	怕丑 $p^{h}a^{53}tʂ^{h}əu^{213}$
乖小孩儿真~	乖 $kuai^{31}$
	能 $nən^{24}$小孩聪明，灵活，能说会道
调皮这小孩儿真~	费⁼ fei^{53}/皮 $p^{h}i^{24}$
（这小伙子）真行	真要得 $tʂən^{31}iau^{53}tɛ^{0}$
（那个家伙）不行	不照 $pu^{55}tʂau^{53}$
缺德	缺德 $tʂ^{h}ɥɛ^{55}tɛ^{55}$
机灵	精明 $tɕiən^{31}miən^{0}$
灵巧她有一双~的手	巧 $tɕ^{h}iau^{213}$
糊涂	糊涂 $xu^{24}t^{h}əu^{0}$

死心眼儿	死脑筋 sɿ$^{213-24}$nau$^{213-24}$tɕiən^{31}
脓包无用的人	［没有］益 miəu$^{213-24}$i^{53}/大巴卵 ta^{31}pa^{31}lon^{213}/孬包 nau^{31}pau^{31}
孬种	孬子 nau^{31}tsɿ^{0}
吝啬鬼	小气鬼 ɕiau^{213}tɕʰi^{0}kuei^{213}
小气	尖 tɕiɛn^{31}/抠 kʰiəu^{31}
神气	精味 tɕiən^{31}uei^{53}/精明 tɕiən^{31}miən^{0}
贤惠	停当 tʰaŋ^{0}
（做事）风风火火	泼辣 pʰo^{55}la^{0}
合适	将好 tɕiaŋ^{31}xau^{213}
正合适	将将好 tɕiaŋ^{31}tɕiaŋ^{31}xau^{213}
整鸡蛋吃～的	囫囵 kʰu^{31}lən^{24}
浑～身是汗	周tʂəu^{31}
凸	鼓 ku^{213}
凹	凹 ua^{53}
凉快	凉快 liaŋ^{24}kʰuai^{0}
安静	静反 tɕʰiən^{31}pan^{0}
幸亏	得亏 tɛ$^{55-31}$kʰuei^{31}/得得 tɛ^{55}tɛ^{0}/多亏 to^{31}kʰuei^{31}
活络活动的、不稳固	松皮拉垮的 soŋ^{31}pʰi^{0}la^{31}kʰua$^{213-21}$ti^{0}
整齐	齐整 tcʰi^{24}tʂən^{0}
晚来～了	晏 ŋan^{53}
多	多 to^{31}
少	少 sau^{213}
大	大 ta^{31}
	老大的 lau$^{213-24}$ta^{31}ti^{0}比“大”语义重
小	小 ɕiau^{213}
	滴滴大 ti$^{53-24}$ti$^{53-24}$ta^{31}/点点大 tiɛn$^{213-24}$tiɛn$^{213-24}$ta^{31}比“小”语义重

麻利　　辽⁼翘⁼ liau^{24} tɕʰiau^{0}

出现小坑　　瘪个凼 piɛ^{55} ko^{0} tʰaŋ^{31}

活络　　活络 xuɛ$^{55-31}$ lau^{31}

长$_{\text{时间}}$　　长 tʂʰaŋ^{24}

老长的 lau$^{213-24}$ tʂʰaŋ^{24} ti^{0}$_{\text{比“长”语义重}}$

高$_{\text{高个的人}}$　　长 tʂʰaŋ^{24}

矮$_{\text{矮个的人}}$　　矮 ŋai^{213}

短　　短 ton^{213}

宽　　宽 kʰuɛ^{55}

点点宽 tiɛn$^{213-24}$ tiɛn$^{213-24}$ kʰuɛ^{55}$_{\text{比“宽”语义轻}}$

老宽的 lau^{213} kʰuɛ^{55} ti^{0}$_{\text{很宽}}$

窄　　窄 tsɛ^{55}

点点窄 tiɛn^{213} tiɛn^{213} tsɛ^{55}$_{\text{比“窄”语义重}}$

厚　　厚 xəu^{53}

点点厚 tiɛn$^{213-24}$ tiɛn$^{213-24}$ xəu^{53}$_{\text{比“厚”语义轻}}$

老厚的 lau$^{213-24}$ xəu^{53} ti^{0}$_{\text{很厚}}$

薄　　枵 ɕiau^{31}

庇枵的 pʰi$^{53-24}$ ɕiau^{31} ti^{0}$_{\text{比“枵”语义轻}}$

深　　深 ʂən^{31}

点点深 tiɛn$^{213-24}$ tiɛn$^{213-24}$ ʂən^{31}$_{\text{比“深”语义轻}}$

老深的 lau$^{213-24}$ ʂən^{31} ti^{0}$_{\text{很深}}$

浅　　浅 tɕiɛn^{213}

点点浅 tiɛn$^{213-24}$ tiɛn$^{213-24}$ tɕiɛn^{213}$_{\text{比“浅”语义重}}$

高　　高 kau^{31}

点点高 tiɛn$^{213-24}$ tiɛn$^{213-24}$ kau^{31}/滴滴高 ti^{53} ti^{53} kau^{31}$_{\text{比“高”语义轻}}$

老高的 lau$^{213-24}$ kau^{31} ti^{0}$_{\text{很高}}$

低　　低 ti^{31}

矮	矮 ŋai^{213}
	点点矮 tiɛn^{213} tiɛn^{213} ŋai^{213}/滴滴矮 ti$^{53-24}$ ti$^{53-24}$ ŋai^{213}比“矮”语义重
正	正tʂən^{53}
歪	□liɛ^{31}
斜	斜 ɕiɛ^{24}
红	红 xoŋ^{24}
朱红	大红 ta^{31} xoŋ^{24}
粉红	桃红 t^{h}au^{24} xoŋ^{24}
浅红	淡红 t^{h}an^{31} xoŋ^{24}
蓝	蓝 lan^{24}
浅蓝	淡蓝 t^{h}an^{31} lan^{24}
绿	绿 ləu^{55}
浅绿	淡绿 t^{h}an^{31} ləu^{55}
白	白 p^{h}iɛ^{33}
灰	灰 xuei^{31}
浅灰	淡灰 t^{h}an^{31} xuei^{31}
黄	黄 xuaŋ^{24}
浅黄	淡黄 t^{h}an^{31} xuaŋ^{24}
青	青 tɕ^{h}iən^{31}
紫	紫 tsɿ^{213}
黑	黑 xɛ^{55}
细细碎碎	零二八细的 liən^{24} ʐo^{0} pa$^{55-31}$ ɕi^{53} ti^{0}/零零碎碎的 liən^{24} liən^{24} sei^{53} sei^{53} ti^{0}/杂七杂八的 tsa^{55} tɕ^{h}i^{55} tsa^{55} pa^{55} ti^{0}
没出息的	□xa^{213}
比喻人夹在中间	掉到螺丝缝里着 tiau^{53} tau^{0} lo^{24} sɿ^{31} foŋ^{53} li^{0} tʂo^{0}
要哭不哭的样子	哭□□的 k^{h}u^{55} ʮɛ^{31} ʮɛ^{31} ti^{0}
经常性小吵小闹	呲呲啊啊的 tsɿ^{31} tsɿ^{31} ŋa^{31} ŋa^{31} ti^{0}
东西弯曲或褶皱多	□tɕiəu^{53}

贰拾陆　副词、介词等

刚 我~来，没赶上	将 tɕiaŋ^{31}
刚好 ~十块钱	将好 tɕiaŋ^{31} xau^{213}
刚 不大不小，~合适	正好tʂən$^{53-24}$xau^{213}/将将好 tɕiaŋ^{31} tɕiaŋ^{31} xau^{213}
碰巧 ~我在那儿	正好tʂən$^{53-24}$xau^{213}/正巧tʂən$^{53-24}$tɕ^{h}iau^{213}
只 ~吃米，不吃面	光 kuaŋ^{31}/净 tɕ^{h}iən^{31}
有点儿 天~冷	有滴 iəu$^{213-24}$ti^{53}/有点 iəu$^{213-24}$tiɛn^{213}
也许 明天~要下雨	怕 p^{h}a^{53}/可能 k^{h}o$^{213-24}$nən^{24}
差点儿 ~摔了	好险 xau^{213} ɕiɛn^{213}
马上 ~就来	一下 i^{31} xa^{31}
随时 ~来都行	不管么会子 pu$^{55-31}$kon^{213} mo$^{213-24}$xuei^{31} tsɿ^{0}
幸亏 ~你来了，要不然我们就走错了	得亏 tɛ^{55}k^{h}uei^{31}/亏得 k^{h}uei^{31} tɛ^{0}/得得 tɛ^{55}tɛ^{0}
当面 有话~说	当面 taŋ^{31} miɛn^{31}
背地 不要~说	背后 p^{h}ei^{31} xəu^{31}
一块儿 咱们~去	一路 i^{31} ləu^{31}
自己	自家 ts^{h}ɿ^{31} ka^{31}
顺便儿	顺路 ʂuən^{31} ləu^{31}/顺便 ʂuən^{31} p^{h}iɛn^{31}
故意	特为 t^{h}iɛ^{31} uei^{31}
压根儿 他~不知道	根本 kən^{31} pən^{213}
确实 这人~好	确实 tɕ^{h}io^{31}ʂʅ^{31}/实在 ʂʅ^{31} ts^{h}ai^{31}
一共 ~才十个人	总共 tsoŋ$^{213-24}$k^{h}oŋ^{31}
别 慢慢儿走，~跑	莫 mo^{31}
白 ~吃	白 p^{h}ɛ^{31}
白 ~跑一趟	白 p^{h}ɛ^{31}
偏 你不叫我去，我~去	就要 tɕ^{h}iəu^{31} iau^{53}/非要 fei^{31} iau^{53}
胡 ~搞~说	乱 lon^{31}/胡 xu^{24}
先 你~走，我随后就来	长$^{=}$前tʂaŋ$^{213-24}$tɕ^{h}iɛn^{24}/先 ɕiɛn^{31}

先他～不知道,后来才听人说的	先 ɕiɛn^{31}
被～狗咬了一口	让 ʐaŋ^{31}
把～门关上	把 pa^{213}
对你～他好,他就～你好	待 t^{h}ai^{31}/对 tei^{53}
对他～我笑	对 tei^{53}
到～哪儿去?	到 tau^{53}
到～哪天为止?	到 tau^{53}
到扔～水里	到 tau^{53}
在～哪儿住?	在 ts^{h}ai^{31}
从～哪儿走?	从 ts^{h}oŋ^{24}
自从～他走后,我一直不放心	从 ts^{h}oŋ^{24}
按～这样做就好	照tʂau^{53}/按 ŋon^{53}
依～我看不算错	照tʂau^{53}/依 i^{31}
用你～毛笔写	用 ioŋ^{31}
顺着～这条大路一直走	顺着 ʂɥən^{31}tʂo^{0}/沿着 iɛn^{24}tʂo^{0}
沿着～河边走	顺着 ʂɥən^{31}tʂo^{0}/沿着 iɛn^{24}tʂo^{0}
朝～后头看看	朝tʂ^{h}au^{24}/往 uaŋ^{213}
替你～我写封信	帮 paŋ^{31}/把 pa^{213}/代 t^{h}ai^{31}
给～大家办事	帮 paŋ^{31}
和这个～那个一样	跟 kiɛn^{31}
问～他借一本书	问 uən^{53}/向 ɕiaŋ^{53}
把…叫	把…叫 pa^{213}…ŋau^{31}
拿…当	把…当 pa^{213}…taŋ^{31}
从小他～就能吃苦	从小 ts^{h}oŋ^{24}ɕiau^{213}
没有	[没有] miəu^{213}

贰拾柒　数词、量词

一指数字,下同	一 i^{55}

二　　二 ʐo^{31}

三　　三 san^{31}

四　　四 sɿ^{53}

五　　五 u^{213}

六　　六 ləu^{55}

七　　七 tɕ^{h}i^{55}

八　　八 pa^{55}

九　　九 tɕiəu^{213}

十　　十 ʂʅ^{31}

二十　　二十 ʐo^{31}ʂʅ^{31}

三十　　三十 san^{31}ʂʅ^{31}

一百　　一百 i^{55}pe^{55}

一千　　一千 i$^{55-31}$tɕhiɛn^{31}

一万　　一万 i$^{55-31}$uan^{31}

一百零五　　一百零五 i$^{55-31}$pe^{55}liən^{24}u^{213}

一百五十　　一百五 i$^{55-31}$pe^{55}u^{213}

一号指日期，下同　　一号 i^{55}xau^{0}

二号　　二号 ʐo^{31}xau^{0}

三号　　三号 san^{31}xau^{0}

初一　　初一 tʂ^{h}əu^{31}i^{55}

初二　　初二 tʂ^{h}əu^{31}ʐo^{31}

初三　　初三 tʂ^{h}əu^{31}san^{31}

第一　　第一 t^{h}i^{31}i^{55}

第二　　第二 t^{h}i^{31}ʐo^{31}

第三　　第三 t^{h}i^{31}san^{31}

第一个　　第一个 t^{h}i^{31}i^{55}ko^{0}

第二个　　第二个 t^{h}i^{31}ʐo^{31}ko^{0}

第三个　　第三个 t^{h}i^{31}san^{31}ko^{0}

老大　　老大 lau$^{213-24}$ta^{31}

普通话	石台丁香方言
老二	老二 lau$^{213-24}$ʐo^{31}
老三	老三 lau$^{213-24}$san^{31}
老幺	老小 lau$^{213-24}$ɕiau^{213}
大哥	大哥 ta^{55}ko^{31}
二哥	二哥 ʐo^{31}ko^{31}
老末儿	小哥 ɕiau$^{213-24}$ko^{31}
二两重量	二两 ʐo^{31}liaŋ^{213}
几个	几个 tɕi$^{213-24}$ko^{53}
俩	两个 liaŋ$^{213-24}$ko^{53}/两 liaŋ^{213}
仨	三个 san^{31}ko^{53}
个把两个	个把两个 ko$^{53-24}$pa^{213}ko^{53}
百把来个	百把个 pɛ^{55}pa^{0}ko^{53}
千把人	千把人 tɕ^{h}iɛn^{31}pa^{0}ʐən^{24}
万把块钱	万把块钱 uan^{53}pa^{0}k^{h}uai$^{53-24}$tɕ^{h}iɛn^{24}
里把路	里把路 li$^{213-21}$pa^{0}ləu^{31}
把一～椅子	把 pa^{213}
张一～桌子	张tʂaŋ^{31}
枚一～奖章	块 k^{h}uai^{53}/个 ko^{53}
本一～书	本 pən^{213}
笔一～款	笔 pi^{55}
匹一～马	皮$^{=}$pi^{24}
头一～牛	条 t^{h}iau^{24}
封一～信	封 foŋ^{31}
服一～药	副 fu^{53}
味一～药	味 uei^{53}
道一～河	条 thiau^{24}
顶一～帽子	个 ko^{53}
锭一～墨	支tʂʅ^{31}

朵一～花儿	枝tʂʅ^{31}/朵 to^{213}
顿一～饭	餐 tsʰan^{31}
条一～毛巾	条 tʰiau^{24}
辆一～车	部 pʰu^{31}/辆 liaŋ^{213}
子儿一～香	把 pa^{213}
只一～手	只tʂʅ^{55}
盏一～灯	盏tʂan^{213}
桌一～酒席	桌tʂo^{55}
场一～雨、一～雪	场tʂʰaŋ^{213}/在 tsʰai^{31}
出一～戏	场tʂʰaŋ^{213}
床一～被子	床tʂʰɥaŋ^{24}
身一～棉衣	套 tʰau^{53}/身 ʂən^{31}
杆一～枪	支tʂʅ^{31}
管一～笔	支tʂʅ^{31}
根一～头发	根 kiən^{31}
棵一～树	棵 kʰo^{0}
粒一～米	粒 li^{53}
块一～砖	块 kʰuai^{53}
口一～猪	头 tʰəu24/个 ko^{53}
口儿一～人	个 ko^{53}
家一～铺子	家 ka^{31}/个 ko^{53}店面
架一～飞机	架 ka^{53}
间一～屋子	间 kan^{31}
所一～房子	诚⁼ tʂʰən^{24}
件儿一～衣裳	件 tɕʰiɛn^{31}
行一～字	路 ləu^{31}/行 xaŋ^{24}
篇一～文章	篇 pʰiɛn^{31}

页一～书　　页 iɛ^{55}/张ʈʂaŋ^{31}

段一～文章　　段 ton^{53}

片儿一～肉　　块 k^{h}uai^{53}

股一～香味儿　　股 ku^{213}/在 ts^{h}ai^{31}

座一～桥　　个 ko^{53}

盘一～棋　　盘 p^{h}on^{24}

门一～亲事　　门 mən^{24}

刀一～纸　　刀 tau^{31}

沓儿一～纸　　拖$^{=}$t^{h}o^{31}

桩一～事情　　件 ʨ^{h}iɛn^{31}

缸一～水　　缸 kaŋ^{31}

碗一～饭　　碗 uon^{213}

杯一～茶　　碗 uon^{213}/杯 pei^{31}

壶一～茶　　壶 xu^{24}

把一～米　　把 pa^{213}

包一～花生　　袋 t^{h}ai^{31}/包 pau^{31}

担一～米　　担 tan^{53}

挑一～水　　担 tan^{53}

进一～院子　　个 ko^{53}

进几～屋　　进 ʨiən^{53}

挂一～鞭炮　　包 pau^{31}

句一～话　　句ʈʂʮ^{53}

位一～客人　　个 ko^{53}

双一～鞋　　双 ʂʮaŋ^{31}

对一～花瓶（两个）　　对 tei^{53}

副一～眼镜　　副 fu^{53}

种一～虫子　　样 iaŋ^{31}

伙儿一～人	伙 xo^{213}
拨儿一～人	批 pʰiː^{31}
批一～货	批 pʰiː^{31}
起一～交通事故	起 tɕʰiː^{213}
窝一～蜂	窠 kʰo^{31}野生/笼 loŋ^{24}家养
嘟噜一～葡萄	挂 kua^{53}
脸一～土	脸 liɛn^{213}
身一～土	身 ʂən^{31}
肚子一～气	肚子 təu$^{213-21}$ tsɿ^{0}
尊一～佛像	尊 tsən^{31}
扇一～门	扇 ʂan^{53}
幅一～画儿	张tʂaŋ^{31}
堵一～墙	扇 ʂan^{53}
部一～书	本 pən^{213}
团一～泥	堆 tei^{31}
堆一～雪	堆 tei^{31}
撮一～毛	撮tʂo^{55}
轴儿一～线	驮$^{=}$ tʰo^{24}
绺一～头发	子 tsɿ^{213}
点儿一～面粉	点 tiɛn^{213}
滴一～雨	沰 to^{55}
盒儿一～火柴	盒 xo^{31}
匣子一～首饰	盒 xo^{31}
箱子一～衣裳	箱子 ɕiaŋ^{31} tsɿ^{0}/柜子 kʰuei^{31} tsɿ^{0}
瓶子一～醋	瓶 pʰiən^{24}
罐子一～荔枝	罐 kon^{53}
坛子一～酒	坛 tʰon^{24}

桶一~汽油	桶 t^{h}oŋ^{213}
盆一~洗澡水	盆 p^{h}ən^{24}
锅一~饭	锅 ko^{31}
碗一~饭	碗 uon^{213}
杯一~酒	盅ʈʂoŋ^{31}
阵下一~雨	在 ts^{h}ai^{31}
场闹一~	回 xuei^{24}
面见一~	面 miɛn^{31}
趟走一~	回 xuei^{24}/次 ts^{h}ʅ^{53}/趟 t^{h}aŋ^{53}
下打一~	下 xa^{31}
眼看一~	下 xa^{31}
口吃一~	口 k^{h}iəu^{213}
会儿谈一~	下 xa^{31}
手写一~好字	手 ʂəu^{213}
水洗一~衣裳	水 ʂuei^{213}
圈打一~麻将	圈ʈʂ^{h}ʯɛn^{31}
一虎口大拇指与食指张开的长度	拃ʈʂa^{53}/斟 k^{h}an^{31}

贰拾捌　附加成分等

后加成分：

-要命	-要命 iau^{53} miən^{31}急得~
-要死	-要死 iau^{53} sʅ^{213}急得~
	-活唏 xuɛ^{31} ɕi^{31}急得~
-死了	-死着 sʅ^{213} ʈʂo^{0}热~/死人 sʅ^{213} ʐən^{24}热得~/死的 sʅ^{213} ti^{0}热得~
-很着	-很着 xən^{213} ʈʂo^{0}热~,甜~
-不楞登的	-不拉东$^{=}$的 pu^{55} la^{0} toŋ^{31} ti^{0}傻~/-不拉几的 pu^{55} la^{0} ʨi^{0}傻~
-兮兮	-兮兮的 ɕi^{31} ɕi^{31} ti^{0}傻~

–溜溜	–溜溜 liəu^{31} liəu^{31} 稀～，酸～
	–□□ ɥɛ^{31} ɥɛ^{31} 甜～，义：甜很着
	–阴阴 iən^{31} iən^{31} 苦～，义：有点苦
吃头儿这个菜没～	吃头 tɕ^{h}i$^{55-31}$ t^{h}əu^{24}
喝头儿那个酒没～	喝头 xo$^{55-31}$ t^{h}əu^{24}
干头儿	做头 tso$^{53-24}$ t^{h}əu^{24}
奔头儿	奔头 pən^{53} t^{h}əu^{0}
苦头儿	苦头 k^{h}u$^{213-21}$ t^{h}əu^{0}
甜头儿	甜头 t^{h}iɛn^{24} t^{h}əu^{0}
前加成分：	
帮–	梆 paŋ^{31} ～硬的／铁 t^{h}iɛ^{55} ～硬的
死–（坏/难缠）	死 sɿ^{213} ～孬
崭–（新）	崭 tʂan^{213} ～新
精–（淡）	精 tɕiən^{31} ～淡
稀–	稀 ɕi^{31} ～软的
猫–	猫 mau^{31} ～软的
温–	温 uən^{31} ～苦的
漆–（黑的）	漆 tɕ^{h}i^{55} ～黑的
老–（厚的）	老 lau^{213} ～厚的

第四章　石台丁香方言语法

第一节　丁香方言词法特点

一、名词词缀

（一）前缀

丁香方言名词中常用前缀与普通话大致相同，有“老、初、第”等。加“初、第”的词语与普通话一致，如：初一、初二、第一、第二等。加“老”的词语，大多数与普通话一致，如：老大、老二、老板、老师、老鼠、老鹰等；也有少数不一致，如：老母猪下崽的母猪、老表表兄弟、老布粗糙的白色棉布等。

（二）后缀

1. 子

丁香方言后缀“子”可以加在名词性、动词性和形容词性的词根后面，构成名词。例如：影子、竹子、心子、叶子，铲子、端子、夹子、梳子，刁子、孬子、哑子、□［tʂʮai^{31}］子断手的人、矮子个子矮的人、长子瘦高的人，与“矮子”相对。

普通话中一些习惯加“头”“儿”后缀的词，以及普通话通常不加后缀的词，在丁香方言中也习惯用“子”后缀词。例如：斧子斧头、锤子拳头、头子头头、个子个儿、老头子老头儿、蟹子螃蟹、驴子驴、会子会儿等。

2. 头

后缀“头”是名词性的标志之一，它可以加在名词性词根后面，也可以加在动词、形容词性的词根后面，构成名词。例如：日头、额头、讲头、想头、盼头、甜头、苦头等。其中：

“头”加在名词后一般读［$t^hәu^{24}$］；加在动词后一般读轻声［$t^hәu^0$］，表示强调时也可读［$t^hәu^{24}$］，构成的名词往往都含有“值、价值”之类的含义，一般不作主语，作宾语时多用于否定句和反问句中，前面的谓语动词常是“［没有］”或“有”。例如：

喂⁼个事［没有］［$miәu^{213}$］讲头。那件事不值得说。

这个菜，有么吃头？这个菜，有什么好吃的？

方位词加“头”，表示处所或方位，例如：高头、下头、前头、后头、里头、外头等。

3. 佬

“佬”是表人的名词后缀，多含有贬义或戏谑的意味。例如：外国佬、外地佬、苏北佬等。

4. 伢

“伢”本义为“小孩儿”，但在丁香方言中常附着在某些指人的名词后，失去原义，表示“小”“亲切”等感情色彩，如：学生伢、外甥伢等。长辈称呼晚辈姓名时，一般都是称呼最后一个字加上“伢”，如：珍伢、萍伢等。

二、代词

（一）人称代词的复数形式

普通话人称代词后面表示复数用“们”，丁香方言中则用“大氏”，如：我大氏、尔大氏、渠大氏等。但是与普通话表复数的“们”用法不同的是，丁香方言指人名词后表示复数一般用“儿”而不能用“大氏”，如：小伢儿、学生儿等。

（二）指示代词三分

丁香方言指示代词有三指，即近指、中指、远指，分别是“□（$tɛ^{53}$）”、

“嗯⁼”、“喂⁼/兀⁼”，“兀⁼”所指与“喂⁼”相同，常用“喂⁼”。同一时间里，如果需要指别两个方位，近指用“□（tɛ⁵³）”，远指多用“喂⁼”，用“嗯⁼”较少；如果需要指别三个方位，则近指用“□（tɛ⁵³）”，中指用“嗯⁼”，远指用“喂⁼”。例如：

尔坐□（tɛ⁵³）的，渠坐喂⁼的。你坐这里，他坐那里。

我不要□（tɛ⁵³）个，也不要嗯⁼个，要喂⁼个。我不要这个，也不要那个，要那个。

三、形容词的生动形式

方言中有多种多样的增强形容词意义和表达感情色彩的表现方式。丁香方言里就有以下几种形式：

第一，用加前缀的方法构成生动形式。许多单音节形容词都有 BA 的生动形式，其中的 B 多是习惯性的，因 A 而异。例如：

A	BA	A	BA
高	老高	长	老长
深	老深	粗	老粗
厚	老厚	远	老远
早	老早	冷	冰冷
硬	铁硬/梆硬	苦	温苦
红	通红	软	猫软
枵	蒙⁼枵	直	笔直
黑	漆黑	白	雪白
咸	生咸	淡	精淡

这些生动形式具有程度加深的作用，从“A 到 BA”程度渐次加深。

第二，在单音节形容词后加上描述性的 BB 叠音成分，既能增加形容词的形象性，又能增强形容词的意义。这种形式可把它归纳为 ABB 式。这种结构形式在丁香方言中很丰富。例如：

大赖⁼赖⁼	轻飘飘	甜□□［ɥɛ³¹］
硬邦邦	脆嘣嘣	齐扎扎
乱糟糟	干巴巴	青丝丝

红安安　　红通通　　光秃秃
糙刻刻［$k^hi\varepsilon^{31}$］　　油拉拉　　洋懂懂
麻赖赖　　哭□□［$ɥ\varepsilon^{31}$］　　奖⁼津津
酸溜溜　　香喷喷　　光滑滑

第三，单音节形容词 A 叠音加后缀 BB 或双音节形容词 AB 重叠构成 AABB 式，表示程度加深。例如：

密密麻麻　　稀稀拉拉　　慢慢吞吞
咪咪妈妈磨磨蹭蹭　　稳稳当当　　结结实实

此外，还有一种第二字为嵌“里”“不”、或“马”的四字格，通常用来表达“不喜欢”的贬义色彩。例如：

啰里啰唆　　黑不溜丘　　干不拉儿　　乌马漆黑

第二节　丁香方言句法特点

一、“把”字句

把字句，是汉语中的一种主动式动词谓语句。这种句式又称为“处置式”，用来强调行为结果或行为方式。基本结构为：主语+“把”+宾语+动作。丁香方言中的“把”字句与普通话相同，表示对事物或现象的处置。例如：

渠把碗打破着。他把碗打破了。

珍伢把衣裳搞走着。珍儿把衣服拿走了。

二、被动句

被动句是指主语与谓语之间的关系是被动关系，主语是谓语动词所表示的行为的被动者、受害者，而不是主动者、实施者。不同语言或方言中被动句的语法有一些差别。

与普通话相比，丁香方言被动句很少用普通话中表示被动的“被”字，常用“让”表被动，例如：

喂⁼个碗让渠打碎着。那个碗让他打碎了。

也可以用“驮”，例如：

渠昨日驮骂着。他昨天挨骂了。

“驮”表示被动，后面的宾语一般不出现，且词汇意义还很实在，既是介词又是动词。

有时候被动句表示的内容也用主动句来表达。例如：“他被狗咬着。”丁香方言往往说成“狗把渠咬着。”。

三、疑问句

丁香方言中疑问句的是非问和正反问与普通话有所不同。

是非问：

普通话	丁香方言
书是你的吗？	书可是尔的耶？
你抽烟吗？	尔可抽烟喏？

正反问：

普通话	丁香方言
书是不是你的？	①书可是尔的耶？
	②书是不是尔的哦？
你抽不抽烟？	①尔可抽烟喏？
	②尔抽不抽烟喏？

由上例可见，丁香方言是非问句的特点是：主语+可+谓语+宾语+语气词？正反问句则有两种形式：①主语+可+谓语+宾语+语气词？②主语+动词+不+动词+宾语+语气词?。

疑问句中的特指问和选择问，与普通话基本相同。例如：

	普通话	丁香方言
特指问	石台到殷汇有多少路？	石台到殷汇有几多路？
选择问	明天你去还是我去？	明着是尔去还是我去？

另外，丁香方言中还有一种与普通话的程度问句相当的“几”问句，例如：

喂⁼根绳子几长呃？那根绳子多长？

渠今年几大呢?他今年多大了?

丁香方言的副词“几”跟普通话的“多”“多么”相当，大多用在积极性的形容词“大、高、重、远、粗、宽、厚”等前面。

四、双宾语句

普通话的双宾语句，第一个宾语是指人，第二宾语指物。在丁香方言双宾语句中，人、物的位置与普通话相反，第一个宾语指物，第二个宾语指人，指人的宾语前往往要加上介词“把”。但是，皖西赣方言的例如：

普通话	丁香方言
给我一张纸	把张纸把我。
给我一个桃子。	把个桃子把我。
你给我一把剪刀。	尔把把剪刀把我。/尔搞把剪刀给我。

五、比较句

不等式比较句，普通话常用格式是“甲+比+乙+形容词”，丁香方言除此形式外，还有“甲+形容词+似+乙”一式。例如：

普通话	丁香方言
我比他大。	①我比渠大。
	②我大似渠。
他比我小。	①渠比我小。
	②渠小似我。
张三比李四高。	①张三比李四长。
	②张三长似李四。

普通话“甲+比+乙+形容词+数量词”格式的比较句，丁香方言也有两种表达形式：一种与普通话相同，另一种是“甲+形容词+乙+数量词”。例如：

普通话	丁香方言
我比他大三岁。	①我比渠大三岁。
	②我大渠三岁。

相等式的比较句与普通话一致，不同的是：普通话常用介词是“和”，而丁香方言常用“跟”。例如：

普通话	丁香方言
我和他一样大。	我跟渠一样大。
张三和李四一样高。	张三跟李四一样长。

六、“着”“了”“过”的用法

（一）“着”的用法

“着”字在丁香方言中极其活跃，使用频率很高。动词“着”的用法跟普通话基本相同，虚词“着”的用法与普通话则不尽相同，有四种用法，这里分别记作着$_1$、着$_2$、着$_3$、着$_4$。

1. 介词“着$_1$”

介词“着$_1$”，可以出现在动词后，连接处所宾语，构成“V+着+O”格式，相当于普通话介词“在”“到”。例如：

把垫子垫着椅子上，坐着暖些。把垫子垫在椅子上，坐着暖和些。

渠把书放着桌子高头就走着。他把书放到桌子上就走了。

2. 动态助词“着$_2$”

动态助词“着$_2$”，表示动作、性状的完成或实现，也可以表示动作行为的进行或状态的持续等。例如：

（1）表完成

丁香方言中极少用“了”表示完成貌，而“着”用在动词、形容词后表示动作完成或性状实现非常普遍。例如：

尔莫催，我吃着饭就来。你别催，我吃了饭就来。

辣椒红着，都摘家来。辣椒红了，都摘回来。

这个鞋尔穿大着，把尔姐穿。这双鞋你穿大了，给你姐姐穿。

着$_2$也可以表示动作将来完成或性状将要实现，相当于普通话中的“了$_1$”。例如：

放着假就家来耶。放了假就回家。

柿子等□（[noŋ^{53}]）着才吃，不然涩嘴。柿子要软了才能吃，否则有涩味。

（2）表持续

丁香方言表持续的“着$_2$”用法同普通话基本一致，表示某种动作行为的进行或状态的持续，或者表示某种动作完成后的状态正在持续，还可以表示某种动作行为的主从伴随状。例如：

渠讲着讲着就哭起来着。他说着说着就哭起来了。

渠家门锁着，窗子也关着，一个人都［没有］得。他家门锁着，窗子也关着，一个人都没有。

我欢喜困着看书。我喜欢躺着看书。

在老派方言中，偶尔还有用“着$_2$”表示经历体的用法，相当于普通话中的“过”，例如：北京我去着三回。北京我去过三回。

3. 结构助词“着$_3$”

结构助词“着$_3$”，用在动词、形容词和它们的补语之间，充当程度补语和状态补语的标志。例如：

尔今着⁼饭煮着太烂着，一点都不好吃。你今天的饭煮得太烂了，真难吃。

渠抠着要死，平时一分钱都舍不得用。他小气得要命，平时一分钱都舍不得花。

小伢热着一头的汗，把渠擦擦。小孩儿热得满头是汗，帮他擦擦。

尔出门也不戴个手抹⁼子，手冻着通红的。你出门怎么不戴手套？手冻得通红的。

4. 语气词“着$_4$”

“着$_4$”用于句末或分句句尾，表示各种语气且有成句作用，去掉则不能成句，相当于普通话中的“了$_2$”。

丁香方言中的“着$_4$”，最常见的是用在谓词性词语后面，表陈述语气，肯定事态有了变化，出现了新情况。例如：

我来着，尔走迈⁼。我来了，你走吧。

饭馊着，不能吃着。饭馊了，不能吃了。

这么远的路，小伢都跟来着。路这么远，小孩子都跟在后面来了。

上述例句中的句尾“着”，既肯定事态有了变化，出现了新情况，又表示动作的完成或性状的实现，作用相当于“了$_{1+2}$”。

“着$_4$”也还可以用在以“把”字句、“让”字句表示警告、提醒等语义的否定形式祈使句中，以及用在感叹句中表示喜怒哀乐、厌烦惊讶等情绪。例如：

少放滴水，莫把饭煮烂着。少放点儿水，不要把饭煮烂了。

跑慢滴滴，莫跶倒着。跑慢点儿，别摔倒了。

莫让蛇咬着。别让蛇咬了。

累死着！累死了！

太好着！太好了！

完着！完着！等下家去又要驮骂。完了完了！等会儿回家又要挨骂。

（二）“了”“过”的用法

丁香方言中有语气词“了”（［$liau^0$］），与“着$_4$”都位于句末，使用中呈互补分布，不能自由替换。下面几种情况情况一般都只用“了”。

第一，表陈述语气，肯定事态即将有变化，前面常与“要”“快”“能”等副词或助动词时，用“了”。例如：

要落了。要下雨了。

莫急，快到了。别急，快到了。

饭好着，能吃了。饭好了，能吃了。

第二，在NP+语气词格式中，当NP（名词性短语）具有“推移性”语义特征时，语气词用“了”。例如：

都大学生了

十二点了

第三，当句中有表时量、物量的量词短语作宾语或表动量的量词短语作补语，且动词后已有表完成的“着”时，句末一般用“了”。例如：

石台我都去着好几回了。石台我都去了好几趟了。

这个电影我都看着三遍了。这部电影我都看了三遍了。

一下工夫就卖着好几件衣裳。一会儿工夫就卖了好几件衣服。

“过”是丁香方言经历体的标志，与普通话用法相同。例如：我去过三回北京。我去过三趟北京。

另外，丁香方言中“着”和“了”“着”和“过”，甚至“着”“了”和“过”，可以同时出现在一个句子末尾，而且很普遍。

“着”和“了”同用，句子基本意义相同但有细微区别：有“着”无

“了”，客观上肯定事态出现了变化，“着”相当于“着$_{2+4}$”；加“了”，句子带有一定的主观性，既表完成，又强调事态出现了变化，“着”相当于“着$_{2}$”。如：“人都走着。”与“人都走着了。”

“着”和“过”同用，“过”重读，表经历，“着”相当于“着$_{2+4}$”。例如：这个电影我看过着。

“着”“了”和“过”同用时，句子主语为受事或者能根据语境补充受事主语，且谓语动词动作性强；从语义看，句子还隐含着一个否定句，强调自己或听话人不必再做什么事，“了”和“过”一般重读。例如：

这个电影我看过着了。（我不想看了）

桌子抹$_{擦}$过着了。（你不用擦了）

我吃过着了。（你不用为我做饭了）

七、可能补语“得”省略

普通话中肯定式可能补语结构是“动词+得+补语”，丁香方言习惯说成“动词+补语”。例如：

方言	普通话
我搞动，渠搞不动。	我拿得动，他拿不动。
我看懂着，渠看不懂。	我看得懂，他看不懂。
我吃动，渠吃不动。	我吃得动，他吃不动。

普通话中可能补语的疑问式有“V得动V不动?”“V得动吗?”两种，丁香方言习惯说法却是“可V动”“V动V不动?”（V是动词）两种。例如：

方言	普通话
①尔可拎动？②尔拎动拎不动？	①你拎得动拎不动？②你拎得动吗？
①尔可看懂着？②尔看懂看不懂？	①你看得懂看不懂？②你看得懂吗？
①尔可吃动？②尔吃动吃不动？	①你吃得动吃不动？②你吃得动吗？

由此可知，无论是疑问式还是肯定式的可能补语，在丁香方言中都习惯省略补语助词“得”。

第三节　丁香方言语法例句

说明：

（一）几个句子表示相同意义时各句之间用“/”隔开。

（二）本字不详的，用同音字或“□”表示。同音字在字的右上角加“=”，无合适字形可写的字用“□”代替。

（三）句子里可有可无的字和音加“（）”表示。

（四）合音字用［］表示。

（五）声调按方言原调记音。

（六）各例句中排序顺序为：方言-音标-普通话。

1. 试试看。/试试看看。/试下子看看。

ʂʅ^{53}ʂʅ^{53}k^{h}on^{53}. / ʂʅ^{53}ʂʅ^{53}k^{h}on^{53}k^{h}on^{0}. / ʂʅ^{53}xa^{0}tsɿ^{0}k^{h}on^{53}k^{h}on^{0}.

试试看。

2. 今着$^{=}$很热。/今着$^{=}$真热。/今着$^{=}$热死着。

kiən^{31}ʈʂo^{0}xən^{213}ɥɛ^{55}. /kiən^{31}ʈʂo^{0}ʈʂən^{31}ɥɛ^{55}. /kiən^{31}ʈʂo^{0}ɥɛ^{55}sɿ^{0}ʈʂo^{0}.

今天很热。

3. 今着$^{=}$我买着个东子。

kiən^{31}ʈʂo^{0}ŋo^{213}mai^{33}ʈʂo^{0}ko^{0}toŋ^{31}tsɿ^{0}.

今天我买了个东西。

4. 渠在石台上班。

k^{h}iɛ^{24}ts^{h}ai^{31}ʂʅ^{31}t^{h}ai^{24}ʂaŋ^{33}pan^{31}.

他在石台工作。

5. 渠在吃饭。

k^{h}iɛ^{24}ts^{h}ai^{31}ʨ^{h}i^{31}fan^{31}.

他在吃饭。

6. 我今着$^{=}$穿着一件新衣。

ŋo^{213}kiən^{31}ʈʂo^{0}ʈʂ^{h}ɥɛn^{31}ʈʂo^{0}i^{55}ʨ^{h}iɛn^{31}ɕiən^{31}i^{0}.

我今天穿了一件新衣。

7. 渠家门锁着，窗子也关着，一个人都［没有］得。

$k^{h}iɛ^{24}ka^{31}mən^{24}so^{213}tʂo^{0}$，$tʂ^{h}ɥaŋ^{31}tsɿ^{0}iɛ^{213}kuan^{31}tʂo^{0}$，$i^{55}ko^{53}ʐən^{24}təu^{31}miəu^{213}tɛ^{55}$.

他家门锁着，窗子也关着，一个人都没有。

8. 门开着［没有］关。

$mən^{24}k^{h}ai^{31}tʂo^{0}miəu^{213}kuan^{31}$.

门开了没关。

9. 我来着，尔走迈⁼。

$ŋo^{213}lai^{24}tʂo^{0}$，$n^{213}tsəu^{213}mɛ^{0}$.

我来了，你走吧。

10. 天要落了。/今着⁼天要落。

$t^{h}iɛn^{31}iau^{24}lo^{55}liau^{0}$./$kiən^{31}tʂo^{0}t^{h}iɛn^{31}iau^{24}lo^{55}$.

天要下雨了。

11. 喂⁼个碗让渠打碎着。

$uei^{53}ko^{0}uon^{213}ʐaŋ^{31}k^{h}iɛ^{24}ta^{213}sei^{53}tʂo^{0}$.

那个碗让他打碎了。

12. 尔把把剪刀把我。/尔搞把剪刀给我。

$n^{213}pa^{21}pa^{0}tɕiɛn^{213}tau^{31}kiɛ^{213}ŋo^{213}$./$n^{213}kiɛ^{31}pa^{0}tɕiɛn^{213}tau^{31}kiɛ^{213}ŋo^{213}$.

你给我一把剪刀。

13. 渠把个桃子把我。

$k^{h}iɛ^{24}pa^{213}ko^{0}t^{h}au^{24}tsɿ^{0}pa^{213}ŋo^{213}$.

他给我一个桃子。

14. 尔下去一点。/尔下去一滴子。

$n^{213}xa^{33}tɕ^{h}i^{0}i^{55}tiɛn^{213}$./$n^{213}xa^{33}tɕ^{h}i^{0}i^{55}ti^{53}tsɿ^{0}$.

你下去一点儿。

15. 尔再吃一碗。/尔再盛一碗。

$n^{213}tsai^{53}tɕ^{h}i^{55}i^{55}uon^{213}$./$n^{213}tsai^{53}tʂ^{h}ən^{24}i^{55}uon^{213}$.

你再吃一碗。

16. 明年还去一回。

mən^{24}ȵiɛn^{0}xa^{24}tɕʰi^{53}i^{55}xuei^{24}.

明年再去一趟。

17. 昨日渠［没有］来，今着⁼渠还［没有］来。

tsʰo^{31}ʐʅ^{0}kʰiɛ^{24}miəu^{213}lai^{24}，kiən^{31}tʂo^{0}kʰiɛ^{24}xa^{24}miəu^{213}lai^{24}.

昨天他没有来，今天他还没有来。

18. 我是老师，渠也是老师。

ŋo^{213}ʂʅ^{31}lau^{24}sɿ^{31}，kʰiɛ^{24}iɛ^{213}ʂʅ^{31}lau^{24}sɿ^{31}.

我是老师，他也是老师。

19. 尔吃不吃？/尔吃不吃迈？/尔可吃？/尔可吃哟？

n^{213}tɕʰi^{55}pu^{0}tɕʰi^{55}？/n^{213}tɕʰi^{55}pu^{0}tɕʰi^{55}mɛ^{0}？/n^{213}kʰo^{213}tɕʰi^{55}？/n^{213}kʰo^{213}tɕʰi^{55}io^{0}？

你吃吗？/你吃不吃？

20. 渠弟兄三个，渠最大/渠是老大。

kʰiɛ^{24}tʰi^{31}ɕioŋ^{31}san^{31}ko^{53}，kʰiɛ^{24}tsei^{53}ta^{31}/kʰiɛ^{24}ʂʅ^{31}lau^{24}ta^{31}.

他家弟兄三个，他最大。

21. 那碗菜太咸着。喂一碗菜咸很着。/喂一碗菜咸很着。

n^{35}uon^{213}tʂʰai^{53}tʰai^{53}xan^{24}tʂo^{0}./uei^{53}i^{55}uon^{213}tsʰai^{53}xan^{24}xən^{213}tʂo^{0}./uei^{53}i^{55}uon^{213}tsʰai^{53}sən^{31}xan^{24}ti^{0}.

那碗菜太咸了。

22. 今着⁼比昨日热些。

kiən^{31}tʂo^{0}pi^{213}tsʰo^{31}ʐʅ^{0}ʮɛ^{55}ɕiɛ^{0}

今天比昨天热。

23. 我今着⁼饿很着，吃着三碗还想吃/吃着不晓得饱/吃着还想吃。

ŋo^{213}kiən^{31}tʂo^{0}ŋo^{31}xən^{213}tʂo^{0}，tɕʰi^{55}tʂo^{0}san^{31}uon^{213}xa^{24}ɕiaŋ^{213}tɕhi^{55}/tɕʰi^{55}tʂo^{0}pu^{55}ɕiau^{213}tɛ^{0}pau^{213}/tɕʰi^{55}tʂo^{0}xa^{24}ɕiaŋ^{213}tɕʰi^{55}.

我今天太饿了，吃了还想吃。

24. 尔坐□的，渠坐喂⁼的。

n^{213}tsʰo^{31}tɛ^{53}ti^{0}，kʰiɛ^{24}tsʰo^{31}uei^{53}ti^{0}.

你坐这里，他坐那里。

25. 渠看电视看看就困着着。/渠看电视看看看看就困着着。/渠看电视看着参$^{=}$恶$^{=}$。

kʰiɛ^{24}kʰon^{53}tiɛn^{53}ʂʅ^{31}kʰon^{53}kʰon^{0}tɕʰiəu^{31}kʰuən^{24}tʂʰo^{31}tʂo^{0}. /

kʰiɛ^{24}kʰon^{53}tiɛn^{53}ʂʅ^{31}，kʰon^{53}kʰon^{0}kʰon^{53}kʰon^{0}tɕʰiəu^{31}kʰuən^{24}tʂʰo^{31}tʂo^{0}. /

kʰiɛ^{24}kʰon^{53}tiɛn^{53}ʂʅ^{31}kʰon^{53}tʂo^{0}tsʰon^{31}ŋo^{55}.

他看电视看着看着睡着了。

26. 渠讲着讲着就哭起来着。/讲着讲着渠就哭起来着。

kʰiɛ^{24}kaŋ^{213}tʂo^{0}kaŋ^{213}tʂo^{0}tɕʰiəu^{31}kʰu^{55}tɕʰi^{0}lai^{0}tʂo^{0}. /kaŋ^{21}tʂo^{0}kaŋ^{21}tʂo^{0}kʰiɛ^{24}tɕʰiəu^{31}kʰu^{55}tɕʰi^{0}lai^{0}tʂo^{0}.

他说着说着就哭起来了。

27. 渠走得真扫$^{=}$。

kʰiɛ^{24}tsəu^{213}tɛ^{0}tʂən^{31}sau^{53}.

他走得真快。

28. 我打得过渠。

ŋo^{213}ta^{213}tɛ^{0}ko^{53}kʰiɛ^{24}.

我打得过他。

29. 我打不过渠。

ŋo^{213}ta^{213}pu^{0}ko^{53}kʰiɛ^{24}.

我打不过他。

30. 我吆渠一阵。/我去吆渠一阵。

n^{213}ŋau^{31}kʰiɛ^{24}i^{55}ʂən^{31}. /n^{213}tɕʰi^{53}ŋau^{31}kʰiɛ^{24}i^{55}ʂən^{31}.

我喊他一道。

31. 尔是哪一个哦？我是老三喏。

n^{213}ʂʅ^{31}na^{213}i^{55}ko^{53}o^{0}？ŋo^{213}ʂʅ^{31}lau^{213}san^{31}no^{0}.

你是谁？我是老三。

32. 老师呢？渠在跟人讲话喔。

lau^{213}sɿ^{53}ȵi^{0}？kʰiɛ^{24}tsʰai^{31}kən^{31}ʐən^{24}kaŋ^{213}xua^{31}uo^{0}.

老师呢？他在跟人讲话。

33. 还［没有］讲完哪？

xa^{24}miəu^{213}kaŋ^{213}uon^{24}na^{0}？

还没有讲完吗？

34. 渠还正在讲呃，还要一下下。/渠还正在讲，过一下子就讲完着。

kʰiɛ^{24}xai^{24}tʂən^{53}tsʰai^{31}kaŋ^{213}ŋɛ^{0}，xa^{24}iəu^{213}i^{55}xa^{31}xa^{0}. /kʰiɛ^{24}xai^{24}tʂən^{53}tsʰai^{31}kaŋ^{213}，ko^{53}i^{55}xa^{31}tsɿ^{0}tɕʰiəu^{31}kaŋ^{213}uon^{24}tʂo^{0}.

他正在讲，还要一会儿讲完。

35. 渠讲一下就来，么样还［没有］来？

kʰiɛ^{24}kaŋ^{213}i^{55}xa^{31}tɕʰiəu^{31}lai^{24}，mo^{213}iaŋ^{31}xa^{24}miəu^{213}lai^{24}？

他说一下就来，怎么还没来？

36. 尔到哪去哟？我到村堂去/我到村堂里去。

n^{213}tau^{53}na^{213}tɕʰi^{53}io^{0}？ŋo^{213}tau^{53}tsʰən^{31}tʰaŋ^{24}tɕʰi^{53}/ŋo^{213}tau^{53}tsʰən^{31}tʰaŋ^{24}li^{0}tɕʰi^{53}.

你去哪里？我去村部。

37. 不□这里，在喂⁼里。

pu^{55}tsʰai^{31}tɛ^{53}li^{0}，tsʰai^{31}uei^{53}li^{0}.

不在这儿，在那儿。

38. 太多着/多很着，我要不到恩⁼多。

tʰai^{53}to^{31}tʂo^{0}/to^{31}xən^{213}tʂo^{0}，ŋo^{213}iau^{53}pu^{0}tau^{213}n^{24}to^{0}.

太多了，我要不到那么多。

39. □么多有着了喔/我只要这么多就有着。

tɛ^{24}n^{24}to^{31}iəu^{213}tʂo^{0}liau^{0}uo^{0}/tʂʅ^{55}iau^{53}tɛ^{24}n^{24}to^{31}tɕʰiəu^{31}iəu^{213}tʂo^{0}.

这么多就够了/我只要这么多就够了。

40. □个大些，喂⁼个小些。

tɛ^{24}ko^{0}ta^{31}ɕiɛ^{0}，uei^{53}ko^{0}ɕiau^{213}ɕiɛ^{0}.

这个大一些，那个小一些。

41. □两个东子哪个好些？□个好些，喂⁼个差些。

tɛ^{53}liaŋ^{213}ko^{0}toŋ^{31}tsɿ^{0}na^{213}ko^{0}xau^{213}ɕiɛ^{0}？tɛ^{24}ko^{0}xau^{213}ɕiɛ^{0}，uei^{53}ko^{0}tʂa^{31}ɕiɛ^{0}.

这两个东西哪个好一些？这个好一些，那个差一些。

42. □些东子［没有］得喂⁼些好。

tɛ^{53}ɕiɛ^{0}toŋ^{31}tsɿ^{0}miəu^{213}tɛ^{55}uei^{53}ɕiɛ^{0}xau^{213}.

这些东西没有那些好。

43. □个东子比喂⁼个东子好些。

tɛ^{53}ko^{0}toŋ^{31}tsɿ^{0}pi^{213}uei^{53}ko^{0}toŋ^{31}tsɿ^{0}xau^{213}ɕiɛ^{0}.

这个东西比那个东西好些。

44. □句话丁香话么样讲？

tɛ^{53}tʂʮ^{53}xua^{31}ioŋ^{31}tiən^{31}ɕiaŋ^{31}xua^{31}mo^{213}iaŋ^{33}kaŋ^{213}？

这句话丁香话怎么说？

45. 尔今年多大了喔？/尔今年几大年纪了喔？

n^{213} kiən^{31} ȵiɛn^{0} to^{31} ta^{31} liau^{0} uo^{0}？/n^{213} kiən^{31} ȵiɛn^{0} tɕi^{213} ta^{33} ȵiɛn^{24} tɕi^{0} liau^{0}uo^{0}？

你今年多大了？

46. 大概三四十岁。/只怕有三四十岁了。

ta^{33}kai^{53}san^{31}sɿ^{53}ʂʅ^{33}sei^{53}. /tʂʅ^{31}pʰa^{53}iəu^{213}san^{31}sɿ^{53}ʂʅ^{33}sei^{53}liau^{0}.

大概三四十岁。

47. 喂根绳子有几长呃？

uei^{53}kiən^{31}ʂən^{24}tsɿ^{0}iəu^{213}tɕi^{213}tʂʰaŋ^{24}ŋɛ^{0}？

那根绳子有多长？

48. 尔是哪一年来的？/尔是么会来的？

n^{213}ʂʅ^{33}na^{213}i^{55}ȵiɛn^{24}lai^{24}ti^{0}？/n^{213}ʂʅ^{33}mo^{213}xuei^{31}lai^{24}ti^{0}？

你是哪一年来的？

49. 我是今年到丁香来的。/我是今年来丁香的。

ŋo^{213}ʂʅ^{33}kiən^{31}ȵiɛn^{0}tau^{53}tiən^{31}ɕiaŋ^{31}lai^{0}ti^{0}. /ŋo^{213}ʂʅ^{33}kiən^{31}ȵiɛn^{0}lai^{24}tiən^{31}ɕiaŋ^{31}ti^{0}.

我是今年到丁香来的。

50. 一边走一边讲。/边走边讲。

i^{31}piɛn^{31}tsəu^{213}i^{31}piɛn^{31}kaŋ^{213}. /piɛn^{31}tsəu^{213}piɛn^{31}kaŋ^{213}.

一边走一边说。

51. 话越讲越多，路越走越远。

xua^{31}ɥɛ^{31}kaŋ^{213}ɥɛ^{31}to^{31}，ləu^{31}ɥɛ^{31}tsəu^{213}ɥɛ^{31}ɥɛn^{213}.

话越说越多，路越走越远。

52. 把喂⁼个东子搞把我。/把喂⁼个东子递下把我。

pa^{213}uei^{53}ko^{0}toŋ^{31}tsɿ^{0}kiɛ^{31}pa^{213}ŋo^{213}. /pa^{213}uei^{53}ko^{0}toŋ^{31}tsɿ^{0}tʰi^{31}xa^{0}pa^{213}ŋo^{213}.

把那个东西拿给我。

53. 尔贵姓哪？/尔姓么子哦？/尔姓么东子哦？

n^{213}kuei^{53}ɕiən^{53}na^{0}？/n^{213}ɕiən^{53}mo^{213}tsɿ^{0}o^{0}？/n^{213}ɕiən^{53}mo^{213}toŋ^{31}tsɿ^{0}o^{0}？

你姓什么？

54. 我两个都姓程。

ŋo^{213}liaŋ^{213}ko^{0}təu^{31}ɕiən^{53}tʂʰən.

我俩都姓程。

55. 有些场子把太阳吆日头。

iəu^{213}ɕiɛ^{0}tʂʰaŋ^{213}tsɿ^{0}pa^{213}tʰai^{53}iaŋ^{0}tɕiau^{53}ʐʅ^{55}tʰəu^{24}.

有些地方把太阳叫做日头。

56. 尔先去，我过一下再去。

n^{213}ɕiɛn^{31}tɕʰi^{55}，ŋo^{213}ko^{53}i^{55}xa^{0}tsai^{53}tɕʰi^{55}.

你先去，我等一会儿再去。

57. □本书是渠的，喂⁼本书是渠兄弟的。

tɛ^{53}pən^{213}ʂɥ^{31}ʂʅ^{31}kʰiɛ^{24}ti^{0}，uei^{53}pən^{213}ʂɥ^{31}ʂʅ^{31}kʰiɛ^{24}ɕioŋ^{31}tʰi^{0}ti^{0}.

这本书是他的，那本书是他弟弟的。

58. □个吃得，喂⁼个吃不得。/□个能吃，喂⁼个不能吃。

tɛ^{53}ko^{0}tɕʰi^{55}tɛ^{55}，uei^{53}ko^{0}tɕʰi^{55}pu^{0}tɛ^{55}. /tɛ^{53}ko^{0}nən^{24}tɕʰi^{55}，uei^{53}ko^{0}pu^{55}nən^{24}tɕʰi^{55}.

这个可以吃，那个不能吃。

59. 看书的看书，看报的看报，下棋的下棋。

kʰon^{53}ʂɥ^{31}ti^{0}kʰon^{53}ʂɥ^{31}，kʰon^{53}pau^{53}ti^{0}kʰon^{53}pau^{53}，ɕia^{31}tɕʰi^{24}ti^{0}ɕia^{31}tɕʰi^{24}.

看书的看书，看报的看报，下棋的下棋。

60. □个东子可真香！

tɛ^{53}ko^{0}toŋ^{31}tsɿ^{0}k^{h}o^{213}ʈʂən^{31}ɕiaŋ^{31}！

这东西真香！

61. 尔拎（得）动拎不动？/尔可拎（得）动？

——拎不动。

——拎（得）动。

n^{213}liən^{31}（tɛ^{0}）t^{h}oŋ^{31}liən^{31}pu^{0}t^{h}oŋ^{31}？/n^{213}k^{h}o^{213}liən^{31}（tɛ^{0}）t^{h}oŋ^{31}？

——liən^{31}pu^{0}t^{h}oŋ^{31}.

——liən^{31}（tɛ^{0}）t^{h}oŋ^{31}.

你拎得动吗？/你拎得动拎不动？

——拎不动。

——拎得动。

62. 尔拎得起来拎不起来？尔可拎得起来？

——拎不起来。

——拎得起来。

n^{213}liən^{31}tɛ^{0}ʨ^{h}i^{213}lai^{24}liən^{31}pu^{0}ʨ^{h}i^{213}lai^{24}？/n^{213}k^{h}o^{213}liən^{31}tɛ^{0}ʨ^{h}i^{213}lai^{24}？

——liən^{31}pu^{0}ʨ^{h}i^{213}lai^{24}.

——liən^{31}tɛ^{0}ʨ^{h}i^{213}lai^{24}.

你拎得起来吗？/你拎得起来拎不起来？

——拎不起来。

——拎得起来。

63. 尔讲得真好！可还讲点子/还讲点子可好/还讲点子照不照？

n^{213}kaŋ^{213}tɛ^{0}ʈʂən^{213}xau^{213}！k^{h}o^{213}xa^{24}kaŋ^{213}tiɛn^{213}tsɿ^{0}/xa^{24}kaŋ^{213}tiɛn^{213}tsɿ^{0}k^{h}o^{213}ʈʂau^{53}/xa^{24}kaŋ^{213}tiɛn^{213}tsɿ^{0}ʈʂau^{53}pu^{0}ʈʂau^{53}？

你说得真好！再说点行不行？

64. 我嘴笨，讲不过渠/讲渠不过。

ŋo^{213}tsei^{213}p^{h}ən^{31}，kaŋ^{213}pu^{55}ko^{53}k^{h}iɛ^{24}/kaŋ^{213}k^{h}iɛ^{24}pu^{55}ko^{53}.

我嘴笨，说不过他。

65. 不早了，快起来。

pu^{55}tsau^{213}liau^{0}，k^{h}uai^{53}tɕ^{h}i^{213}lai^{0}.

不早了，快起床。

66. 现在还早，还困一下子。/还困一伙子再起来。

ɕiɛn^{53}ts^{h}ai^{31}xa^{24}tsau^{213}，xa^{24}k^{h}uən^{53}i^{55}xo^{213}tsɿ^{0}./xa^{24}ko^{53}i^{55}xo^{213}tsɿ^{0}tsai^{53}tɕ^{h}i^{213}lai^{0}.

现在还早，再睡一会儿。

67. 慢慢吃，莫着急。/吃慢点，莫着急。

man^{31}man^{31}tɕ^{h}i^{55}，mo^{31}tʂau^{213}tɕi^{55}./tɕ^{h}i^{55}man^{31}tiɛn^{213}，mo^{31}tʂau^{213}tɕi^{55}.

吃慢点儿，别着急。

68. 尔把本书我。/尔把本书把我。

n^{213}pa^{213}pən^{213}ʂʮ^{31}ŋo^{213}./n^{213}pa^{213}pən^{213}ʂʮ^{31}pa^{213}ŋo^{213}.

你给我一本书。

69. 尔可有烟呐？/烟尔可有喂？/尔烟可有喂？

n^{213}k^{h}o^{213}iəu^{213}iɛn^{31}nɛ^{0}？/iɛn^{31}n^{213}k^{h}o^{213}iəu^{213}uɛ^{0}？/n^{213}iɛn^{31}k^{h}o^{213}iəu^{213}uɛ^{0}？

你有烟吗？

70. 尔可吃烟？/尔吃不吃烟？/烟尔吃不吃？

n^{213}k^{h}o^{213}tɕ^{h}i^{55}iɛn^{31}？/n^{213}tɕ^{h}i^{55}pu^{0}tɕ^{h}i^{55}iɛn^{31}？/iɛn^{31}n^{213}tɕ^{h}i^{55}pu^{0}tɕ^{h}i^{55}？

你抽不抽烟？

71. 尔吃烟吧？/烟尔吃吧？

n^{213}tɕ^{h}i^{55}iɛn^{31}pa^{0}？/iɛn^{31}n^{213}tɕ^{h}i^{55}pa^{0}？

你抽烟吧？

72. 褂子干着，裤子还［没有］干。

kua^{53}tsɿ^{0}kon^{31}tʂo^{0}，k^{h}u^{53}tsɿ^{0}xa^{24}miəu^{213}kon^{31}.

褂子干了，裤子还没干。

73. 枵的干着，厚的还［没有］干。

ɕiau^{31}ti^{0}kon^{31}tʂo^{0}，xəu^{53}ti^{0}xa^{24}miəu^{213}kon^{31}.

薄的干了，厚的还没有干。

74. 渠坐在椅子上。/渠在椅子上坐着。

kʰiɛ^{24}tsʰo^{31}tsʰai^{31}i^{213}tsɿ^{0}saŋ^{0}. /kʰiɛ^{24}tsʰai^{31}i^{213}tsɿ^{0}saŋ^{0}tsʰo^{31}tʂo^{0}.

他在椅子上坐着。

75. 笔捉在手上，还到处找笔。

pi^{55}tʂo^{55}tsʰai^{33}ʂəu^{213}ʂaŋ^{0}，xa^{24}tau^{53}tʂʰʮ^{0}tʂau^{213}pi^{55}.

拿着笔找笔。

76. 我来着三天了。

ŋo^{213}lai^{24}tʂo^{0}san^{31}tʰiɛn^{31}liau^{0}.

我来了三天了。

77. 我是安徽人，尔也是安徽人，渠不是安徽人。

ŋo^{213}ʂʅ^{33}ŋan^{31}xuei^{31}ʐən^{24}，n^{213}iɛ^{213}ʂʅ^{33}ŋan^{31}xuei^{31}ʐən^{24}，kʰiɛ^{24}pu^{24}ʂʅ^{33}ŋan^{31}xuei^{31}ʐən^{24}.

我是安徽人，你也是安徽人，他不是安徽人。

78. 尔书也念不好，手艺也做不好，一样都不照，尔么样搞/把么东子搞饭吃/做么事搞饭吃？

n^{213}ʂʮ^{31}iɛ^{213}ȵiɛn^{53}pu^{0}xau^{213}，ʂəu^{213}i^{0}iɛ^{213}tso^{53}pu^{0}xau^{213}，i^{55}iaŋ^{33}təu^{31}pu^{55}tʂau^{53}，n^{213}mo^{213}iaŋ^{31} kau^{213}/pa^{213} mo^{213} toŋ^{31} tsɿ^{0} kau^{213} fan^{31} tɕʰi^{55}/tso^{53} mo^{213} sɿ^{31} kau^{213}fan^{31}tɕʰi^{55}？

你书也念不好，手艺也做不好，一样都不行，靠什么生活？

79. 我一下子再讲。

ko^{53}i^{55}xa^{0}tsɿ^{0}tsai^{53}kaŋ^{213}.

我等会儿再说。

80. 我去过三回北京。/北京我去过三回。

ŋo^{213}tɕʰi^{55}ko^{0}san^{31}xuei^{24}pɛ^{55}tɕiən^{31}. /pɛ^{55}tɕiən^{31}ŋo^{213}tɕʰi^{55}ko^{0}san^{31}xuei^{24}.

我去过三趟北京。

81. 我比渠大，渠比我小。/我大似渠，渠小似我。

ŋo^{213}pi^{213} kʰiɛ^{24} ta^{31}，kʰiɛ^{24} pi^{213} ŋo^{213} ɕiau^{213}. /ŋo^{213} ta^{31} sɿ^{0} kʰiɛ^{24}，kʰiɛ^{24} ɕiau^{213}sɿ^{0}ŋo^{213}.

我比他大，他比我小。

82. 我比渠大三岁。/我大渠三岁。/渠比我小三岁。

ŋo^{213} pi^{213} k^{h} iɛ^{24} ta^{31} san^{31} sei^{53} . /ŋo^{213} ta^{31} k^{h} iɛ^{24} san^{31} sei^{53} . /k^{h} iɛ^{24} pi^{213} ŋo^{213} ɕiau^{213} san^{31} sei^{53}.

我比他大三岁。

83. 我［没有］得渠恩⁼大咯。/渠比我大些。

ŋo^{213} miəu^{213} tɛ^{55} k^{h}iɛ^{24} n^{24} ta^{33} ko^{0}. /k^{h}iɛ^{24} pi^{213} ŋo^{213} ta^{33} ɕiɛ^{0}.

我比他小。

84. 尔看我大些还是渠大些?

n^{213} k^{h} on^{53} ŋo^{213} ta^{33} ɕiɛ^{0} xa^{24} ʂʅ^{33} k^{h} iɛ^{24} ta^{33} ɕiɛ^{0}?

你看是我大些还是他大些?

85. 我跟渠一样大。/我跟渠同年的。

ŋo^{213} kiən^{31} k^{h} iɛ^{24} i^{31} iaŋ^{31} ta^{31}. /ŋo^{213} kiən^{31} k^{h} iɛ^{24} t^{h} oŋ^{24} ȵiɛn^{24} ti^{0}.

我跟他一样大。

86. 渠要来的，不是我□（渠）来的。

k^{h}iɛ^{24} iau^{53} lai^{24} ti^{0}， pu^{31} ʂʅ^{31} ŋo^{213} ŋau^{31} （k^{h}iɛ^{24}） lai^{0} ti^{0}.

是他自己要来的，不是我喊（他）来的。

87. 我不要渠来，渠硬要来。

ŋo^{213} pu^{55} iau^{53} k^{h}iɛ^{24} lai^{24}， k^{h}iɛ^{24} ŋiən^{33} iau^{53} lai^{24}.

我不要他来，他偏要来。

88. 我到处都找交着，都找不到渠。

ŋo^{213} tau^{53} tʂ^{h}ʮ^{0} təu^{31} tʂau^{213} kau^{31} tʂo^{0}， təu^{31} tʂau^{213} pu^{0} tau^{213} k^{h}iɛ^{24}.

我到处都找遍着，都找不到他。

89. 渠有事去着。

k^{h}iɛ^{24} iəu^{213} sʅ^{31} tɕ^{h}i^{0} tʂo^{0}

他有事去了。

附　录

石台丁香方言语料记音——特殊语汇

1. 我作高官不要考，只要三个大元宝。

ŋo^{213}ʦo^{53}kau^{31}kon^{31}pu^{51}iau^{51}kʰau^{213}，tʂʅ^{213}iau^{51}san^{31}ko^{51}ta^{31}ɥɛn^{24}pau^{213}.

2. 我的衙门八字开，有理无钱你莫进来。

ŋo^{213}ti^{0}ia^{24}mən24pa^{55}ʦʰʅ^{31}kʰai^{31}，iəu^{213}li^{213}u^{24}ʨʰiɛn^{24}n^{213}mo^{31}ʨiən^{53}lai^{0}.

3. 有钱能买鬼上树（推磨）。

iəu^{213}ʨʰiɛn^{24}nən^{24}mai^{213}kuei^{213}ʂaŋ^{31}ʂɥ^{31}（tʰei^{31}mo^{31}）.

4. 马善被人骑，人善被人欺。

ma^{213}ʂan^{31}pei^{53}ʐən^{24}ʨʰi^{24}，ʐən^{24}ʂan^{31}pei^{53}ʐən^{24}ʨʰi^{31}.

5. 宁养败子，莫养脓包。

ȵin^{22}iaŋ^{213}pʰai^{31}tsʅ^{213}，mo^{31}iaŋ^{213}noŋ^{24}pau^{53}.

6. 在家不理人，出门无人理。

tsʰai^{31}ka^{31}pu^{55}li^{213}ʐən^{24}，tʂʰɥ^{55}mən^{24}u^{24}ʐən^{24}li^{213}.

7. 七晴八不晴，逢九放光明，七落八不落，逢九搓反索。

ʨʰi^{55}ʨʰin^{24}pa^{55}pu^{55}ʨʰin^{24}，foŋ^{24}ʨiəu^{213}faŋ53kuaŋ^{31}min^{24}，ʨʰi^{55}lo^{55}pa^{55}pu^{55}lo^{55}，foŋ^{24}ʨiəu^{213}tsʰo^{31}fan^{213}so^{55}.

8. 蛇有蛇路，鳖有鳖路，蟹子无路横爬。

ʂe^{24}iəu^{213}ʂe^{24}ləu^{31}，pie^{55}iəu^{213}pie^{55}ləu^{31}，xai^{213}tsʅ^{0}u^{24}ləu^{31}xuəu^{24}pʰa^{24}.

9. 头顶锅儿卖，人情大似债。

tʰəu^{24}tiən^{213}ko^{31}ʐo^{0}mai^{31}，ʐən^{24}tɕʰiən^{24}ta^{31}sɿ^{0}tʂai^{53}.

10. 头茶苦，二茶涩，三茶好喝摘不得。

tʰəu^{24}tʂʰa^{24}kʰu^{213}，ʐo^{31}tʂʰa^{24}sɛ^{55}，san^{31}tʂʰa^{24}xau^{213}xo^{55}tʂɛ^{55}pu^{0}tɛ^{55}.

11. 七挖金，八挖银，九十挖不成。

tɕʰi^{55}ua^{55}tɕiən^{31}，pa^{55}ua^{55}iən^{24}，tɕiəu^{213}ʂʅ^{31}ua^{55}pu^{0}tʂʰən^{24}.

12. □锅配个□锅盖，弯刀配个瓢切菜。

ɥɛ^{24}ko^{31}pei^{53}ko^{0}ɥɛ^{24}ko^{31}kai^{53}，uan^{31}tau^{31}pei^{53}ko^{0}pʰiau^{24}tɕʰiɛ^{55}tsʰai^{53}.

13. 小伢静⁼望过年，大人望插田。

ɕiau^{213}ŋa^{24}tɕiən^{0}uaŋ^{31}ko^{53}ɲiɛn^{24}，ta^{31}ʐən^{0}uaŋ^{31}tʂʰa^{55}tʰiɛn^{24}.

14. 三天不打五更。专指木匠干活。

san^{31}tʰiɛn^{31}pu^{55}ta^{213}u^{213}kiən^{31}.

15. 周岁办着百岁用。指结婚时送两副寿材，双数。

tʂəu^{31}sei^{53}pʰan^{31}tʂo^{0}pɛ^{55}sei^{53}ioŋ^{31}.

16. 钱财如粪土，仁义值千金。

tɕʰiɛn^{24}tsʰai^{24}ɥ^{24}fən^{53}tʰəu^{213}，ʐən^{24}i^{31}tʂʰʅ^{31}tɕʰiɛn^{31}tɕiən^{31}.

17. 有有有，酒酒酒，有钱上天堂，无钱下地狱。

iəu^{213}iəu^{213}iəu^{213}，tɕiəu^{213}tɕiəu^{213}tɕiəu^{213}，iəu^{213}tɕʰiɛn^{24}ʂaŋ^{31}tʰiɛn^{31}tʰaŋ^{24}，u^{24}tɕʰiɛn^{24}xa^{31}tʰi^{31}iəu^{55}.

18. 妻贤夫祸少，子孝父心宽。

tɕʰi^{31}ɕiɛn^{24}fu^{31}xo^{31}ʂau^{213}，tsɿ^{213}ɕiau^{53}fu^{31}kʰon^{31}ɕiən^{31}.

19. 狐狸向老母鸡拜年，不存好心。

xu^{24}li^{0}ɕiaŋ^{53}lau^{213}mu^{213}tɕi^{31}pai^{53}ɲiɛn^{24}，pu^{55}tsʰən^{24}xau^{213}.

20. 平时不烧香，急时吆老汪。指临时抱佛脚

piən^{24}ʂʅ^{24}pu^{55}ʂau^{31}ɕiaŋ^{31}，tɕi^{55}ʂʅ^{24}ŋau^{31}lau^{213}uaŋ^{31}.

21. 八十岁公公砍蓬蒿，一日不死一日就要烧。指能做就要做

pa^{55}ʂʅ^{0}sei^{53}koŋ^{31}koŋ^{0}kʰan^{213}pʰoŋ^{24}xau^{31}，i^{55}ʐʅ^{55}pu^{55}sɿ^{213}i^{55}ʐʅ^{55}tɕʰiəu^{31}iau^{31}ʂau^{31}.

22. 菜篮装泥鳅，走的走溜的溜。指不合人心的事，都不愿意来。

ts^{h}ai^{53}lan^{24}tʂʮaŋ^{31}ni^{24}tɕ^{h}iəu^{31}，tsəu^{213}ti^{0}tsəu^{213}liəu^{31}ti^{0}liəu^{31}.

23. 左眼跳财，右眼跳灾，双眼一跳喜事来。

tso^{213}ŋan^{213}t^{h}iau^{53}ts^{h}ai^{24}，iəu^{53}ŋan^{213}t^{h}iau^{53}tsai^{31}，ʂʮaŋ^{31}ŋan^{31}i^{55}t^{h}iau^{53}ɕi^{213}sɿ^{31}nai^{24}.

24. 钟馗开饭店，鬼都不上门。

tʂoŋ^{31}k^{h}ei^{31}k^{h}ai^{31}fan^{31}tiɛn^{53}，kuei^{213}təu^{31}pu^{55}ʂaŋ^{31}mən^{24}.

25. 女不断娘家，客不断行家。

ȵʮ^{213}pu^{55}t^{h}on^{31}ȵiaŋ^{24}ka^{0}，k^{h}iɛ^{55}pu^{55}t^{h}on^{31}xaŋ^{24}tɕia^{0}.

26. 牛无力拖横耙，人无理讲横话。

ȵiəu^{24}u^{24}li^{55}t^{h}o^{31}xuəu^{24}p^{h}a^{24}，ʐən^{24}u^{24}li^{213}kaŋ^{213}xuəu^{24}xua^{31}.

27. 新坟不过社。

ɕiən^{31}fən^{24}pu^{55}ko^{53}ʂɛ^{31}.

28. 日头拦中现，三天不见面。

ʐʅ^{55}t^{h}əu^{24}lan^{24}tʂoŋ^{31}ɕiɛn^{53}，san^{31}t^{h}iɛn^{31}pu^{0}tɕiɛn^{53}miɛn^{53}.

29. 雷打惊蛰前，二月雨绵绵，三月无秧水，四月无水插田。

lei^{24}ta^{213}tɕiən^{31}tʂɛ^{55}tɕ^{h}iɛn^{24}，ʐo^{31}ʮɛ^{55}ʮ^{213}miɛn^{24}miɛn^{24}，san^{31}ʮɛ^{55}u^{24}iaŋ^{31}ʂʮei^{213}，sɿ^{53}ʮɛ^{55}u^{24}ʂʮei^{213}tʂ^{h}a^{55}t^{h}iɛn^{24}.

30. 东虹日头西虹雨，南虹发大水，北虹动刀枪。

toŋ^{31}kaŋ^{53}ʐʅ^{55}t^{h}əu^{24}ɕi^{31}kaŋ^{53}ʮ^{213}，non^{24}kaŋ^{53}fa^{55}ta^{31}ʂʮei^{213}，pe^{55}kaŋ^{53}t^{h}oŋ^{31}tau^{31}tɕ^{h}iaŋ^{31}.

31. 棺材里伸手——死要

kon^{31}ts^{h}ai^{0}li^{0}tʂ^{h}ʮən^{31}ʂəu^{213}——sɿ^{213}iau^{53}

32. 驼子仰碓臼——将管将（正好）

t^{h}o^{24}tsɿ^{0}ȵiaŋ^{213}tei^{53}tɕ^{h}iəu^{31}——tɕiaŋ^{31}kon^{213}tɕiaŋ^{31}.

33. 芝麻掉着针鼻子里去着——正好

tʂʅ^{31}ma^{31}tiau^{53}tʂo^{0}tʂən^{31}p^{h}i^{31}li^{0}tɕ^{h}i^{0}tʂo^{0}——tʂən^{53}xau^{213}

34. 聋子耳刀——摆饰（装样子）

loŋ^{24}tsɿ^{0}ʐo^{213}tau^{31}——pai^{213}ʂʅ^{0}

35. 十一个人走路分两边——人五人六

ʂʅ^{31}i$^{\cdot 55}$ko^{0}ʐən^{24}tsəu^{213}ləu^{31}fən^{31}liaŋ^{213}piɛn^{31}——ʐən^{24}u^{213}ʐən^{24}ləu^{55}

36. 吃着果子忘记树——过河拆桥

tɕ^{h}i$^{\cdot 55}$tʂo^{0}ko^{213}tsɿ^{0}uaŋ^{31}tɕi$^{\cdot 0}$ç ʂʯ^{31}——ko^{53}xo^{24}tʂ^{h}ɛ^{55}tɕ^{h}iau^{24}

37. 秤杆子通屁眼——一肚子心事

tʂ^{h}ən^{53}kon^{213}tsɿ^{0}t^{h}oŋ^{31}p^{h}i$^{\cdot 53}$ŋaŋ^{213}——i$^{\cdot 55}$t^{h}əu^{213}tsɿ^{0}ɕiən^{31}sɿ^{0}

38. 老母猪进菜园——一扫光

lau^{213}mo^{213}tʂʯ^{31}tɕiən^{53}ts^{h}ai$^{\cdot 53}$ʯɛn^{24}——i$^{\cdot 55}$sau^{213}kuaŋ^{31}

39. 裁缝掉着剪子——光吃（尺）

tʂ^{h}ai$^{\cdot 24}$foŋ^{0}tiau^{53}tʂo^{0}tɕiɛn^{213}tsɿ^{0}——kuaŋ^{31}tɕ^{h}i$^{\cdot 55}$

40. 驴子吃麦麸——一张白嘴

ʯ^{24}tsɿ^{0}tɕ^{h}i$^{\cdot 55}$mɛ^{55}fu^{31}——i$^{\cdot 55}$tʂaŋ^{31}p^{h}ɛ^{31}tsei$^{\cdot 213}$

参考文献

[1] 安徽省地方志编纂委员会编．安徽省志·方言志［M］．北京：方志出版社，1997.

[2] 鲍红．安庆方言研究［M］．合肥：安徽教育出版社，2015.

[3] 储满贯主编．石台县志［M］．合肥：黄山书社，1991.

[4] 储泽祥主编．岳西方言志［M］．武汉：华中师范大学出版社，2009.

[5] 陈淑萍．安徽石台丁香话音系［J］．安庆师范学院学报（社会科学版），2012，(6)．

[6] 曹廷玉．赣方言特征词研究［D］．暨南大学，2001.

[7] 方平权．岳阳方言的代词［J］．云梦学刊，2001，(1)．

[8] 傅国通，蔡勇飞，鲍士杰，方松熹，傅佐之，郑张尚芳．吴语的分区［J］．方言，1986，(1)．

[9] 黄伯荣，廖序东主编．现代汉语［M］．高等教育出版社，2007.

[10] 合肥师范学院方言调查工作组编．安徽方言概况［M］．内部发行，1962.

[11] 蒋绍愚．近代汉语研究概况［M］．北京：北京大学出版社，1994.

[12] 蒋绍愚．动态助词“着”的形成过程［J］．周口师范学院学报，2006，(1)．

[13] 蒋冰冰．吴语宣州片方言音韵研究［M］．上海：华东师范大学出版社，2003.

[14] 罗竹风．汉语大词典（第三卷）[M]．上海：汉语大词典出版社，1994.

[15] 吕叔湘主编．现代汉语八百词 [M]．北京：商务印书馆，1984.

[16] 廖庶谦．口语语法 [M]．北京：三联书店，1950.

[17] 李如龙、张双庆主编．《客赣方言调查报告》[M]．厦门：厦门大学出版社，1992.

[18] 李如龙．汉语方言特征词研究 [M]．厦门：厦门大学出版社，2006.

[19] 李铁根．"了""着""过"与汉语时制的表达 [J]．语文研究，2002，(3)．

[20] 刘丹青．苏州方言的发问词与"可 VP"句式 [J]．中国语文，1991，(1)．

[21] 刘纶鑫．客赣方言的声调系统综述 [J]．南昌大学学报（人社版)，2000 (4)．

[22] 刘镇发．从方言比较再探粤语浊上字演化的模式 [J]．中国语文，2003，296 (5)．

[23] 刘祥柏．江淮官话的分区（稿）[J]．方言，2007 (4)．

[24] 罗昕如．湘语与赣语接触个案研究——以新化方言为例 [J]．语言研究，2009 (1)．

[25] 麦耘．从中古后期——近代语音和官客赣湘方言看知照组 [J]．南开语言学刊，2010，(1)．

[26] 邵敬敏．"X 不 X"附加问研究//现代汉语疑问句研究 [M]．上海：华东师范大学出版社，1996.

[27] 石毓智．兼表被动和处置的"给"的语法化 [J]．世界汉语教学，2004，(3)．

[28] 孙宜志．《江西赣方言语音研究》 [M]．北京：语文出版社，2007.

[29] 唐爱华．宿松方言研究 [M]．北京：中国社会科学出版

社，2005.

[30] 唐爱华，刘燕玲．东至龙泉方言研究［M］．合肥：安徽教育出版社，2015.

[31] 吴福祥．南方语言正反问句的来源［J］．民族语文，2008，(1)．

[32] 吴青峰．莲源市古塘方言疑问句研究［J］．长春大学学报，2006，(6)．

[33] 王琴．安徽阜阳方言的“可 VP”反复问句［J］．方言，2008，(2)．

[34] 许宝华，宫田一郎．汉语方言大词典［M］．北京：中华书局，1999.

[35] 谢留文．赣语古上声全浊声母字今读阴平调现象［J］．方言，1998 (1)．

[36] 谢晓明．“给”字句被动义实现的制约因素［J］．语文研究，2010，(2)．

[37] 游汝杰．吴语里反复问句［J］．中国语文，1993，(2)．

[38] 中国社科院语言研究所．方言调查字表（修订版）［M］．北京：商务印书馆，2005.

[39] 中国社科院语言研究所．汉语方言词语调查条目表［J］．方言，2003，(1)．

[40] 中国社科院语言研究所词典编辑室．现代汉语词典（第 6 版）［M］．北京：商务印书馆，2012.

[41] 赵元任．现代吴语研究［M］．北京：科学出版社，1928.

[42] 詹伯慧主编．汉语方言及方言调查［M］．武汉：湖北教育出版社，2001.

[43] 朱德熙．汉语方言里的两种反复问句［J］．中国语文，1985，(1)．

[44] 赵日新．安徽省的汉语方言［J］．方言，2008，(4)．

[45] 郑张尚芳．皖南方言的分区［J］．方言，1986，(1)．

[46] 周元琳．安徽庐江方言的虚词“之”［J］．方言，2000，(2)．

后　记

《安徽石台丁香方言研究》是池州学院人文社科研究科研项目“方言语汇与民俗文化研究——以石台方言语汇为例”（2013RWZ004）、安徽省教育厅人文社科研究项目“安徽赣语内部差异比较研究”（SK2014A329）和国家社科基金重大项目“苏皖鄂赣江淮官话与周边方言的接触演变研究及数据库建设”（19ZDA307）的研究成果。

2004年7月，在阜阳师范学院参加方言研究培训班学习期间，第一次接触到方言研究这个领域，让我对方言产生了浓厚的兴趣，开始有计划地研读方言学方面的系列文献，2009年成功申报了安徽省教育厅社科研究项目“池州方言研究”（2010sk505）。为完成项目研究，进一步掌握方言调查和研究的基本理论和基本方法，夯实方言学基础，我于2009年9月至2010年6月，跟随北京语言大学博士生导师赵日新教授访学。赵老师是一位资深方言学家，具有很高的学术造诣。访学期间，在赵老师的耐心细致、不厌其烦地精心指导下，我陆续写过几篇方言研究的文章，整理过同音字汇，逐步掌握了方言调查和研究的基本理论和基本方法。

2012年“池州方言研究”项目结题后，我又于2013、2014年先后申报了池州学院和安徽省教育厅科研项目“方言语汇与民俗文化研究——以石台方言语汇为例”“安徽赣语内部差异比较研究”。随着这两项课题研究的逐步深入，我发现石台多方言共存，长期的语言接触使得石台方言带有较多的过渡性和混合性特点，如石台横渡方言明显带有赣语语音特点，石台丁香方言则具有赣语与江淮官话混合的特点等，而学界对石台方言的研究则显得相对薄弱。基于此，我在调研过程中，对潜山、岳西、太湖、望江和怀宁赣语的新派音系只是做了初步了解，而把研究的重点放在了石台丁香赣语研究上，较为全面、深入地调查了丁香方言的音系、语汇和语法。最初的设想是在2017年完成书稿撰写，但在归拢分析多年来关于石台方言尤其是赣语的调查语料之后，发现需要修改、补充之处甚多，加上各种琐事缠身，直至今日书稿才得以基本完成。

在方言调查过程中，得到了我的老师赵日新教授的精心指导和无私帮助。

调查中我常常被我的同事兼课题组成员程淑萍老师父亲、哥嫂一家及其至亲好友、邻里乡亲的深情厚谊所感动，他们都全力支持我的调查。每次到石台，都是吃住在程老师哥嫂家里。本书所有语料的调查和核实，都离不开程老师哥嫂的帮助。程老师的哥哥经常自己开着三轮车，把发音人接到家里来协助我记音，也常邀请其他本地人来家里聊天，让我有机会向众人请教。

记音时，各位发音人都高度负责，积极配合，都想着把当地最有特色的语料提供给我。

在书稿行将付梓之际，我谨向以上各位致以最诚挚的谢意！

我要特别感谢我的先生；还要感谢课题组成员刘光明教授。每当我意欲懈怠时，他们总是及时鞭策和鼓励我，让我努力前行。不仅如此，我的先生还通过各种渠道为我搜集了大量石台文史资料，为本书的写作提供了极大的帮助。刘光明教授对书稿的撰写高度重视，倾注了极大的热情，认真整理语料，撰写部分章节。他们的支持和协助，可以说是我完成本书的精神动力。

最后，我还要感谢合肥工业大学出版社为小书的编辑出版付出的大量辛劳！

由于笔者学力有限，书中的疏漏纰缪在所难免，诚恳地希望方家予以批评指正。如此，则幸甚慰甚矣！

陈淑萍

2019年12月于池州学院